Martina Wehrli-Johns /
Claudia Opitz (Hg.)

Fromme Frauen
oder Ketzerinnen?

Leben und Verfolgung
der Beginen im Mittelalter

W0041337

Herder

Freiburg · Basel · Wien

Gedruckt auf umweltfreundlichem,
chlorfrei gebleichtem Papier

Originalausgabe

Alle Rechte vorbehalten – Printed in Germany
© Verlag Herder Freiburg im Breisgau 1998
Herstellung: Freiburger Graphische Betriebe 1998
Umschlagmotiv unter Verwendung einer Miniatur
aus der Handschrift Bruxelles, Bibliotheque Royale,
IV, 119, f. 84 f. (14. Jh.):
Abt Gilles li Muisis von St. Martin in Tournai vor Beginen
Umschlaggestaltung: Joseph Pölzelbauer
ISBN 3-451-04692-X

Inhalt

Vorwort 7

Einleitung: Fromme Frauen oder Ketzerinnen? . . 11
Martina Wehrli-Johns

Das mittelalterliche Beginentum –
Religiöse Frauenbewegung oder Sozialidee
der Scholastik? 25
Martina Wehrli-Johns

Religiöse Frauen im Florenz des
13. und 14. Jahrhunderts 53
Anna Benvenuti

Von der Peripherie ins Zentrum
Beginen und Schwestern vom Gemeinsamen
Leben in den nördlichen Niederlanden 95
Florence W. J. Koorn

Hamburger Beginen im Spätmittelalter –
„autonome" oder „fremdbestimmte"
Frauengemeinschaft? 119
Hedwig Röckelein

Stiftungen für Beginengemeinschaften
in Frankfurt am Main – ein Austausch
zwischen Beginen und Bürgerschaft 139
Martina Spies

Zwischen Ketzerei und Krankenpflege –
Die Beginen in der spätmittelalterlichen
Stadt Bern 169
Kathrin Utz Tremp

Beginen, Begarden und Terziaren im
14. und 15. Jahrhundert
Das Beispiel des Basler Beginenstreits
(1400/04–1411) 195
Alexander Patschovsky

Anmerkungen 210

Quellenverzeichnis 283

Die Autoren 285

Vorwort

In den letzten beiden Jahrzehnten haben die mittelalterlichen Beginen die Aufmerksamkeit eines breiten Publikums gefunden. Praktisch kein Frauen-Stadtrundgang, keine populäre Stadtgeschichte kommt ohne sie aus. Sie gelten als un-typische Vertreterinnen mittelalterlicher Weiblichkeit, denn angeblich waren sie wirtschaftlich unabhängig, lebten in Frauengruppen zusammen und stellten sich gegen die mittelalterliche weltliche und vor allem kirchliche Ordnung. So wirken sie wie die Realisierung vieler Wünsche und utopischer Träume moderner Frauen; ja, bisweilen wird in diesem Zusammenhang sogar von „mittelalterlicher Frauenbewegung" gesprochen und damit suggeriert, es habe sich um die Vorwegnahme der modernen (autonomen) Frauenbewegung gehandelt.

Doch zwischen den mittelalterlichen Beginengemeinschaften und der modernen (autonomen) Frauenbewegung der Siebziger Jahre liegen viele Jahrhunderte politischer, sozialer und – nicht zu vergessen – kirchlicher Wandlungsprozesse. Vermeintliche Ähnlichkeiten oder gar Gemeinsamkeiten zwischen damals und heute entpuppen sich deshalb bei näherem Hinsehen rasch als Projektionen, bisweilen auch schlicht als Mißverständnisse. Das haben Forscherinnen und Forscher, die sich – inspiriert durch das große Interesse der Öffentlichkeit – der Erforschung des mittelalterlichen Beginenwesens zuwandten, in den letzten Jahren unmißverständlich und auf einer breiten Quellengrundlage deutlich machen können.

Dennoch bleiben die Beginen ein außerordentlich spannendes Phänomen der mittelalterlichen Sozial- und Frauengeschichte, auch wenn sie keineswegs in der Weise eine „Frauenbewegung" darstellen – sei diese nun „autonom" oder „religiös" apostrophiert –, wie in älteren und auch in manchen neueren Forschungen behauptet wurde. Die vergleichsweise große Zahl von Frauen, die teilweise oder ständig als Beginen lebten, und die zentrale gesellschaftliche Bedeutung, die ihnen durch ihre Tätigkeit in der Krankenpflege, Totensorge und religiösen Fürbitte zukam, machen die Entstehung, die Organisations- und Lebensweise der Beginen, aber auch ihre Probleme bis hin zur Verdächtigung und Verfolgung durch die Inquisition in jedem Fall, so meinen wir, zu einem lohnenden Gegenstand historischer Neugier.

Wir haben uns mit dem vorliegenden Band vorgenommen, diese Neugier wenigstens ein Stück weit zu befriedigen. Allerdings nicht in einer glatten, verallgemeinernden Form – das verbietet sich schon aufgrund der Vielfalt und Vielschichtigkeit des Phänomens „mittelalterliches Beginenwesen". Dies soll vielmehr mit Hilfe einiger weniger, aber grundlegender und gründlicher Einzelstudien geschehen. Gleichsam schlaglichtartig soll hier das mittelalterliche Beginenwesen als europäisches Phänomen mit einer regional und zeitlich sehr unterschiedlichen Gestalt und Geschichte beleuchtet werden. Die sieben Beiträge sind von Spezialistinnen und Spezialisten aus dem In- und Ausland angefertigt worden[1] – und sie zeichnen sich dadurch aus, daß sie sich dem „Modethema" mittelalterlichen Beginenwesens mit Engagement, aber auch mit handwerklicher Solidität und kluger Nüchternheit annähern, und dies sowohl im Umgang mit den Quellen als auch mit der Forschungstradition. Dies erscheint uns besonders wichtig angesichts der vielen Projektionen, Wunschvorstellungen und Vereinnahmungen, die mit der Erforschung und Darstellung des mittelalterlichen Beginenwesens schon von alters her verknüpft sind. Wir meinen, so einen Beitrag zur Aufklärung einer interessierten Öffentlichkeit leisten zu können, und verbinden damit die Hoffnung, das Interesse an den mittelalterlichen Beginen in neuer Weise zu entfachen und zu nähren.

Zürich/Basel,
im Sommer 1998   Die Herausgeberinnen

Einleitung:
Fromme Frauen oder Ketzerinnen?

Martina Wehrli-Johns

„Es gibt auch in unseren Tagen neben den schlechten Frauen, die den vielen schlechten Frauen biblischer Zeiten nacheifern, einige gute Frauen, die den guten Frauen wie Maria Magdalena gleichen und inmitten der verderbten Welt ein überaus heiliges Leben führen. Diese werden Beginen genannt." Dieses Beginenlob stammt von niemand geringerem als von Humbertus de Romans, Magister der Theologie, Provinzialprior der französischen Dominikanerprovinz und 1253–1264 fünfter Ordensmeister der Dominikaner.[1] Zeugnisse dieser Art ließen sich für das 13. Jahrhundert beliebig vermehren, neben anderen negativen Stimmen aus dem Kreis der Gegner der Bettelorden, die den Beginenanhang der Dominikaner und Franziskaner mit satirischen Spottversen bedachten.[2]

Ganz gleich ob Lob oder Tadel, der Vorwurf der Ketzerei wird erst im Zusammenhang mit der Verurteilung Marguerite Poretes und den darauf folgenden Beginendekreten des Konzils von Vienne (1311/12) erhoben. Marguerite Porete aus der Grafschaft Hennegau hatte am 1. Juni 1310 auf der Place de Grève in Paris den Feuertod erlitten, weil sie nicht bereit war, bestimmte Aussagen ihres Buches „Spiegel der einfachen Seelen" zu widerrufen.[3] Die Prozeßakten bezeichnen sie als Begine, sie wurde aber nicht deshalb verurteilt, sondern weil sie es gewagt hatte, in der altfranzösischen Volks-

11

sprache eine höchst subtile philosophisch-theologische Vollkommenheitslehre zu verkünden, von der ihr bewußt war, daß sie der offiziellen Beginenspiritualität der Beginenhöfe zuwiderlief. Der dominikanische Inquisitor Wilhelm von Paris, der die Untersuchung leitete, kam aus dem Pariser Predigerkloster St. Jacques, dem zu jener Zeit auch Meister Eckhart lebte und lehrte und wo die Großmeisterin des königlichen Beginenhofes zu Paris seit 1284 das Begräbnisrecht hatte.[4] Eine Theologenkommission der Universität, deren Absolventen an Sonn- und Feiertagen in der Kapelle des Beginenhofes zu predigen pflegten, fällte das Urteil. Zwei der 15 inkriminierten Sätze aus dem „Spiegel" kennen wir. Sie sind leicht verändert in das Konzilsdekret „Ad nostrum" aufgenommen worden, das in acht Artikeln die Irrtümer der Begarden und Beginen in Deutschland auflistet. Dieses Dekret bildete zusammen mit der nachträglich unter Papst Johannes XXII. hinzugefügten Dekretale „Cum de quibusdam mulieribus" die Grundlage für die Beginenverfolgungen des 14. Jahrhunderts, rechtlich wirksam geworden sind sie erst mit ihrer Veröffentlichung am 25. Oktober 1317.

Die Ursachen für die plötzliche Kehrtwende der Kirche gegenüber den Beginen sind außerordentlich komplex und bis heute auch noch nicht wirklich geklärt. Mit der Dekretale „Cum de quibusdam mulieribus" wurde der Beginenstatus generell verboten; sie enthält aber am Schluß eine Ausnahmeklausel, die den rechtgläubigen Beginen ein Leben als Bußschwester, allein oder in Gemeinschaft, weiterhin ermöglichte. Zu den im Dekret „Ad nostrum" genannten freigeistigen Glaubensirrtümern – die Bezeichnung „Sekte des freien Geistes" taucht erst am 13. 8. 1317 in der Verurteilungsbulle Bischof Johanns I. von Straßburg[5] auf – kam die

Verdammung der italienischen Fratizellen und der provenzalischen Beginen in der Dekretale „Sancta Romana" vom 30. 12. 1317. Sie richtete sich zunächst nur gegen die laikale Anhängerschaft der franziskanischen Spiritualen in den Mittelmeerländern, wurde aber etwa bei den Beginenverfolgungen in Straßburg im Jahre 1374 gleichfalls herangezogen. Durch die Kombination der verschiedenen Verbote war der Inquisition ein sehr gefährliches Instrumentarium in die Hand gegeben worden, das für die Beginen und weit mehr noch für den männlichen Zweig der Begarden eine wirkliche Bedrohung darstellte.

Der Stand der Büßer und Büßerinnen

Die veränderte Situation im 14. Jahrhundert sollte aber nicht dazu verleiten, das Beginenwesen insgesamt unter die mittelalterlichen Ketzerbewegungen einzureihen. Es ist heute in der Frauenforschung üblich geworden, von einer autonomen Beginenbewegung zu sprechen, die sich selbständig eine neuartige Lebensform zwischen Kloster und Ehe geschaffen hätte und schließlich am Widerstand der hierarischen Amtskirche gescheitert oder zur Anpassung gezwungen gewesen wäre.[6] Diese Auffassung basiert auf einem Erklärungsmodell, das mit dem modernen Begriff „Frauenbewegung" arbeitet, ein Begriff, der sich inhaltlich im Verlauf des 19./2O. Jahrhunderts durch die jeweiligen weltanschaulichen Positionsbezüge als ziemlich dehnbar erwiesen hat. Ich habe in meinem Beitrag in diesem Band versucht, den verschlungenen Wegen der Beginenforschung nachzufolgen und zugleich einen Neuansatz vorzustellen, der konzeptionell auf dem mittelalterlichen Ordnungsdenken beruht. Es wurde immer wieder behauptet, daß die Lebensweise der Beginen schon von Anfang an unter das Verdikt des vierten Laterankonzils (1215) gefallen sei, wonach es künftig nicht mehr erlaubt sein sollte, neue Ordensformen in der Kirche einzuführen.[7] So hat die Inquisition im 14. Jahrhundert tatsächlich argumentiert, weil sie insbesondere den provenzalischen Beginen und Fratizellen zur Last legte, einen neuen Orden errichten zu wollen. Die Beginen wurden aber von Anfang an kirchenrechtlich zum Stand der Büßer und Büßerinnen gezählt, der nicht vom Konzilsverbot betroffen war, sondern im Gegenteil unter Papst Innozenz III. und seinen Nachfolgern ausdrücklich favorisiert wurde. Theologisch gesprochen bedeutete die Buße den ersten Schritt eines jeden Christen auf dem Weg zur Erlösung. Die mittelalterliche Kirche unterschied jedoch verschiedene Heilsstände nach dem Grad ihrer sich im Vollkommenheitstreben zeigenden Heilsstufe. Der Stand der Buße wurde somit zum Stand der „Beginner" und zum Stand des Laien schlechthin, während die unter einer Klosterregel lebenden Mönche und Nonnen wie auch der Priesterstand gleich der vertikalen Gliederung einer gotischen Kathedrale in der Heilsökonomie einen höheren Platz einnahmen. Institutionell gab es seit dem vierten Laterankonzil verschiedene Möglichkeiten, als vorbildlicher Christ Buße zu leisten. In den italienischen Städten hatten sich unter dem Eindruck der Bettelordenspredigt viele Bürger zu einem Bußorden zusammengefunden, dessen Mitglieder gewisse Lebensregeln befolgten, häufiger zur Kommunion gingen und Werke der Nächstenliebe ausübten. Dieser laikale „Dritte Orden" wurde 1289 der Leitung des Franziskanerordens unterstellt. Auch die Beginen, die erstmals

1223 in den Kölner Schreinsakten erwähnt werden, gehörten anfänglich zu den Leuten, die im Elternhaus oder mit anderen Beginen ein privates Bußleben führten. Nachdem Papst Gregor IX. 1233 mit der Bulle „Gloriam virginalem" das gemeinschaftliche Leben der Beginen unter einer Meisterin anerkannt hatte, war der Weg frei zur Schaffung der Beginenhöfe in den Niederlanden und Nordfrankreich. Gleichzeitig erfolgte mit der Ausbreitung der neuen Bettelorden die Verbreitung des Beginenwesens auch in anderen Teilen Europas, wobei der Mittelmeerraum andere institutionelle Formen ausgebildet hatte als die Gebiete nördlich der Alpen.

Eine Hauptschwierigkeit des Beginenwesens ergab sich daraus, daß die Idee, auch für den in der Welt verbleibenden Laien ein religiöses Leben zu ermöglichen, sehr bald an der politischen Realität der italienischen Stadtkommunen zerbrach oder durch andere Formen, wie die religiösen Laienbruderschaften, ersetzt wurde. Eine einheitliche Lebensform, wie sie in Italien im Bußorden für die verheirateten Büßer und in den Niederlanden in Form der Beginenhöfe für das weibliche Büßertum gefunden wurde, konnte sich deshalb nicht allgemein durchsetzen. Die Gründe dafür sind vielfältig und können hier nicht im einzelnen diskutiert werden. Sie hängen zusammen mit Kompetenzstreitigkeiten, einerseits zwischen weltlicher und geistlicher Gewalt[8], andererseits zwischen Mendikanten und Pfarrklerus, zuletzt auch zwischen den Bettelorden selber, die sich gegenseitig den Einfluß auf ihre Seelsorgeklientel streitig machten.[9] Selbstverständlich spielten auch ökonomische, politische und gesellschaftliche Faktoren bei der institutionellen Gestaltung des Beginenwesens eine entscheidende Rolle.[10]

Eine zweite Schwierigkeit lag darin, daß das laikale Bußwesen und damit auch die Beginen beiderlei Geschlechts nicht unberührt blieben von den theologisch-philosophischen Auseinandersetzungen ihrer Zeit. Seit dem Ausgang des 13. Jahrhunderts zirkulierten auch in Laienkreisen verschiedene Heilslehren, die die Buße und die Gnadenmittel der Kirche radikal in Frage stellten. Hier setzten die Dekrete von Vienne ein, denn mit der Verfolgung der Beginen konnte man auch deren Lehrmeister treffen.[11] Die große Mehrheit der Beginen wurde deshalb aber nicht der Ketzerei bezichtigt. Die Antwort der mittelalterlichen Kirche auf unsere Frage lautete vielmehr: Die frommen Frauen sollen durch die weltliche und geistliche Obrigkeit besser geschützt und beaufsichtigt werden, getreu dem Diktum des Benediktinerabtes Gilles li Muisis auf unserem Titelblatt: Der Prälat muß die Herrschaft über die Beginen ausüben („Prelat doivent avoir sur elle signourie")[12].

Ein europäisches Phänomen

Die Beginenforschung hat seit jeher oszilliert zwischen Internationaliät und Regionalismus. Die südlichen Niederlande gelten bis heute als Ursprungsgebiet der Beginen: Ob die Beginen zuerst in Lüttich, der Stadt Lambert de Bègues', des vermeintlichen Stifters der Beginen, oder in Nivelles, der Stadt Marie von Oignies', nachzuweisen sind, gab früher Anlaß zu erbitterten Kontroversen.[13] Ein weiteres Problem, das von Johanna Ziegler und Walter Simons erneut zur Diskussion gestellt wurde, ist die Frage, inwieweit das belgisch/niederländische Beginentum überhaupt in einen historischen Zusammenhang mit dem Beginentum der rheinischen Städte gebracht werden darf, da die Institution der Beginenhöfe im Unterschied zu den rheinischen Beginen päpstlich anerkannt war und deshalb von den Beginendekreten ausgenommen worden sei.[14] Schließlich hat Andreas Wilts in seinem umfangreichen Buch über die Beginen im Bodenseeraum (erschienen 1994) die These aufgestellt, daß sich in seinem Untersuchungsgebiet unabhängig von den rheinischen und niederländischen Beginenzentren sehr früh aus dem allgemeinen religiössozialen Aufbruch des 12. Jahrhunderts eine sozial-religiöse Frauenbewegung entwickelt habe, die einem steten Wandel und Anpassungsprozeß an die gesellschaftlichen Gegebenheiten unterworfen gewesen sei.[15]

Die Rückführung der Anfänge des Beginentums auf das italienische Bußwesen erlaubt eine Präzisierung der Entstehungszeit und ermöglicht zugleich eine gesamteuropäische Sichtweise, die auch Beginenregionen außerhalb der Niederlande und Deutschlands in den Blick nimmt. Ihr ist auch der vorliegende Band verpflichtet, wenngleich wir uns hier punktuell auf die drei wichtigsten Regionen beschränken müssen, die für die Geschichte des weiblichen Bußwesens besonders interessant sind.

Stellvertretend für Italien steht der Beitrag von Anna Benvenuti über die religösen Frauen in Florenz. Die Autorin hat in ihren zahlreichen Forschungen zum weiblichen Bußwesen exemplarisch sozialgeschichtliche und urbanistische Gesichtspunkte mit Fragen der Ordenspolitik, der Ikonographie und Hagiographie verknüpft.[16] In diesem Beitrag zeigt sie die große Vielfalt der Lebensformen im 13. und 14. Jahrhundert. Die vereinzelt oder in Gemeinschaft lebenden „Pinzochere" oder „Mantellate", das Gegenstück zu den Beginen nördlich der Al-

17

pen, repräsentieren die neuen, von den Dominikanern in Santa Maria Novella und den Franziskanern von Santa Croce geförderten Organisationsformen. Sie überlagern die älteren ländlichen Daseinsformen religiöser Frauen, die ebenfalls einem Transformationsprozeß der Verstädterung unterworfen sind. Besonders bemerkenswert sind die städtischen Reklusensammlungen, meist spontan entstandene Kleinstgemeinschaften in der Nähe von öffentlichen Plätzen, Brücken und Kapellen, die von der Stadtbevölkerung unterhalten und durch ihre Bußaskese zur Mittlerschaft zwischen Himmel und Erde berufen waren.

Die niederländische Beginenforschung ist vertreten durch den Beitrag von Florence W. J. Koorn. Koorn hat 1981 mit ihrer Dissertation die maßgebliche Studie zu den Beginenhöfen der nördlichen Niederlande vorgelegt[17], deren Ergebnisse nun, ergänzt durch einen aktualisierten Forschungsüberblick, auch einem deutschen Leserkreis zugänglich gemacht werden. Die geordnete Welt der niederländischen Beginenhöfe steht auf den ersten Blick in auffälligem Kontrast zu den archaisch anmutenden Verhältnissen in Florenz, aus dem einfachen Grund, weil in Italien die alleinstehende Büßerin innerhalb des sehr durchorganisierten Bußordens für die verheirateten Büßer zunächst nicht in Erscheinung tritt. Walter Simons hat darauf hingewiesen, daß die Schaffung der Beginenhöfe in den südlichen Niederlanden nicht spontan von den Frauen selbst, sondern mit Hilfe der Dominikaner sehr geplant durch die Landesherrschaft erfolgte.[18] In den nördlichen Niederlanden wiederholte sich nach Koorn mit einer gewissen zeitlichen Verzögerung dieser Vorgang. Als „Import" aus dem Süden gleichen die nordniederländischen Beginenhöfe mit ihren Einzelhäusern und Ge-

meinschaftseinrichtungen weitgehend dem südniederländischen Vorbild. Wie im Süden gab es neben den Beginenhöfen als zweiten Typus den Beginenkonvent, der
vor allem in den kleineren Städten die Regel bildete.
Der Verbindung der Beginen zur Devotio Moderna ist
ein wichtiger Abschnitt gewidmet. Die von Gerd
Groote gegründete Frömmigkeitsbewegung hatte, was
den weiblichen Zweig anbelangt, sehr viel Gemeinsamkeiten mit den Beginen. Trotzdem war das Verhältnis ambivalent, weil dem Beginenstatus am Ausgang
des 14. Jahrhunderts der Geruch der Häresie anhaftete
und sich die Waffen der Inquisition auch leicht gegen
die Schwestern vom Gemeinsamen Leben richten
konnten.

Der Einzugsbereich der Beginenhöfe umfaßte außer
den Niederlanden auch große Teile Nordfrankreichs bis
südlich von Paris. Das ganze Gebiet im Nordwesten Europas gehörte im Mittelalter zu den städtereichen indu-
striellen Ballungsgebieten, in denen die Textilproduk-
tion vorherrschte und die Beginen als Arbeitskräfte
gebraucht wurden. In den Statuten des Beginenhofes zu
Brügge liest man dazu: „Die Beginen sollen beständig
und treu sein in der Arbeit, denn durch Arbeit gewinnen
sie ihr Brot und tun Buße; dank ihr widerstehen sie der
Versuchung und der Krankheit des Leibes, durch die die
Seele zerstört wird; durch Arbeit erlangen sie hier auf
Erden die Gnade Gottes und ewigen Ruhm im Himmel."[19] Politische und ökonomische Bedingungen
schufen hier die idealen Voraussetzungen für die Ver-
wirklichung einer Sozialidee, die für die Frauenforschung besonders faszinierende Aspekte bereithält. Als
am meisten ausgereiftes Modell beginalen Gemeinschaftslebens haben die Beginenhöfe in den südlichen
Niederlanden auch die Stürme der Reformation über-

standen und erlebten in der Barockzeit eine zweite Blütezeit, die sich in der urbanen Atmosphäre der belgischen Beginenhöfe zum Teil bis heute nachvollziehen läßt.

Das Beginenwesen in Deutschland und der Schweiz wird in diesem Band durch drei Fallstudien dokumentiert. Die bekannten Städte Köln, Mainz und Straßburg befinden sich nicht darunter, da ihr Beginenwesen durch ausführliche regionale Studien bereits aufgearbeitet ist.[20] Jede der drei Untersuchungen steht zudem unter einer besonderen Fragestellung, in der Absicht, die Beginendiskussion durch neue Gesichtspunkte anzuregen. Hedwig Röckelein überprüft in ihrer Studie über die Hamburger Beginen im Spätmittelalter anhand von Rechnungsbüchern und Statutentexten aus dem 14. und 15. Jahrhundert den bekannten feministischen Ansatz, der den Beginen ein autonomes, die traditionellen Frauenrollen radikal durchbrechendes weibliches Selbstkonzept zugestehen möchte. Ihre Analyse besticht durch die Genauigkeit, mit der die Quellen im Hinblick auf die tatsächliche rechtliche, wirtschaftliche und spirituelle Autonomie der Beginengemeinschaften befragt werden. Besonders ergiebig dafür sind die Statuten des Konventes St. Jacobi aus dem Jahr 1360. Sie zeigen große Ähnlichkeit mit den Statuten der niederländischen Beginenhöfe, was vermutlich auf Handelskontakte der Hansestädte untereinander zurückzuführen ist. Wie in anderen Bischofsstädten gestaltete sich die Beziehung der Beginen zu den Bettelorden nicht besonders eng. Die Aufsicht verblieb beim Domstift, das für die Beginen auch die Befreiung von weltlicher Jurisdiktion durchsetzen konnte. Dank seiner festgefügten Strukturen konnte der Konvent bis ins 19. Jahrhundert weiterexistieren.

Das bürgerliche Stiftungswesen und die neuen Verdienstmöglichkeiten im Totendienst sind die wichtigsten Faktoren, die zur Ausbreitung des Beginenwesens in ganz Europa geführt haben. Martina Spies hat in ihrer gerade abgeschlossenen und noch unpublizierten Dissertation das Frankfurter Beginenwesen untersucht und darin dem Stiftungswesen besondere Beachtung geschenkt. Ihr Beitrag in diesem Band läßt sich ebenfalls von geschlechtsspezifischen Fragestellungen leiten, die sich hier als besonders fruchtbar erweisen. Ihrer Ansicht nach widerlegen gerade die Stiftungen die alte Versorgungsthese Karl Büchners, obwohl viele Beginenhäuser in Frankfurt und in anderen Städten zur Versorgung von Verwandten eingerichtet waren. Über diesen Punkt ließe sich vielleicht diskutieren. Wichtig erscheint aber nicht nur ihre Beobachtung, daß viele Stiftungen von Frauen getätigt wurden, das Beginenwesen also wesentlich durch Frauen selber gefördert und gestaltet wurde, sondern auch der Aspekt des Austauschs mit der Stadtbevölkerung. Totendienst und Krankenpflege waren Gegenleistungen, die den Beginen gesellschaftliche Anerkennung einbrachten und sie in die Stadtgesellschaft integrierten.

Kathrin Utz Tremp ist durch zahlreiche Publikationen zu den Beginen und zu den mittelalterlichen Häresien hervorgetreten. Sie hat maßgeblich am Beginenband der Helvetia Sacra[21] mitgewirkt und darf sicherlich als eine der besten Kennerinnen des Schweizer Beginenwesens gelten. Die von ihr untersuchten Gemeinschaften der Stadt Bern bestätigen den Frankfurter Befund, was die Dienstleistungen der Beginen in den Bereichen Krankenpflege und Totendienst betrifft. Sie kann zudem nachweisen, daß die topographische Verteilung der Beginenhäuser über das

Stadtgebiet aus dieser Funktion erwachsen ist. Im Gegensatz zu Spies schätzt sie jedoch die Möglichkeit der Beginen zur Entwicklung von Freiräumen gering ein, da der Rat spätestens seit 1330 das ganze Beginenwesen kontrollierte und nach eigenen Vorstellungen gestaltete. Hervorzuheben ist das vom Rat erwirkte Verbot, die franziskanische Drittordensregel einzuführen. Dadurch blieben der Stadt Bern Verhältnisse erspart, die in Basel zum sogenannten Beginenstreit führten, bei dem die Beginen tatsächlich verfolgt und vertrieben wurden.

Alexander Patschovsky, bekannt durch seine grundlegenden Untersuchungen zu den Straßburger Beginenverfolgungen und seine Arbeiten zum Passauer Anonymus, um nur die wichtigsten Publikationen zu nennen[22], hat dem Basler Beginenstreit eine sehr konzise Studie gewidmet. Sie ist geeignet, die Verfolgungsthematik in ihrer ganzen Komplexität nochmals aufzurollen und auch auf die Forschungsprobleme hinzuweisen, die sich in diesem Zusammenhang stellen. Der Basler Beginenstreit war kein lokal begrenztes Ereignis, sondern markiert in gewissem Sinn das Ende des mittelalterlichen Beginentums. Nachdem auch die franziskanische Drittordensregel, zu der viele Beginengemeinschaften nach den Dekreten von Vienne geflüchtet waren, in eine Legitimationskrise geraten war, mußte nach neuen Wegen gesucht werden, um das laikale Bußwesen in geordnete Bahnen zu lenken. Dieser Prozeß der Konventualisierung oder „Verklösterlichung" vollzog sich im Rahmen der spätmittelalterlichen Ordensreformbewegungen, die den ehemaligen Beginen- und Terziarinnengemeinschaften vielfach mit neuem Interesse begegneten. Er ist nicht mehr Gegenstand dieses Bandes, so wenig wie die im Zeichen der Katholischen Reform erfolgte Neubegründung des Beginentums in den südlichen Niederlanden.

Wie nah oder wie fern uns heute die Beginen als Büßerinnen stehen, mag jedermann und jedefrau selbst entscheiden.

Das mittelalterliche Beginentum –
Religiöse Frauenbewegung
oder Sozialidee der Scholastik?

Martina Wehrli-Johns

Zur bekannten Frühgeschichte der Beginen gehört die Vorstellung, daß die Beginenbewegung an der Wende vom 12. zum 13. Jahrhundert als Ergebnis einer „religiösen Frauenbewegung" sozusagen spontan von der Basis her entstanden sei; von asketisch gesinnten Frauen, die nicht ins Kloster eintreten konnten oder wollten. Trotz vieler Anfeindungen hätte sie sich dann, dank einiger ihnen wohlgesinnter Priester, zu einer festen, aber gleichwohl gefährdeten Einrichtung zwischen Kloster und Welt zu entwickeln vermocht, obwohl das 4. Laterankonzil im Jahre 1215 eigentlich die Bildung neuer Orden untersagt hatte. Der Terminus „religiöse Frauenbewegung", der vor allem durch die Arbeiten von Herbert Grundmann[1] Eingang in die Mediävistik gefunden hat, ist zwar verschiedentlich etwas relativiert[2] oder mit Blick auf sozio-ökonomische Ursachen auch kritisiert worden[3], aber nie eigentlich auf seine Prämissen überprüft worden. Dies gilt in gleicher Weise für den Begriff der „religiösen Bewegungen", der ebenfalls seit Grundmann ein auch das Phänomen der „religiösen Frauen" einschließendes globales Deutungsmuster für die verschiedenen orthodoxen und heterodoxen Gruppierungen des Hochmittelalters liefert. Ungeachtet zahlreicher neuer Forschungsergebnisse auf diesem Gebiet, dient es noch heute, 45 Jahre nach dem Erscheinen von Grundmanns epochemachendem Werk „Religiöse

Bewegungen im Mittelalter", zumindest im deutschen Sprachbereich noch ziemlich unangefochten als Grundlage jeder Beschäftigung mit dem Thema.

Zusätzlich erfährt der Terminus „Religiöse Frauenbewegung" seit einigen Jahren durch das neu erwachte Interesse an Geschichte und Spiritualität mittelalterlicher Frauen sogar eine Art feministischer Renaissance. Sie ist gewissermaßen im deutschen Wort „Frauenbewegung" schon vorgegeben, führt nun aber unter Umständen dazu, daß emanzipatorische Anliegen der modernen Frauenbewegung der Grundmann'schen Deutung einfach unterlegt werden[4] und das mittelalterliche Beginentum auf diesem Wege lediglich für eine neue Mythenbildung eingesetzt wird, ohne wirklichen Erkenntniswert für die historische Frauenforschung. Eine ähnliche Entwicklung zeichnet sich im Bereich der sogenannten „Frauenmystik" ab. Auch dieser Begriff stammt nicht aus dem Mittelalter, sondern basiert auf einer bestimmten Auffassung des weiblichen Religiosentums als einer Frömmigkeitsbewegung sui generis. Dementsprechend wird die mystische Literatur aus dem Umkreis der Nonnenklöster und der Beginen häufig als Zeugnisse persönlichen Erlebens gewertet, was sich dann in Verbindung mit der heutigen feministischen Suche nach einer weiblichen Spiritualität leicht zu einem neuen Mythos weiblicher Gotteserfahrung und weiblichen Charismatertums verdichten kann[5], der einer angemessenen literarischen und theologischen Interpretation der Texte eher im Wege steht. Die Germanistin Ursula Peters hat kürzlich auf diese Problematik aufmerksam gemacht[6], ohne allerdings an der Vorstellung einer „religiösen Frauenbewegung" selber zu rütteln.

Es scheint darum an der Zeit, den Grundmannschen Interpretationsansatz auch von historischer Seite her neu zu überdenken. Dies soll hier in drei Schritten erfolgen: (1.) wird in einem Überblick über die Rezeptionsgeschichte der Beginen die Entstehung des Begriffs „Religiöse Frauenbewegung" und der davon abgeleiteten „emanzipatorischen" These verfolgt, sodann geht es (2.) um eine Überprüfung der Grundmannschen Thesen im Lichte der Kirchenpolitik Innozenz' III., und (3.) werde ich im Sinne eines Neuansatzes und einer Integration älterer Deutungen das mittelalterliche Beginentum als Sozialidee der Scholastik vorstellen.

1. Zur Rezeptionsgeschichte der Beginen

Im folgenden geht es nicht um eine Übersicht über die gesamte Beginenforschung, sondern allein um die verschiedenen Auffassungen vom Beginentum als solchem. Die wichtigsten Etappen dieser Rezeptionsgeschichte sind die von der belgischen Beginenforschung des 17./18. Jahrhunderts aufgegriffenen mittelalterlichen Stifterlegenden, sodann der Ende des 19. Jahrhunderts vollzogene Perspektivenwechsel zur „religiösen Bewegung", und schließlich neben der marxistischen Interpretation die neuesten Deutungsversuche der Bosl-Schule, die mit ihrer „Aufbruchs- und Verweigerungsthese" schließlich den Bezugspunkt für die heutige Beginendiskussion liefert.

Nun entspringt die Frage nach dem Herkommen im Mittelalter in der Regel nicht wissenschaftlicher Neugier, sondern der Notwendigkeit, eine neue, noch ungesicherte Institution vor den Augen der Zeitgenossen zu rechtfertigen.[7] Die mittelalterlichen Stifterlegenden dienen also eher der Verschleierung als der Aufdeckung der wahren Umstände bei der Entstehung des Beginen-

27

tums. Besonders aufschlußreich ist dafür der Fall des bekannten Priesters Lambert-Le Bègue, der die Beginenliteratur bis ins 20. Jahrhundert hinein genarrt hat und erst seit kurzem durch die Forschungen von Judith Oliver zum sogenannten „Lambert-Le Bègue Psalter" vollständig aufgeklärt werden konnte.[8] Wie Oliver überzeugend dargelegt hat, ist diese Geschichtsfälschung höchstwahrscheinlich in den Jahren 1254–1258 im Zusammenhang mit der Erhebung einer städtischen Steuer entstanden. Um gleich dem übrigen Klerus der Stadt in den Genuß der Steuerexemtion zu gelangen, mußte der erst kürzlich errichtete Lütticher Beginenhof St. Christoph offenbar den Nachweis einer weit zurückliegenden Gründung erbringen. In dieser Situation erinnerte man sich der eher umstrittenen Figur des Priesters Lambert, der um 1170 im Bistum Lüttich wirkte und wegen seiner Kritik am Klerus verurteilt worden war.

Dieser Priester Lambert taucht erstmals in der Vita der hl. Odilia auf (c. 1241–1247). In der Chronik des Gilles d'Orval (c. 1247–1251) erhält er dann den Namen Lambert-Le Bègue und kurz darauf in der Fortsetzung dieser Chronik von Albéric de Troisfontaines die Ernennung zum Magister. Beide Chronisten erwähnen zudem seine Übersetzertätigkeit. Der Zisterzienser Albéric de Troisfontaines schreibt ihm außerdem ein „tabulatum", eine Ostertafel, zu. Daß Lambert auch als Stifter von St. Christoph und Begründer des Beginentums zu gelten habe, suggeriert schließlich ein Miniaturbild in einem den Beginen von St. Christoph gehörenden Psalter, den die Forschung später als „Lambert-Le Bègue Psalter" (British library Cod. Add. 2114) bezeichnen wird. Die Miniatur des Psalters zeigt „Sires Lambers", ausgestattet mit den ikonographischen Zügen des hl. Lambert († 706), des populären Lütticher

Schutzpatrons gleichen Namens. Aufgrund der Überschrift und der Inschrift auf dem Schriftband ist jedoch
nicht dieser Heilige gemeint, sondern Lambert, der Autor des „tabulatum" und Übersetzer der Paulusbriefe.
Dort steht nämlich: „Dieser Edelmann gründete den Be-
ginenorden, die Briefe des Paulus übertrug er in unsere
Sprache (f. 7v: „Cist prudom fist prumiers lordre de be-
ginage. / Les epistles sain Poul mist en nostre lengage"),
und darunter auf dem Schriftband: „Ich bin Lambert,
der St. Christoph gestiftet hat, haltet es nicht für eine
Fabel, ich habe diese Tafel beigefügt" („Ge sui ichis
Lambers, nel tene pas a fable / ki fundai sain Christo-
phle, ki enseri ceste table"). Laut Oliver kann der „Lambert-Le Bègue Psalter" nicht vor 1255 entstanden
sein. Chronikalische Legendenbildung und angebliches
Stifterbildnis ergänzten sich also aufs Beste und erfüllten in der Frage der Steuerexemtion auch ihren Zweck:
Im Jahre 1254 hatte der Bischof von Lüttich seine Steu-
erforderung erhoben und war damit auf den Widerstand
des Klerus gestoßen, vier Jahre später, 1258, sahen sich
auch die Beginen unter Berufung auf das ehrenwerte Alter ihrer Gründung glücklich davon befreit. Aber: Hier
ist eine ,Kunstfigur' entstanden, die mit den realen Zusammenhängen nichts zu tun hat.

Mit der Aufdeckung dieser Hintergründe dürfte Lambert-Le Bègue künftig als Stifter des Beginenwesens wie
des Lütticher Beginenhofes definitiv aus dem Spiel sein.
Damit gerät aber auch Lamberts Stellung als ältester
Verfasser geistlicher Dichtungen in wallonischer Sprache ins Wanken. Oliver hat nämlich nachgewiesen, daß
die nach ihm benannte Psaltergruppe, die mit ihren
volkssprachlichen Einschüben für die Spiritualität der
Beginen von großem Interesse ist, nicht, wie man bisher
glaubte, auf ein verlorenes Exemplar von Lambert

zurückgeht, sondern erst in den Jahren 1240–1260, unter dem Einfluß der Mendikanten, geschaffen wurde.[9] Somit entfällt aber ein weiteres wichtiges Argument für eine Entstehung des Beginentums am Ausgang des 12. Jahrhunderts.

Im Spätmittelalter kursierten noch einige weitere Gründungslegenden, die jedoch weniger gut untersucht sind. Aus ihnen wird aber ebenfalls die Absicht deutlich, die Einrichtung der Beginenhöfe gegenüber den älteren Klosterorden zu legitimieren.[10] Besonders interessant ist in diesem Zusammenhang die von der Forschung immer belächelte Geschichte vom böhmischen Ursprung der Beginen[11], da diese gelehrte Konstruktion im Gewand des Märchens erstmals eine exakte Umschreibung des Beginenstatus enthält, deren Beachtung manche späteren Hypothesen über Sinn und Zweck des Beginenwesens erübrigt hätte. Ihr zufolge wurde das Beginenwesen von Beatrix, der Königin von Böhmen und ihren zwei Töchtern Ghiselgundis und Nazarena begründet, nachdem den beiden Töchtern wegen der Witwenschaft der einen und der fehlenden Bildung der anderen der Eintritt in ein Benediktinerinnenkloster verwehrt worden war. Von den Anfangssilben der drei Namen leitet der Autor, vermutlich ein Kleriker, auch die Bezeichnung „Beginen" ab, was zugleich in „syrischer" Sprache soviel wie Magd bedeutet und deshalb den Beginen als Dienstmägden in der Nachfolge der „ancilla Dei" besonders angemessen ist. Ihre neue Gründung bildet eine mit Mauern umwehrte Stadt, eine „civitas Dei", die mit den bekannten Einrichtungen der Beginenhöfe versehen ist und allen keusch lebenden Ehefrauen, Witwen und ungebildeten Jungfrauen eine Zuflucht bietet. Während die Stifterlegende von St. Christoph als bewußte Fälschung anzusehen ist, war diese Legende des ausgehenden 14./15. Jahrhunderts darum bemüht, den durch die Dekrete von Vienne massiv bedrohten Status quo der Beginenhöfe zu legitimieren. Sie verknüpft also, historisch korrekt, den Beginenstatus mit der Institution der Beginenhöfe und rechtfertigt diese als eine kirchlich anerkannte und heilsgeschichtlich begründete Lebensform für enthaltsam lebende Frauen aller Stände.

Dagegen scheint die dritte Ursprungslegende, die die Einrichtung der Beginen von niemand geringerem als der hl. Begga († 694), der Ahnfrau der Karolinger und der ersten Herzogin von Brabant ableitet, im Spätmittelalter noch keine große Verbreitung gekannt zu haben.[12] Mit ihr hatten die Beginen nun aber eine Stifterin und Namensgeberin erhalten, die es an Ehrwürdigkeit mit dem Priester Lambert-Le Bègue aufnehmen konnte. Dieser Legende sollte deshalb in der Beginenrezeption noch eine große Zukunft beschieden sein.

Die ersten wissenschaftlichen Versuche zur Klärung der Herkunft der Beginen setzten nach dem Konzil von Trient ein. Das südniederländische Beginentum erlebte damals nach den Verwüstungen der Religionskriege und der Abspaltung der Generalstaaten einen eigentlichen Neubeginn. Unter der Regierung der Erzherzöge Albrecht und Isabella (1598–1621) wurde die katholische Reform energisch vorangetrieben und in diesem Zusammenhang auch das ganze Beginenwesen neubegründet. Die gleichen Priester, die die Reform der Beginenhöfe durchführten, sahen sich nun – ähnlich wie ihre Vorgänger im 13. Jahrhundert – ihrerseits vor die Notwendigkeit gestellt, die Einrichtung der Beginen historisch zu begründen. Naheliegenderweise griffen sie dabei auf ältere Traditionen zurück, wobei Autoren mit größerem Anspruch auf Wissenschaftlichkeit die historisch wahrscheinlichere Lambert-Tradition bevorzugten, während der von den Beginen selber favorisierte Begga-Kultus eher Devotionscharakter trägt. Der heftige Kampf, der im 17. Jahrhundert zwischen den beiden Richtungen entbrannte, soll hier nicht nochmals aufgerollt werden.[13] Er zeigt jedoch den Anfang einer Mythenbildung, die nun ganz im Zeichen der südniederländischen Identitätsfindung steht. Die Beginenhöfe erscheinen darin als eine spezifische belgische Einrichtung, die dem Glaubensverständnis und dem Freiheitswillen der Belgier besonders angemessen ist. So schrieb der Bischof von Antwerpen, Johannes Malderus, 1631 über sie:

„Die Stiftung der Beginenhöfe ist, obgleich kein eigentlicher religiöser Status, dennoch eine religiöse Lebensweise, eine Anleitung zu größerer Vollkommenheit, die dem weiblichen Geschlecht dieses Landes wohl gefällt. Die Belgier lieben immer die Freiheit und ziehen es vor, sanft geleitet als gezwungen zu werden. Obschon es verdienstlicher ist, sich durch die Gelübde der Keuschheit, des Gehorsams und der Armut Gott zu weihen, ziehen es die belgischen Frauen im allgemeinen vor, lieber keusch und gehorsam zu sein, als sich dazu durch Gelübde zu binden. Sie nehmen auch keinen Anstoß am Besitz zeitlicher Güter, machen aber sparsam Gebrauch davon, um mit ihrem Überfluß den Armen Christi beizustehen."[14]

Der Historikerstreit über den Ursprung der Beginen veranlaßte im 18. Jahrhundert den berühmten protestantischen Kirchenhistoriker und Kanzler der Universität Göttingen, Johann Lorenz von Mosheim († 1755), zu einer umfassenden Untersuchung über das mittelalterli-

che Beginen- und Begardentum. Sein posthum heraus-
gegebener „Kommentar über die Begarden und Beginen" (1790)[15] stellt durch die systematische Sammlung
aller verfügbaren Quellen zweifellos einen Markstein in
der Beginenforschung dar.[16] Mosheims abschließende
und seither klassisch gewordene Definition des Beginentums als einer Lebensform, die zwischen dem Sakralen und dem Profanen angesiedelt ist, lehnt sich hingegen eng an die zeitgenössische Auffassung der
belgischen Beginenhöfe an[17], wird also den komplexen
mittelalterlichen Verhältnissen nicht unbedingt ge-
recht. Die Verwendung des Begriffes „Zwischenstand",
der kirchenrechtlich nie bestätigt wurde (auch die belgischen Beginen unterstanden in der Neuzeit mehrheit-
lich der Drittordensregel[18]), sollte m. E. aus diesem
Grund vermieden werden.

In der zweiten Hälfte des 19. Jahrhunderts erschienen in Deutschland und in Frankreich die ersten lokal-
geschichtlichen Untersuchungen zu den mittelalterlichen Beginenhäusern.[19] Sie zeigten die ganze Breite
und Vielfalt dieses keineswegs auf Belgien beschränkten Phänomens, das nach einer umfassenderen Erklärung rief, als es bisher mit der einseitigen Fixierung
auf eine Stifterpersönlichkeit geschehen war. Sensibili-
siert durch die sogenannte „Soziale Frage", begann
man nun nach möglichen sozial-ökonomischen Gründen zu suchen. Gleichzeitig erhielt das Beginentum un-
erwartet aktuelle Bedeutung für die konfessionelle
Frauenbewegung des 19. Jahrhunderts und geriet so unweigerlich zwischen die ideologischen Fronten der ta-
gespolitischen Auseinandersetzung. 1880 veröffentlichte Paul Norrenberg in den Vereinsschriften der
Görresgesellschaft unter dem Titel „Frauen = Arbeit
und Arbeiterinnen = Erziehung in deutscher Vorzeit"

einen Aufsatz über das mittelalterliche Beginenwesen. Norrenberg war als katholischer Theologe und Seelsorger sehr stark in der katholischen Arbeiterinnenfürsorge engagiert. An seinem Wirkungsort Viersen am Niederrhein hatte er die Nöte der Textilarbeiterinnen kennengelernt und 1876 für sie einen Arbeiterinnenverein mit angeschlossenem Hospiz ins Leben gerufen, der von ihm selber geleitet wurde.[20] Dabei schwebte ihm offenbar eine moderne Adaption der mittelalterlichen Beginenvereinigungen vor. So wie sich die katholische Kirche durch Fürsorge und christliche Erziehung der mittelalterlichen „Frauenfrage" angenommen hatte, so sollte auch die industrielle „Arbeiterinnenfrage" durch kirchlichen Schutz und religiös-sittliche Unterweisung einer Lösung näher gebracht werden. Daraus resultierte eine bestimmte Auffassung vom Beginentum, die erstmals auch dem Aspekt der Frauenarbeit Beachtung schenkte. Norrenberg zufolge liegen die Wurzeln der Beginenkonvente in den grundherrschaftlichen Frauenwerkstätten, den Gynäceen. Mit den Beginenkonventen hatte die Kirche nach Auflösung der Fronhofverfassung ein notwendiges Korrelat zu den Zünften geschaffen, da die Frauenarbeit von der zünftisch organisierten Arbeit verdrängt wurde:

„Die Beginen-Convente waren die ‚ateliers nationaux' der mittelalterlichen Frauenarbeit, sie waren Asyle, welche dem unbeschützten, auf der Hände Arbeit angewiesenen Teil des weiblichen Geschlechts Aufnahme boten und sittlichen Schutz mit industrieller Beschäftigung verband."[21]

Stand für den Katholiken Norrenberg noch die kirchliche Erziehungsarbeit im Vordergrund, so betonten andere Sozialwissenschafter, wie Karl Bücher und Georg Liebe, entsprechend ihrer Haltung gegenüber der Frauenfrage des 19. Jahrhunderts den reinen Versorgungscharakter der Beginenkonvente. Schon Mosheim hatte die Meinung vertreten, das weibliche Geschlecht sei am Ausgang des 12. Jahrhunderts infolge der Kreuzzüge in der Überzahl gewesen und habe wegen fehlender Heiratschancen versorgt werden müssen.[22] Was bei Mosheim nur ein Faktor unter vielen war, lieferte nunmehr die „raison d'être" des Beginentums.[23] Indem sich die Anhänger der „sozialen These" jedoch fast völlig von den religiösen Beweggründen entfernten, provozierten sie umgekehrt das Diktum einer „religiösen Frauenbewegung". Gegen diese antikirchlichen Tendenzen setzte sich nun der protestantische Kirchenhistoriker Herman Haupt energisch zur Wehr. Nach Haupt beruht die Versorgungsthese Büchers „auf einer Verkennung des ursprünglichen Wesens des Beginentums, vor dessen seit dem 14. Jahrhundert stark hervortretenden volkswirtschaftlichen Bedeutung übrigens niemand sein Auge verschließen wird. Demgegenüber wird man die Begründung des Beginentums als ein Glied in der Kette der vielgestaltigen religiösen Bewegungen des 12./13. Jahrhunderts betrachten müssen, in denen das Drängen der Laienwelt nach einer selbsttätigen, der priesterlichen Bevormundung sich entwindenden Teilnahme an der Lösung der religiösen Grundfragen, zugleich aber auch nach einer Verinnerlichung des kirchlichen Lebens zum Durchbruch gelangt ist."[24] Damit hatte Haupt den Begriff „religiöse Bewegung" in die Geschichtswissenschaft eingeführt, der dann später trotz scines ursprünglichen protestantischen, antiklerikalen Ansatzes auch von katholischen Mediävisten rezipiert wurde. Kronzeuge dieser „Bewegung" war für Haupt wiederum der ominöse Priester Lambert, der angebliche Stifter des Lütticher Beginenhofes, der nun erstmals Petrus Waldes, dem Begründer der Waldenser, und Franz von Assisi zur Seite gestellt wird.[25] Die Lambert-These hatte damals gerade durch die Entdeckung des „Briefdossier von Glasgow" und des bereits erwähnten „Lambert-Le Bègue Psalters" aus der British Library[26] neue Nahrung erhalten. Sie wurde nun von Haupt mit den neuesten Franziskus- und Waldesforschungen des Tübinger Theologen Karl Müller verknüpft, der die Gemeinsamkeiten der von beiden gegründeten Genossenschaften herausgestellt und zusammen mit Paul Sabatier die Grundlage für das neue Franziskusbild geschaffen hatte.[27] Haupt war es nämlich auch, der Lamberts Einfluß auf die „Lütticher Frauenwelt" besonders hervorhob und gleichzeitig den Prolog Jakobs von Vitry zur Vita der Marie von Oignies als Zeugnis der „beispiellosen religiösen Erregung" dieser Frauen erwähnte. Dadurch war gleichsam der Boden schon vorbereitet, auf dem dann, gestützt auf diese Vita, Joseph Greven seine Vorstellung über die Anfänge der Beginen entwickelte: Für ihn war nun nicht mehr Lambert der Stifter des Beginenwesens, sondern das Beginenwesen entstand „ohne Gründer, ohne Gründerin. Es bildete sich aus durch Loslösung von den Orden, welche die religiöse Bewegung in die Scharen der Frauen hineingetragen und organisiert hatten, später aber sich zurückzogen, als ihre eigenen Aufgaben sie völlig in Anspruch nahmen[28]". Nicht Lüttich ist deshalb Ursprungsort der Beginen, sondern aufzeigen läßt sich „das Beginenwesen als religiöse Frauenbewegung zuerst im Kreise der Maria von Nivelles (1177–1213)."[29]

Von diesem Moment an bildete die Vita Maria von

Nivelles (oder Oignies) den Schlüssel zum Verständnis der Beginenbewegung – und nicht nur das: Gedeutet aus der Perspektive des „fin de siècle", verwandelt sich diese Vita unversehens von einem „speculum caritatis" in ein Spiegelbild des „weiblichen Geschlechtscharakters". So vereinigt Maria etwa in der Interpretation Philipp Funks alle abstoßenden und anziehenden Züge der „Frau um 1900", von den spastischen Gliederverrenkungen der Hysterikerin bis hin zum Konzept der geistigen Mutterschaft und zur Rolle der Frau als Inspiratorin und Erzieherin des Mannes.[30] Durch ihre Frömmigkeit und ihre freiwillige Armut erscheint sie zudem als der lebendige Beweis dafür, daß nicht das „soziale", sondern das „religiöse" Element als gestaltendes Lebensprinzip dieser Bewegung ausschlaggebend war.[31] Um diese Kernfrage, die auch eine Abwehrhaltung gegen Sozialismus und emanzipatorische Frauenbewegung miteinschließt, drehte sich jetzt die wissenschaftliche Auseinandersetzung um die Beginen. Der Mythos der „religiösen Frauenbewegung" selber aber ist offensichtlich dem wilhelminischen Bündnis von Thron und Altar entsprungen. So schreibt etwa Julius Schiller 1898 am Schluß seiner Abhandlung über „Die Frauenbewegung in christlicher Beleuchtung":

„Die mächtige Weltstellung des deutschen Volkes wird heute von niemandem mehr angefochten. Möchten die deutschen Frauen auf ihren großen Beruf, auf ihre hohe Aufgabe sich besinnen! Sie wären dann imstande, der ganzen Frauenbewegung den wahren christlichen Geist einzuhauchen, welcher allein eine gesunde gedeihliche Entwicklung der Frauenfrage verbürgt, das materielle und geistige Wohl der Nationen fördert, die religiösen Mächte im Volksleben stärkt und das Evangelium in das

Herz des Weibes senkt:
Dann wird wohl am deutschen Wesen
Einmal auch die Welt genesen."[32]

Eine späte Folge der mittelalterlichen Lambert-Fälschung ist auch die von Greven angeregte „häretische These". Greven, der bekanntlich vehement gegen diese Legende angetreten war, hielt gleichwohl an der Ableitung des Namens Begine von Lambert-Le Bègue fest. Da Lambert jedoch als Ketzer verurteilt worden sei und sein Übername auch synonym für die südfranzösischen Katharer verwendet wurde, bedeute diese Bezeichnung eine bewußte Verunglimpfung der Beginen von Seiten ihrer Gegner.[33] Der belgische Historiker J. van Mierlo hat später auf dieser Basis den Vorschlag einer etymologischen Herleitung von Al-bi-gen-ses gemacht, was dann vor allem von Grundmann aufgegriffen und mit Blick auf den unsicheren „Zwischenstand" der Beginen zur Vorstellung einer häretischen Gefährdung ausgeweitet wurde.[34]

Grundmann hatte in seinem 1935 erschienenen Hauptwerk „Religiöse Bewegungen im Mittelalter" auf einer breiten Quellenbasis die Theorie entwickelt, daß sich letztlich alle religiösen Strömungen des 12. Jahrhunderts, darunter auch die „religiöse Frauenbewegung", aus dem gemeinsamen Bedürfnis nach einer Erneuerung des kirchlichen Lebens auf der Grundlage des Evangeliums zurückführen ließen und daß die Kurie nach anfänglichen Widerständen schließlich unter Innozenz III. mit der Anerkennung und Eingliederung der „apostolischen Bewegung" die große Wende vollzogen habe. Grundmanns Buch wurde 1961 mit einem Anhang neu herausgegeben und auch ins Italienische übersetzt.[35] Zum durchschlagenden Erfolg seiner Thesen, die – was die Beginen anbelangt – im wesentlichen auf Haupt und Greven beruhen, trug das große Interesse an den mittelalterlichen Häresien und Laienbewegungen seit Mitte der 50er Jahre bei. In der international geführten Diskussion hatte Grundmann selber nochmals mit Nachdruck gegen die materialistische Geschichtsauffassung seine Auffassung verteidigt[36], während vor allem die französische Forschung die wechselseitigen Beziehungen zwischen religiösen und sozialen Bewegungen ins Zentrum des Interesses rückte und damit nicht unwesentlich zur Überwindung dieser alten ideologischen Streitfrage beitrug.[37]

Die stärkere Betonung der gesellschaftlichen Prozesse, die in Deutschland besonders von Karl Bosl und seinen Schülern gefordert wurde, brachte für die Beginenforschung schließlich auch hier eine gewisse Annäherung zwischen der „religiösen These" Grevens und Grundmanns einerseits und der „sozialen These" Karl Büchers andererseits, die in der Zwischenzeit von den marxistischen Historikern Gottfried Koch, Ernst Werner und Martin Erbstösser weitergeführt worden war. Statt jedoch, wie Koch, die alte These vom Frauenüberschuß wieder aufzugreifen[38], vertritt diese Schule die Auffassung, daß im Zuge des feudalen Auflösungsprozesses in der Stauferzeit ein genereller Aufbruchs- und Emanzipationsprozeß verschiedener Gruppen stattgefunden habe, von dem auch die Frauen mitgerissen worden seien. In diesem Sinne wird der große Anteil der Frauen an den religiösen Bewegungen von Karl Bosl und Bernd Thum als die „erste Frauenemanzipation" der Geschichte gekennzeichnet.[39] Im Anschluß an Thum vertritt Peter Dinzelbacher ebenfalls die These einer mittelalterlichen Aufbruchs- und

Verweigerungsbewegung, die er jedoch nicht im modernen feministischen Sinn verstanden wissen will.[40]

Naheliegenderweise wurde diese „emanzipatorische These" aber besonders von feministischer Seite mit Genugtuung zur Kenntnis genommen. Sie erklärt, warum das Thema „religiöse Frauenbewegung" und besonders die „Frauenmystik", völlig entgegen den Absichten der Urheber dieses Begriffes, geradezu zu einem Kultobjekt der Frauenbewegung werden konnte, ungeachtet der nicht zu leugnenden kirchlichen Disziplinierungsmaßnahmen. Für die Beginenforschung haben Claudia Opitz und Rebekka Habermas den emanzipatorischen Ansatz der Bosl-Schule am konsequentesten durchgedacht. Opitz wertet demzufolge die Beginenbewegung als „kollektiven Ausbruch aus den vorgeschriebenen Funktionen und der überlieferten Rolle" der Frauen:

„Gerade das Zusammenleben mit Gleichgesinnten in Beginengemeinschaften, das gemeinsame Streben nach einem Leben in Armut und Keuschheit, aber außerhalb der gesellschaftlichen Konventionen und Traditionen ist der Ausdruck eines starken Veränderungswillens – die Verweigerung der bis dahin geltenden Funktionalisierung der Frauen als Vermittlerinnen von Erbe und als diejenigen, die Kinder gebären und aufziehen, also die menschliche Reproduktion zu besorgen haben, ist davon die Konsequenz – beabsichtigt oder unbeabsichtigt."[41]

Ähnlich, jedoch radikaler, argumentiert Habermas. Mit ihrer Ablehnung der Klausur und ihrer Ablehnung bürgerlichen Lebens hätten die Beginen ein neues Konzept von Weiblichkeit entwickelt, das die gängigen kirchlichen und männlich/weltlichen Weiblichkeitskonzepte stört und dadurch subversiv wirkt:

„Sie durchbrechen das Prinzip der Weiblichkeit auf zweierlei Art: Erstens akzeptieren sie die Definition des Weiblichen als Fremddefiniertes und Ausgegrenztes nicht, und zweitens akzeptieren sie den Dualismus von Eva und Maria nicht. Sie sind weder nur Maria, noch nur Eva. Möglich wurde die beginische Druchbrechung beider Prinzipien in einer Zeit des Um/Aufbruchs des Hochmittelalters: in einer Zeit, in der alles aus der Ordnung geriet und ein Vakuum an Ordnungsprinzipien entstand."[42]

Allein schon die ausgeprägte Marienfrömmigkeit der Beginenhöfe widerspricht m. E. einer derartig „modern gedachten" Interpretation des „status beginarum". Mit der Frage nach dem der Beginenbewegung zugrundeliegenden Weiblichkeitskonzept wird aber von Opitz und von Habermas ein interessantes Problem aufgeworfen, das durch das Deutungsmuster der „religiösen Frauenbewegung" eher verdeckt wurde: daß man es hier offensichtlich mit einer bewußt entworfenen Frauenutopie für die alleinstehende Frau außerhalb der Ehe und außerhalb des Klosters zu tun hat. Denn in der Tat bedeutete das Beginenwesen für die „condition féminine" des christlichen Abendlandes eine ganz entscheidende Weichenstellung. Anders ist die Vereinnahmung der Beginen durch so unterschiedliche Ideologien wie der belgischen Gegenreformation, der christlichen Soziallehre des 19. Jahrhunderts, dem wilhelminischen Frauenbild und der heutigen emanzipatorischen Frauenbewegung gar nicht zu erklären. Welche Definition des Weiblichen damals zu Beginn des 13. Jahrhunderts festgelegt wurde,

kann aber nur im größeren Zusammenhang der Neuordnung von Kirche und Gesellschaft unter Innozenz
III. beantwortet werden.

2. „Religiöse Bewegung" und Innozenz III.:
Kontinuität oder Diskontinuität?

Grundmann sah die bleibende Leistung Innozenz' III.
vor allem darin, daß dieser Papst in „grundsätzlicher
Abkehr von der Politik seiner Vorgänger" versucht
hätte, „die Kluft zwischen der religiösen Bewegung und
der hierarchischen Kirche zu überbrücken, indem er der
Forderung der apostolischen Wanderpredigt und der
evangelischen Armut Wirkungsmöglichkeiten innerhalb der Kirche selbst zugestand" – nicht aus innerer
Überzeugung heraus, sondern aus „Einsicht in die Aufgaben der Kirche angesichts der religiösen Bewegung
dieser Zeit." Innozenz hätte jedoch nicht durch plan-
mäßige Gestaltung in die Bewegung eingegriffen und
die aus ihr hervorgegangenen neuen Formen auch nicht
geschaffen:

„Die lebendigen Kräfte, die zu ihnen führten, sind nicht
von ihm ausgegangen, und er hatte an ihnen keinen Anteil."[43]

Diese Beurteilung der Kirchenpolitik Innozenz III. läßt
sich heute kaum mehr vertreten. Die neuere Forschung
betont im Gegenteil sowohl den konservativen Grund-
zug wie auch das planvolle, gezielte Vorgehen Innozenz'
in der Frage der Anerkennung und Schaffung neuer Formen religiösen Lebens. Immer deutlicher tritt neben
dem Politiker und Juristen außerdem auch der Theologe

Innozenz hervor, der in seiner Pariser Studienzeit zum Kreis des Petrus Cantor gehört hatte und später selber in der Lehre vom Purgatorium, in der Eucharistielehre und der Bußtheologie einen bedeutenden Beitrag zur Theologie der Frühscholastik geleistet hat.[44] Gerade im Kreis der Pariser Magister formierten sich an der Wende vom 12. zum 13. Jahrhundert aber auch die Abwehrkräfte gegen die Katharer und die Waldenser.[45] Dieser Kampf wurde dann von Innozenz mit unerbittlicher Härte geführt[46], so daß von daher die Grundmannsche These eines Einlenkens in der Kernfrage der apostolischen Wanderpredigt und der evangelischen Armut höchst unwahrscheinlich ist. Neuere Untersuchungen haben denn auch gezeigt, daß von einer generellen Zulassung der Laienpredigt in Form der „Sittenpredigt" keine Rede sein kann; den Laien unter den bekehrten Humiliaten und Waldensern wurde lediglich die kirchenrechtlich unbedenkliche „exhortatio" (Ermahnung zum guten Tun) zugestanden.[47] Was das Postulat der evangelischen Armut und der „vita apostolica" angeht, so hat hier Grundmann m. E. zu wenig klar unterschieden zwischen den einzelnen Zweigen der neu approbierten Gemeinschaft. Die absolute Armut, die mit der „vita apostolica" und damit mit der Predigt verknüpft war, wurde nämlich nur der Gruppe um Durandus von Osca konzediert, die durch die Befolgung der evangelischen Räte quasi „regulariter" lebte und sich zum großen Teil aus Klerikern rekrutierte.[48] Alle Laien, die sich ihnen unterstellten, ohne das Saeculum zu verlassen, waren jedoch weiterhin zur Arbeit und zur Zehntenzahlung verpflichtet.[49] Das gilt auch für die Humiliaten und für die Armen Lombarden.[50] Daraus wird ersichtlich, daß Innozenz III. in keiner Weise auf die Forderungen der verurteilten Waldenser und Humiliaten eingegangen ist. Die „vita apostolica", das „nudum nudi sequi" („die Nachfolge des nackten Christus") blieb Vorrecht der Kleriker und Mönche, also der „perfecti" nach der kirchlichen Ständelehre (auch wenn sie als rekonziliierte Büßer lediglich eine Propositum und keine Regel erhielten), während die Laien als dem Stand der „imperfecti" zugehörig nur die „praecepta evangelici" befolgten und sich mit der traditionellen Stellung der „adiutores", der Helfer der Apostel, zu begnügen hatten.[51]

Damit stellt sich aber die grundsätzliche Frage, inwieweit die von Innozenz approbierten Humiliaten- und Waldensergemeinschaften und, natürlich erst recht, die neuen Bußbruderschaften und die Bettelorden überhaupt noch in einem Kontinuitätszusammenhang mit den heterodoxen Bewegungen des 12. Jahrhunderts gebracht werden dürfen. Und um hier noch etwas weiter nachzustoßen: Darf man bei diesen neuen kirchlichen Formen überhaupt noch von den „lebendigen Kräften" im Sinne Grundmanns sprechen, oder handelt es sich hier nicht um bewußte Gegenentwürfe des Papstes, deren Ursprünge eher in der Ekklesiologie und Sozialtheorie der Frühscholastik zu suchen wären?

Zu dieser Hypothese, die auch einen ganz neuen Zugang zur Beginenfrage ermöglichen würde, folgende Überlegungen: Die päpstlichen Maßnahmen zur Approbation neuer kirchlicher Gemeinschaften stellen Grundsatzentscheidungen dar, die bestimmten Zielvorstellungen[52] entsprechen und deshalb nur im Lichte der Ekklesiologie Innozenz' III. richtig gewürdigt werden können. Allen Neuregelungen wird nämlich (1.) die bekannte ekklesiologische Dreiteilung der Kirche in die Stände der „conjugati", der „continentes" und der „virgines" bzw. „praelati" zugrundelegt. Sie ermöglichte eine klare Trennung zwischen den verheirateten Laien und der von Innozenz nicht mehr unterschiedenen Gruppe der Ehelosen und Kleriker. Diese Trennung bedingte (2.) eine formaljuristische Neuheit zuhanden der verheirateten Laien, die nun in Form eines „propositum conversationis" ebenfalls eine Lebensregel erhalten, die jedoch nicht unter das kanonische Recht fällt und die (3.) im wesentlichen eine Zusammenfassung der alten Vorschriften des kirchlichen Standes der Büßer darstellt.[53] Indem Innozenz in dieser Form auch dem verheirateten Laien Wirkungsmöglichkeiten innerhalb der hierarchischen Kirche zugesteht, bringt der Papst eine Entwicklung zum Abschluß, die in der frühscholastischen Theologie und in der Politik seiner Vorgänger schon angelegt war.[54] Die drei „ordines" erfüllen jedoch im Kirchenbild Innozenz III. noch eine zusätzliche Funktion.[55] Eingebettet in seine Lehre von der triumphierenden, der kämpfenden und der leidenden Kirche („ecclesia in purgatorio"), dienen die kirchlichen Stände nun dazu, den Mitgliedern der „ecclesia militans" hier auf Erden die Einheit und Vielheit der Aufgaben der Heilswege zuzuweisen. Den Heilsweg des „Dritten Ordens" der „conjugati", also der Laien schlechthin, definiert er dabei als die Stufe „der Beginner, die durch demütige Buße aufsteigen."[56] Mit anderen Worten: Das Propositum der Humiliaten, der Prototyp aller späteren „proposita" der rekonzilierten Waldenser und Bußbruderschaften, bezweckte die Institutionalisierung des ekklesiologischen Konzeptes der streitenden Kirche. Daß Innozenz von dieser Möglichkeit anfänglich nur im Zusammenhang mit der Rekonzilierung bekehrungswilliger Häretiker Gebrauch machte, zeigt nur, wie sehr der neue Begriff der Buße noch mit der Praxis der öffentlichen Kirchenbuße vermengt war.[57] Ebenso deutlich wird aber, daß eine Ausweitung des Kreises der Büßer auf die übrige Laien die unmittelbare Konsequenz dieses Kirchenbegriffs sein mußte. Um das Jahr 1215, also zur Zeit der Eröffnung des 4. Laterankonzils, das in seiner 1. Konstitution „De Fide" ausdrücklich festhielt, daß auch die Eheleute neben den Jungfrauen und Enthaltsamen durch Buße ewige Seligkeit erlangen können[58], lassen sich die ersten Spuren eines laikalen „ordo de poenitentia" nachweisen.[59] Ob dieser eine Wirkung der Bußpredigt des Franziskus ist, kann hier nicht entschieden werden. Auf jeden Fall muß diese Neuerung – und um eine solche handelt es sich zweifellos, trotz der formalen und inhaltlichen Anlehnung an den altkirchlichen Stand der freiwilligen Büßer[60] – den innersten Absichten des Papstes entsprochen haben.

3. Beginen – eine Sozialidee der Scholastik

Jakob von Vitry, ein Kronzeuge der kurialen Politik gegenüber den neuen religiösen Gemeinschaften, schreibt um das Jahr 1224 in seiner „Historia occidentalis":

„Wir halten nicht nur diejenigen, die der Welt entsagt haben und einem regulierten Orden beigetreten sind für ‚regulares', sondern alle Gläubigen, die unter der Regel des Evangeliums dem Herrn dienen und unter dem einzigen und höchsten Abt leben. Es verfügen nämlich nicht nur die Priester und Kleriker, die in der Welt leben, über eine Regel und besondere Institutionen, sondern in gleicher Weise gibt es den ‚ordo' der Verheirateten, den der Witwen und den der Jungfrauen. Ebenso haben aber auch die Ritter, die Kaufleute sowie die Bauern und Handwerker, wie überhaupt die verschiedenen Menschen entsprechend ihrer Gaben, von Gott empfohlene Regeln und Einrichtungen, die alle unter dem Haupt Christi zu einem ekklesialen Körper zusammengefasst werden."[61]

Diese Aussage lehnt sich eng an eine bekannte Stelle aus dem „Liber de aedificatio Dei" des Regular-Kanonikers und Kirchenreformers Gerhoch von Reichersberg († 1169) an.[62] Aus ihr wird aber auch der große Fortschritt ersichtlich, den diese Idee durch die Kirchenpolitik Innozenz III. erfahren hat. Beschränkt sich nämlich Gerhoch noch darauf, den Verheirateten, Richtern und Streitern neben den anderen „ordines" ebenfalls den Weg zum Heil zu weisen, so spricht Jakob von Vitry von „regulas et institutiones". D. h., er hat neben der eschatologischen Aussage auch die innerweltliche Strukturierung des Corpus christianum im Blick. Dies ist aber nur möglich nach der Institutionalisierung des Bußgedankens durch den neuen „ordo de poenitentia."[63] Jakob von Vitry zufolge gibt es nicht nur die drei ekklesiologischen „ordines", sondern auch noch die Gruppe der Ritter, Kaufleute und Handwerker, die die zwei Stände des funktionalen Dreiteilungsschemas der Beter, Streiter und Arbeiter repräsentieren.[64] Auf ihre Institutionen in Form von Gilden und Zünften ist hier nicht weiter einzugehen. Wichtig ist jedoch, daß die mittelalterliche Gesellschaft künftig zweifach strukturiert war: durch ein vertikales, ekklesiologisch-heilsgeschichtliches Ordnungssystem und ein horizontales, innerweltlich-funktionales Ordnungssystem. Durch beide Ordnungssysteme wurde insbesondere der Laie in eine höhere Verantwortung hineingenommen und zugleich seine Unterordnung unter die Obedienz der kirchlichen und weltlichen Gewalt verstärkt. Insofern entspricht die Aufwertung des Laien „sub evangelica regula" durchaus einer konservativen Grundhaltung. Beide Ordnungssysteme deckten aber auch verschiedene Lebensbereiche ab. Durch die anthropologisch-heilsgeschichtliche Dreiteilung – allen sichtbar vor Augen im dreigeschossigen Aufriß der gotischen Kathedrale, der nach der Lehre Peters von Roissy († um 1213), dem Kanzler von Chartres und Mitschüler Jakob von Vitrys in Paris, die drei „ordines" symbolisierte[65] – wurde der gewöhnliche Laie durch die Zugehörigkeit zur Bußbruderschaft auf eine strenge Sexual- und Wirtschaftsethik verpflichtet, die auch das ganze Armen- und Sozialwesen mit einschloß. Durch die zweite Ordnung aber wurde die weltliche Herrschaft und die ganze Berufswelt gegliedert und zugleich ethischen Normen unterworfen. Diese gesellschaftlichen Auswirkungen gehen aus dem Zitat Jakobs von Vitry nicht mehr hervor. Instrument ihrer Durchsetzung ist vielmehr die neue Gattung der Predigt „ad status", die er selber wesentlich mitgeprägt hat.[66]

Für die Geschichte der Frauen ist nun außerordentlich folgenreich, daß sie in der mittelalterlichen Ständelehre nur durch diese höhere ekklesiale Ordnung erfaßt wurden, denn die Frau galt wohl – dank Maria – als teilhaftig an der Heilserwartung der Gläubigen, nicht jedoch als amtsfähig im innerweltlichen Sinn.[67] Als es deshalb darum ging, eine aus den Fugen geratene „societas christiana" am Übergang von der feudalen Agrargesellschaft zur arbeitsteiligen städtischen Gesellschaft neu zu strukturieren, blieb für sie nur der Rückgriff auf die drei „ordines" der Verheirateten, der Witwen und der Jungfrauen.

Nachdem aber das private Ordensleben der Witwen und der gottgeweihten Jungfrauen verboten worden war[68], bot sich für alleinstehende Frauen nur noch die

Alternative des Klosters oder die Schaffung neuer Institutionen für die laikalen Frauen nach dem Vorbild des neuen „Bußordens". Innozenz selber scheint der ersten Lösung zugeneigt zu haben: Während seines Pontifikats vermehrten sich die Zisterzienserinnenklöster wie die Sterne am Himmel, schreibt Jakob von Vitry unter Anspielung auf Genesis 22,17[69]. Innozenz III. beabsichtigte gleichzeitig eine Reform des weiblichen Klosterwesens durch Einführung der strengen Klausur, der Beseitigung des privaten Klosterlebens sowie der Entfernung weiblicher Konversen aus den Männerabteien.[70] Deswegen gab es in Italien anfänglich nur die „poenitentes inclusae."[71] Die starke Betonung der Klausur bei Innozenz III. hängt höchstwahrscheinlich mit der großen Bedeutung zusammen, die der Papst dem Bild der Sponsa/Ecclesia beimaß, das ja seit der Kirchenreform vor allem durch das weibliche Klosterwesen repräsentiert wurde.[72] Sehr bald stellte sich hingegen heraus, daß seine Vorstellungen unrealistisch waren. Die von ihm angestrebte Verklösterlichung der Spitäler und die neue Wirtschaftsstruktur der klausurierten Nonnenklöster und reformierten Männerabteien setzte zahlreiche weibliche Konversen frei, die in den wirtschaftlich entwickelten Gebieten am Niederrhein ein besonderes Problem bildeten. Auf diese Ursachen der Beginenbewegung hat die ältere Forschung schon verschiedentlich hingewiesen.[73] Diese Entwicklung hätte aber nicht notwendigerweise zur Schaffung der Beginenhöfe führen müssen – sowenig wie die neuen Universitäten allein aus den Bedürfnissen der Studenten oder die Zünfte allein aus den Bedürfnissen des Handwerks heraus erklärt werden können. Auch die Annahme einer Übertragung klösterlicher Lebensformen auf die Laienwelt bietet noch keine ausreichende Erklärung, obwohl dieser Gedanke von Greven[74] für die ganze Bußbewegung natürlich seine Berechtigung hat. Die Entwicklung zum ausgebildeten Beginentum wird man sich vielmehr wie folgt erklären müssen: Auf der Grundlage der neuen Einrichtung der laikalen Büßer „in domibus propriis" schlossen sich zahlreiche alleinstehende Frauen dem „ordo de poenitentia" an. Diese Lebensform kam jedoch nur für Frauen in Frage, die ihren Lebensunterhalt aus eigenen Mitteln, sei es Vermögen oder Arbeit, bestreiten konnten. Die ersten Beginensammlungen hingegen sind ursprünglich Armenhospize für diejenigen Frauen und Konversen, die zu Sozialfällen geworden waren. Aus ihnen entwickelten sich später die Arbeitshäuser der Beginenhöfe, die in den frühesten Statuten mit den Handwerksgilden verglichen werden. Erst die Kombination der beiden Erscheinungsformen, d. h. die Zusammenfassung der „universitas beginarum" einer Stadt in einem bestimmten Stadtviertel, führte zur charakteristischen Lebensform der Beginenhöfe mit Einzelhäusern und Konventen. Dadurch war aber eine Lebensform geschaffen, die alle Frauen gemäß der böhmischen Ursprungslegende nach dem ekklesiologischen Dreiteilungsschema erfaßte und zugleich durch die weitgehende Abschließung der Höfe von der sie umgebenden „perversitas mundi" dem klösterlichen Leitbild der „Sponsa/Ecclesia" unterordnete. Die Viten der „mulieres sanctae", die parallel zu dieser Organisation der Frauenwelt von den Befürwortern dieser Entwicklung aus dem Zisterzienser- und Dominikanerorden verfaßt wurden, dienten der Propagierung dieses neuen Frauenideals und legten gleichzeitig auf der Grundlage der Vita der Maria von Oignies dessen theologisches Konzept fest, das die Frauen generell mit dem Bild und den

daraus abgeleiteten Aufgaben der „Maria/Ecclesia" verknüpft und dadurch in der Tat konstitutiv für den
„weiblichen Geschlechtscharakter" wurde.[75]

Ich möchte mit einem Ausblick schließen: Der Mythos der „religiösen Frauenbewegung" erwies sich bei
näherer Betrachtung als eine Spätfolge der mittelalterlichen Ursprungslegenden und der ideologischen Auseinandersetzung um die sogenannte „Frauenfrage" im ausgehenden 19. Jahrhundert. Dieser Terminus erscheint
darum weder in der Verbindung mit dem ebenfalls revi-
sionsbedürftigen Grundmannschen Axiom der „religiösen Bewegungen"[76] noch in der zeitgemäßeren Variante
einer „mittelalterlichen Verweigerungsbewegung" als
geeignetes Deutungsmittel der mittelalterlichen Beginenbewegung. Diese hat vielmehr als Teil des neuen laikalen Bußordens ihren von Anfang an nicht unumstrit-
tenen, aber doch für ihre Zeitgenossen klar erkennbaren
Platz innerhalb des kirchlichen Ordodenkens. Die
besonderen Bedingungen der weiblichen Bußbewegung
haben dann in Verbindung mit der Entwicklung der
„Dritten Orden" in Italien, mit dem Ausbau des
Stiftungswesens durch die Bettelorden, aber auch infolge der Durchsetzung der Zunftorganisation in den
Städten dazu geführt, daß diese Sozialidee der Frühscholastik im Laufe des Spätmittelalters erheblich mo-
difiziert und schließlich von der Kirche – mit Ausnahme der Beginenhöfe – selber aufgegeben wurde,
nicht ohne mit dem Versuch einer Sakralisierung der
Frau die mentalen und gesellschaftlichen Strukturen
bis heute geprägt zu haben. So gesehen, bietet das „ent-
mystifizierte" Beginentum noch ein weites Feld sozial-
geschichtlicher, theologiegeschichtlicher und ideolo-
giekritischer Frauenforschung.

Religiöse Frauen im Florenz des 13. und 14. Jahrhunderts

Anna Benvenuti

„Recluse seu Heremite"

Am 1. April 1303 diktierte Beliadoro del Perfetto, Florentiner aus der Gemeinde von San Lorenzo, vor dem Notar Ser Uguccione Bondoni seinen letzten Willen und legte fest, daß auf seine Kosten ein kleines Krankenhaus in Pian di Mugnone gebaut und nach dem Schutzheiligen San Giovanni Battista benannt werden sollte. Mit der üblichen testamentarischen Genauigkeit ordnete er des weiteren an, daß, falls er vor Beendigung der Arbeiten sterben sollte, neben der Kirche eine „domus murata ubi tres morari possent heremite, vel masculi vel femine, laudantes Deum et orantes pro anima dicti testatoris"[1] errichtet werden sollte.[2]

Auf diese Weise erscheint noch im 14. Jahrhundert neben den Formen genossenschaftlicher Hilfe und der Solidarität der Bruderschaften als keineswegs letzte Form der frommen Investitionen für das Jenseits auch der Auftrag, für das Heil des Stifters zu beten, an jene Eremiten, die in den vergangenen Jahrhunderten mit ihrer stillen Anwesenheit die Wälder und das weite Land bevölkert hatten. Durch die umfassende Verschiebung ihres Lebensraumes, der zunehmend mit dem städtischen Kontext verknüpft wurde, paßten sie ihre Berufung zur Weltflucht von einst an die neue urbane Situation an.

Für diese Anpassung an die neuen städtischen Einsiedeleien zog man Brücken, Straßen und verlassene kirchliche Gebäude den traditionellen Behausungen in Wäldern und Höhlen vor. Damit wurde die einstige und einzig im Teufel bestehende Gefahr gegen die tausend Versuchungen des städtischen Alltagslebens eingetauscht. Auf diese Weise wurde das ritterliche Epos von Wald und Einsamkeit, das die asketische Einsamkeit der Eremiten feudal-höfisch eingefärbt hatte (typisch hierfür sind etwa die heroischen weiblichen Figuren wie Sigune aus Wolfram von Eschenbachs „Parzival", die sich aus Liebe beim Grab des Ritters einmauern ließ), in das kulturelle Klima der urbanen Welt mit ihren Bedürfnissen und ihren gewaltsamen Brüchen integriert, wo die Armut der vielen im Rahmen der kaufmännischen Ethik zur unerläßlichen Ergänzung des Reichtums einiger weniger wurde.[3]

Der konstante und relativ sichere Zufluß an Almosen brachte neue Religiosen sowie auch neue Typen von „Ernährern" hervor, die aufgrund der (im Vergleich zu früher) beweglicheren Geldökonomie an die Stelle der Herren der Vergangenheit traten, welche sich auf dem Land der geringen Bedürfnisse der Einsiedler angenommen hatten.

So war es möglich, daß in den siebziger Jahren des 14. Jahrhunderts eine fromme Florentiner Dame, als sie den Tod nahen fühlte, sich dazu entschloß, eine ihrer Hütten auf der Brücke nach Rubaconte „ad receptaculum aliquarum bonarum mulierum ... reclusarum seu heremitarum ... que ibidem habeant stare recluse"[4] zu übereignen, und sie stiftete ihnen im Austausch gegen ihre guten Werke und Gebete „transeuntium elemosinas".[5]

Genau diese „Reklusen oder Klausnerinnen" wurden zum Symbol jener konzeptuellen Verbindung von Stadt und Einsiedelei. Denn eben dieser Terminus, „recluse", wird in unterschiedlichen, auch hagiographischen, Quellen[6] für die religiöse Realität der städtischen Welt des 13. und 14. Jahrhunderts benutzt. Allerdings bestehen erhebliche Zweifel über die genaue Bedeutung dieses Begriffes, denn er wird ganz allgemein dazu benutzt, jegliche Art von abgeschiedener frommer Lebensweise zu bezeichnen. Und das beinhaltet sowohl die monastische Klausur als auch die individuelle Einschließung in einer zugemauerten Zelle.

Die semantische Uneindeutigkeit verschleiert auch die extreme institutionelle Unbeständigkeit vieler dieser spontanen religiösen Formen, die sich aufgrund der klerikalen Kontrolle stufenweise hin zu einer mit Ordensregeln versehenen und den kanonischen Vorschriften entsprechenden Organisation entwickelten: Dafür läßt sich die Zellenerfahrung der Umiltà di Faenza als Beispiel anführen, die bald schon von anderen Büßern der Eremitenkolonie rund um die vallombrosanische Abtei von Sant'Appolinare di Faenza geteilt wurde und in der man bereits eine „embryonale" Phase der darauffolgenden klösterlichen Entwicklung erkennen kann.[7]

Es ist kein Zufall, daß mit dem Begriff „recluse" oder „Eremitinnen" anfänglich sowohl die „nobilissime matrone", denen die Dominikaner ihre Konstitutionen von San Jacopo di Ripoli anboten, bezeichnet wurden, als auch die „dominae" von Monticelli, die vermutlich von Agnes von Assisi während der Anfangsjahre der Florentiner Klarissen ihre Ordenstracht erhielten. Der in den Testamenten des 13. Jahrhunderts auftauchende Begriff „recluse" wurde auch für die vorstädtischen Mikro-Ansiedlungen benutzt, die für die religiöse Florentiner Topographie dieses Jahrhunderts und der darauffolgenden charakteristisch waren. Dieser Terminus gilt im übrigen nicht ausschließlich für die neuen, sich rund um die Bettelorden konzentrierenden Gemeinschaften, sondern schließt auch alte monastische Einrichtungen der Benediktinerinnen oder Reform-Benediktinerinnen mit ein, die im vorstädtischen und ländlichen Gebiet mit den jüngsten Formen weiblicher Einsiedelei koexistierten und in einer scheinbaren semantischen und strukturellen Homogenität in den langen Listen der testamentarischen Vermächtnisse aufgeführt sind.[8] Neben den mit der Einschließung verbundenen Formen, die mehr oder weniger einer Ordensregel verpflichtet waren, existierten die individuellen Experimente einzelner Frauen, z. B. jenes der Klausnerin, „di Lapa" genannt, welche neben der Kirche von Santa Maria in Soffiano eingemauert war[9], oder jener Eremitin, genannt „de Costa ad Signam", die in einem Testament mit einem Almosen bedacht wurde.[10] Diese läßt sich mit großer Wahrscheinlichkeit als die selige Giovanna identifizieren, welche später zur Schutzheiligen des Gebietes wurde[11] und den Mittelpunkt einer kleinen Gruppe eingemauerter Büßerinnen bildete.

Der Hinweis auf andere Formen gottgefälligen Lebens von Frauen ist ebenfalls in den Notariatsakten vermerkt: In der notariellen Urkunde des Ser Jacopo di Geri stößt man für das Jahr 1326 auf die „soror Gianna q. Vanni Bracci de Montelupo", die bereits eine „Pinzochera" der Franziskaner war und die den Worten des Notars zufolge „intravit religionem, videlicet in quodam romitorio posito in populo sanctii Remigii, super pontem Rubacontis"[12]. Um ihren Übertritt vom weltlichen Status zum Status einer Religiosen nach der kanonischen Tradition der Einschließung noch zu betonen, lag ihr Seelenheil fortan nicht mehr in den Händen der Brüder von Santa Croce, sondern oblag dem Rektor der Pfarrei San Remigio, in dessen Jurisdiktion sich die Einsiedelei befand. Die Brücke beherbergte bekanntlich weitere Klausnerinnen mitsamt deren kleinen Oratorien. So wurden ihre Pfeiler zum Fundament für künftige monastische Kongregationen, die im 15. Jahrhundert als reife Frucht der anarchischen Büßerbewegung der vorhergehenden Jahrhunderte entstanden.[13] Aber wenn auch diese Brücke unter den Florentinern der bekannteste Treffpunkt und Unterschlupf der „eremite de ponte", der „Brückeneremitinnen" war, gab es noch weitere Sammelpunkte: Die Brücke nach Santa Trinità beherbergte mit Sicherheit seit 1318 eine Frauengemeinschaft[14], die wegen der Nachbarschaft zur angrenzenden, gleichnamigen Vallombrosaner-Abtei die Ordensvorschriften und -tracht der Nachfolger San Giovanni Gualbertos erhielten.

Solche Formen der Bußfertigkeit in den städtischen Einsiedeleien existierten parallel zu der traditionellen Art des Eremiten-Lebens: So erprobten zum Beispiel Frauengruppen in den Wäldern nahe der Hügel von Fiesole die Einsamkeit, wobei einige von ihnen in den Wäldern von Lubaco die mythische Erinnerung an die Eremitin Brigida wiederaufleben ließen[15]. Andere Frauen, wie jene in Santa Maria di Casignano, riefen in verstreuten Zellen im Wald von Fonteviva eine kleine, suburbane Eremitage ins Leben. All diese ziemlich anachronistischen Versuche und Experimente wurden immer wieder durch die bischöflichen Eingriffe der Norm angepaßt und mündeten so im Laufe des 14. Jahrhunderts langsam in reguläre Ordensklöster.

So kamen beispielsweise im Jahr 1311 die Einsiedlerinnen von Fonteviva durch die Barmherzigkeit eines vermögenden Florentiner Bürgers, Tommaso di Spigliato dei Mozzi, in den Genuß einer mildtätigen Spende und erhielten Häuser und Grundstücke, wodurch sie ihren Lebensunterhalt bestreiten konnten.[16] Aber auf Drängen des gleichen Stifters wurden die Frauen auch der Leitung des Bischofs von Fiesole unterstellt, der aus ihnen eine Benediktinerinnen-Gemeinschaft machte.[17]

Auch die monastische Entwicklung anderer kleiner Gemeinschaften von Reklusen wie die der ebenfalls auf dem Territorium von Fiesole lebenden Einsiedlerinnen von Santa Maria dal Fiore bzw. di Lapo war demselben Prozeß der Ordensregulierung unterworfen. Diese Eremitinnen hatten zwischen den Ruinen der von den Florentinern zerstörten Burg Unterschlupf gefunden, wo sie seit den ersten Jahrzehnten des 13. Jahrhunderts in Armut und ohne Ordenskleidung und Gelübde lebten.[18] Dank der Unterstützung einer Reihe von wohltätigen Personen, unter denen sich auch jener Lapo di Guglielmo Pollini befand, Tuchschneider auf dem Ponte Vecchio, dessen Name von der Frauengemeinschaft übernommen worden war, verwandelten sich die Einsiedlerinnen unter der Kontrolle des Bischofs Andrea Corsini ab Anfang des 14. Jahrhunderts in eine Ordensgemeinschaft und erhielten am 18. Oktober 1350 die Ordensregel und -kleidung der Augustiner.[19]

Andere Niederlassungen von Frauen, die die Urkunden mit dem Begriff „rinchiuse" (Inklusen) oder „romite" (Einsiedlerinnen) überliefern, sind für das 13. und 14. Jahrhundert in einem großen Umkreis um das Gebiet von Florenz nachzuweisen. Die Diözese von

Fiesole, deren religiöse Gründungen sich dank der Studien von Monsignore Raspini[20] gut überblicken lassen, bietet ein erstaunliches Bild: Neben den schon erwähnten Eremitinnen von Lubaco, Fonteviva und Santa Maria del Fiore gehören auch diejenigen von Sant'Alessandro[21] zusammen mit denen von Santa Maria a Troghi hierhin, wo noch 1436, wie in einem Visitationsprotokoll erwähnt wird, eine Einsiedlerin ihre Existenz ohne jegliche institutionelle Einbindung weiterführen konnte.[22] Man weiß nicht, auf welche Art die in einer Urkunde von 1277[23] erwähnten Klausnerinnen von Montevarchi, oder jene von Figline[24] institutionalisiert waren. Letztere sind in den Testamenten mit dem Namen „domine"[25] erwähnt, der üblicherweise den Nonnen zugeschrieben und vorbehalten war[26] und in diesem Fall ein Identifikationsproblem aufwirft, denn ab dem 12. Jahrhundert tauchte dieser Begriff im Zusammenhang mit der primitiven Ansiedlung von Figline auf, in der zuerst eine Gemeinschaft von Vallombrosanerinnen lebte[27], die nach 1167 verschwand, als nämlich die Florentiner jene Burg des Bischofs von Fiesole, auf die er seinen Bischofssitz nach der Zerstörung seiner Stadt verlegt hatte, dem Erdboden gleichmachten.

Eine Gemeinschaft von Einsiedlerinnen hatte sich laut der Urkunden aus der Mitte des 13. Jahrhunderts noch einmal zwischen den Trümmern der Burg angesiedelt und sich der hl. Katharina unterstellt. In den ersten Jahrzehnten des 14. Jahrhunderts haben sie dann wohl unter der Kontrolle der Bischöfe von Fiesole nach einer Ordensregel gelebt.[28] Aber die Urkunden sagen nichts darüber aus, ob es sich dabei um ein Wiederaufleben des früheren Klosters oder um eine im Klima der wiedererweckten Büßerbewegung des 13. Jahrhunderts entstandene Neugründung handelt. Allerdings scheint die Art der Niederlassung durch den Gebrauch des Wortes „povero" für die alten, verfallenden Mauerwerke die zweite Hypothese zu bekräftigen, was auch dadurch bestätigt wird, daß nun die hl. Katharina und nicht mehr Maria, wie in der vorhergehenden vallombrosanischen Einrichtung, die Schutzpatronin war. Es ist auch wichtig, darauf hinzuweisen, daß das alte Kloster dem traditionellen Brauch der Benediktiner folgte und ein Hospiz, in diesem Fall speziell für Frauen ohne festen Wohnsitz, unterhielt.[29] Weitere Beispiele bestätigen uns, daß Hospitäler häufig als ursprünglicher Zufluchtsort für Büßerinnen-Gemeinschaften dienten.

Die Existenz solcher Einrichtungen zur Beherbergung Fremder läßt denn auch gewisse Nachbarschaften deutlicher erkennbar werden, die in den Urkunden, wie etwa bei den Klausnerinnen von Maiano, nur undeutlich zu fassen sind. Dieses Benediktinerinnenkloster, das in einem Nebengebäude – wenn nicht sogar im „hospitium" – des alten Benediktinerklosters von San Martino untergebracht war, vertrat wegen seiner weltlichen Bedeutung die Kathedrale von Fiesole bei der allegorischen Hochzeitszeremonie, die anläßlich der Neueinsetzung eines Bischofs in der Kirche von San Romolo gefeiert wurde, ebenso, wie dies auch den Florentiner Mitschwestern von San Pier Maggiore zukam.[30]

Nur die zeitgenössische Erwähnung in einem Testament[31] aus dem 14. Jahrhundert bestätigt die Koexistenz zweier unterschiedlicher Gemeinschaften, indem sowohl die „domine Sancti Martini de Maiano" wie auch die „domine recluse de Maiano" aufgeführt werden. Und wenn man sie wegen ihrer Namensgleichheit auch kaum von den Benediktinerinnen unterscheiden kann, so existierten diese „recluse" noch im 15. Jahrhundert weiter, wobei sie irgendwann die Augustinerregeln angenommen hatten.[32]

Mit Sicherheit in der Nähe einer Herberge untergebracht waren die in einer Verkaufsurkunde aus dem Jahre 1335 erwähnten Frauen von Trespiano.[33] Richa zufolge näherten sie sich dann von dort aus langsam Florenz, indem sie in ein Hospital umzogen, das zu Beginn des Jahrhunderts von Caio de'Macci in der Nähe der Kirche erbaut worden war.[34]

Im Hospital der Familie der Macci fanden auch die Frauen des Hospiz' von San Piero in Silva Regia Unterschlupf, das einer der Ableger jener Pfarrei von San Cresci in Macioli war, die später der Seelsorge des humorvollen Pfarrers Arlotto unterlag.

Das kleine Hospiz von Silva Regia existierte seit Beginn des 13. Jahrhunderts, und 1336 wurden die dort lebenden Frauen durch den Bischof von Fiesole zur Observanz einer Regel geführt. Wenige Jahre später siedelte der spätere Heilige Andrea Corsini im Rahmen einer allgemeinen Neuordnung der Frauengemeinschaften in der Diözese diese „dominae", wie bereits erwähnt, in das Florentiner Hospiz der Macci um, das jetzt bereits Konvent war.[35]

Auch die Reklusen von Borgo San Lorenzo in Mugello, die der aus der Mitte des 13. Jahrhunderts stammenden Überlieferung zufolge vom hl. Petrus Martyr zum Büßerleben geleitet wurden, hatten vor ihrer Übersiedlung nach Florenz ins Kloster Santa Lucia in der Via San Gallo ihre Anfangsjahre im Schatten eines Hospitals verbracht. Und wenn es auch nicht der eifrige Dominikanerprediger war, der ihnen die Augustinerregel gab, so war es immerhin der florentinische Bischof Giovanni de Mangiadori. Er kümmerte sich darum, ihnen eine „domus religionis et poenitentie" zu bauen und wies ihnen als Schutzheilige die heilige Agnes zu.[36]

Die Umsiedlung der Klöster in die Stadt

Einerseits drängte also der Schub der Eremitinnen und Büßerinnen in den Städten zu den öffentlichen Plätzen, wo die Gelegenheit, wohltätige Spenden und Almosen zu ergattern, größer war. Auf dem Land ließ dieser Schub andererseits im Umfeld der alten monastischen Ansiedlungen und in ihren Herbergen neue Gemeinschaften entstehen. So konnte es passieren, wie wir im Falle von Maiano gesehen haben, daß an der Seite der reichen Nonnen viel ärmere Reklusen in irgendeinem Säkularinstitut lebten, die vielleicht von ihnen unterstützt wurden.

Viele dieser Frauengemeinschaften, die rund um die ländlichen Hospitäler entstanden waren, mußten im Laufe des 13. Jahrhunderts ihre alten Ansiedlungen aufgeben und in die größere Sicherheit bietenden Vororte von Florenz ziehen, wo ihr Weiterbestehen eher garantiert war als in den gefährlich gewordenen ländlichen Gebieten. Dies geschah infolge der Krise, die auch die in den Wäldern und auf dem Land verstreuten Klostereinrichtungen bedrohte. Sie waren ursprünglich vom alten Feudaladel gegründet und reich ausgestattet worden, doch dieser war im Niedergang begriffen, und darüber hinaus wurde er auch noch von der mächtig sich ausbreitenden Stadt Florenz in seinem Territorium bedrängt.

Von diesen großen Schüben der sozio-politischen Neuordnung überwältigt, mußten viele Klöster, die als direkte Verkörperung jener Potentaten galten, gegen die sich die expansive Dynamik der Stadt Florenz richtete, unweigerlich unterliegen. So sollte zum Beispiel die von den Ubaldini und besonders von Kardinal Ottaviano gewährte Protektion für die Klosterkongregationen der Vallombrosaner und der Kamaldulenser auf dem Gebiet um Florenz schwerwiegende Auswirkungen auf das Leben vieler religiöser Einrichtungen haben, in denen die Florentiner aus gutem Grund gefährliche feindliche Brückenköpfe vermuteten.

Der Krieg mit den Grafen Guidi war, wie schon einmal zuvor, über das Kloster von Rosano hereingebrochen, das das Tor zu deren Grundbesitz darstellte, und hatte diese einstige Macht bezwungen. Deshalb sollte später die Einrichtung der Benediktinerinnen von Sant'Ilario in Alfiano, besser bekannt unter dem Namen Sant'Ellero, im Mittelpunkt eines langandauernden Streites stehen, in dem die strategisch-expansionistischen Interessen der Stadt Florenz mit den stillschweigenden politisch-religiösen Privilegien der Vallombrosaner und ihrer Verbündeten kollidierten.[37] Nicht mehr sicher in den alten, ländlichen Unterkünften und nunmehr bereits erschüttert und verwirrt durch das Auf und Ab des Krieges, näherten sich deshalb viele Frauengemeinschaften aus den unterschiedlichsten Institutionen in der Hoffnung auf größere Sicherheit der Stadt. Das wird auch bei der schon erwähnten Umiltà da Faenza[38] und ihrer kleinen Frauengemeinschaft der Fall gewesen sein, die gegen Ende des 13. Jahrhunderts nach Florenz gingen, um den Kämpfen, die ihr Land aufgewühlt hatten, zu entfliehen und um dort mit Hilfe barmherziger Wohltäter eine Klostergemeinschaft zu gründen, die dem Evangelisten Johannes gewidmet war. Dies ist ein typisches Beispiel dafür, wie sich mit der

Zeit ein Zusammenschluß von religiösen Frauen, der durch spontane Reklusionen entstanden war, in eine nach Ordensregeln geführte reguläre Klostereinrichtung verwandeln konnte.

Ungefähr in diesen Jahren begaben sich auch die Frauen von Marignolle, die oft in den testamentarischen Anweisungen des 13. Jahrhunderts erwähnt werden, unmittelbar an den Stadtrand von Florenz. Von der Gemeinde von San Quirico, wo sie Repetti zufolge eine „asceterio" genannte Einsidelei[39] hatten, siedelten sie im Februar 1289, nachdem sie die Umzugserlaubnis vom Florentiner Bischof Andrea de Mozzi bekommen hatten, in die Pfarrei von Santa Lucia sul Prato über. Nach einigen Kontroversen mit dem Humiliaten-Orden[40], dem die Pfarr-Gerichtsbarkeit von Santa Lucia unterstand, erreichten sie hier schließlich wiederum mit Hilfe des Bischofs die Bewilligung für den Bau eines Klostergebäudes, eines Oratoriums sowie eines Friedhofs, auf dem sie die verstorbenen Mitschwestern bestatten konnten. Einige Jahre später, am 3. Januar 1296, wurden sie von dem Florentiner Bischof Francesco Monaldeschi zu Gehorsam verpflichtet, der ihnen die Regel und die Tracht der Benediktinerinnen zuwies.[41]

Zu Anfang des 14. Jahrhunderts wurde auf Gesuch der kommunalen Obrigkeit in der Peripherie der Gemeinde San Lorenzo, wo es in diesen Jahren nur so wimmelte von Häusern weiblicher Religioser, eine Zweigniederlassung der Klarissen aus der Marca di Castelfiorentino (es handelt sich wohl um das Kloster Montedomini) gegründet.[42] Gleichzeitig näherten sich aus dem nicht weit entfernten Quaracchi auch die von Gaudenzi Ruggerino de'Pigli und von anderen Mitgliedern seiner Familie begünstigten Frauen von San Luca[43] der sichereren Stadtgrenze, woran Urkunden aus dem

Jahre 1292 erinnern.[44] Besorgt über die durch den Krieg zwischen Pisa und Florenz verursachten militärischen Überfälle, hatten die „domine" von Quaracchi Bischof Antonio degli Orsi um die Erlaubnis gebeten, an einen sichereren Ort ziehen zu dürfen. Da dieser keine Räume zur Verfügung hatte, brachte er sie 1316 in einer Klause („monasterium sive romitorium") in der Gemeinde von San Lorenzo unter, wo schon seit mindestens 1300 die Reklusen von Campo Corbolino lebten.[45] Eine Zeitlang lebten die weiblichen Religiosen, solange sie nämlich in einigen Vermächtnissen unter dem Namen „monasterium S. Luchae de Campocorbolini"[46] aufgeführt wurden, zusammen. Sie waren damit zwar durch den Zusammenschluß der Bezeichnung des ersten Konvents und dem Ortsnamen des zweiten semantisch eine Einheit, aber sie lebten in getrennten Gemeinschaften. Einige Jahrzehnte später, im Jahre 1327, verließen die Nonnen von Quaracchi ihre provisorische Unterkunft, um sich in dem nicht weit von der mittlerweile überfüllten Via San Gallo liegenden Kloster, das sich immer noch San Luca oder „Quaracchi" nannte, anzusiedeln, und zwar an einem Ort, der Croce di Via genannt wurde.[47]

Eine weitere Kriegsfront, nämlich jene gegen Arezzo, hatte die Umsiedlung einer anderen Frauengemeinschaft aus einer älteren Casentiner Niederlassung bewirkt. Die Frauen von Sant'Andrea di Bibbiena, die zu Beginn des Jahres 1291[48] in die Stadt umsiedelten (natürlich in die Via San Gallo der Gemeinde San Lorenzo), fanden in einem Kloster Unterschlupf, das wahrscheinlich schon vorher unter der Schirmherrschaft der heiligen Agathe stand.[49]

Auch die Kamaldulenserinnen von Santa Maria di Querceto, die 1309 auf Wunsch von Giovanni di Migliore Chiaramontesi einige Grundstücke und Besitztümer in der Gemeinde von San Lorenzo gestiftet erhalten hatten, zogen weg von den Hängen des Monte Morello und in die Via San Gallo. Hier bekamen sie die Erlaubnis, einen Konvent zu gründen.[50] Aus der Umgebung von Florenz stiegen auch die vom Volksmund als „Scalze" bezeichneten Barfüßer-Nonnen der Pulsaneser Kongregation herunter und siedelten sich in der bereits bekannten Via San Gallo an. Dies wird in den Urkunden für den Anfang der dreißiger Jahre des 13. Jahrhunderts für Santa Margherita a Montici, in der Nähe des zur selben Kongregation gehörenden Männerklosters von Fabroro, bezeugt. Die „domine Sancte Marie Discalceatarum" (deren Patronat sowie die Schutzherrschaft über die restliche Pfarrkirche von Santa Margherita a Montici die Familien der Amidei und der Gherardini übernommen hatten, denen noch im 14. Jahrhundert die Ernennung der Äbtissin vorbehalten war)[51] tauschten 1339 einige ihrer Besitztümer gegen ein Dutzend ebenfalls zur Gemeinde von San Lorenzo gehörende Häuser und ein großes Grundstück in Camporeggi ein,[52] wo dann das Kloster Santa Maria Intermerata entstand.[53]

Auch die bereits erwähnten Eremitinnen von Borgo San Lorenzo zogen gegen Ende des 13. Jahrhunderts aus dem alten Herrschaftsgebiet des Florentiner Bischofs in die Stadt. 1285, als ihre Anzahl gestiegen war und einige von ihnen in der unmittelbaren Nähe von Florenz leben wollten, baten sie beim Kapitel des Mutterhauses, dessen Amt unbesetzt war, um die Erlaubnis, in die Stadt ziehen zu dürfen. Zu diesem Zweck erwarben sie einige Häuser in der Via San Gallo, wo sie so schnell wie möglich ihren Konvent zu errichten beabsichtigten. Als sie aber bald schon die Kanoniker von San Lorenzo verklagten, um sie der Pfarrgerichtsbarkeit zu unterstellen, wurden sie in langandauernde Streitigkeiten mit dem Klerus von San Lorenzo verwickelt, die selbst der Bischof nicht schlichten konnte. Und so fielen sie schließlich der päpstlichen Entscheidung zum Opfer, die, wie immer in solchen Fällen, den Rechten der Pfarrei den Vorzug gab: 1292 mußten die Frauen von Borgo San Lorenzo nach sechs Jahren Streitigkeiten für den Weiterbau ihres Konventes die eigens dafür bestimmte Erlaubnis des Kapitels einholen. Indem sie sich dazu verpflichteten, eine Abgabe in Wachs zu bezahlen und alle Rechte der Pfarrei zu respektieren, konnten sie schließlich weiterbauen.[54]

Die „Domine de Sancta Maria de Candigulis"[55], die 1327 in einer Bulle von Gregor XI.[56] als Franziskaner-Terziarinnen erwähnt werden, aber bereits den Kamaldulenser-Regeln gehorchten und schließlich die Augustinerregel annahmen, stammten vielleicht aus Montelupo.[57] Sie ließen sich mit Unterstützung der Corsi, die die Schutzherren ihres auch als „Canto a Monteloreo" bezeichneten Klosters waren, im nördlichen Teil der Stadt nieder, nicht weit entfernt von Borgo Pinti, jenem zweiten Zentrum religiöser Frauenansiedlungen in Florenz.[58]

Diese religiösen Gemeinschaften waren alle durch eine Mobilität gekennzeichnet, die sie permanent Standort und Ordensregeln wechseln ließ. Aufgrund der Kriege und der daraus resultierenden Bedürfnisse einzelner Einrichtungen, Niederlassungen in Florenz zu gründen, wo sie dann von den reichsten wohltätigen Bürgern der Stadt unterstützt wurden, war diese Mobilität ziemlich komplex geworden. Aber auch die internen Verhältnisse einzelner Einrichtungen trugen dazu bei, die Situation noch zu komplizieren. Und auch durch interne Meinungsverschiedenheiten oder durch bischöfliche Interventionen, die auf die Restauration der verfallenen Gehorsamspflicht gegenüber Klerus und Ordensverfassungen abzielten, wurden Umzüge kleiner Häuflein frommer Frauen nach anderen Orten ausgelöst.

Dies könnte etwa bei einigen Frauen der Fall gewesen sein, die aus dem Kloster Fontedomini in der Diözese von Fiesole ausgetreten waren. Das Kloster, das wahrscheinlich von einer Gemeinschaft von Reklusen gegründet worden war, erhielt in der Mitte des 13. Jahrhunderts von den Bischöfen von Fiesole[59] Ordensregeln und überstand unversehrt gegen Ende des Jahrhunderts eine schwere innere Krise. Die ausgetretenen Frauen schlossen sich einer religiösen Einrichtung am Stadtrand von Florenz an, die „delle Mura" oder „San Giusto alle Mura" genannt wurde und sich an einer Stelle befand, wo Borgo Pinti in die Felder überging.

Auch hier hatten sich vielleicht einmal irgendwelche Büßerinnen eine Art von Wohnstätte erbaut, indem sie die Ruinen, eben jene „mura", denen ihre Niederlassung den Namen verdankte, eines alten Gebäudes benutzten.[60] Die Frauen von San Giusto, die bereits in den siebziger Jahren des 13. Jahrhunderts erwähnt werden, scheinen mit einer anderen, als „Fratelle" bezeichneten Frauengemeinschaft vereinigt gewesen zu sein, die laut Testament der Beatrice Gräfin von Capraia[61] in einem Haus lebten, das ihnen von Iacopo Sigoli in Borgo Pinti überlassen worden war.[62]

Auch die Religiosen „delle Mura" hatten ziemliche Schwierigkeiten mit der Pfarrgerichtsbarkeit von San Pier Maggiore bekommen, das dem alten gleichnamigen Frauen-Kloster unterstand. Die Schriftstücke über den Streit mit der Äbtissin von San Piero zeigen, wie der Konvent „delle Mura" aus dem Zusammenschluß zweier Einrichtungen entstanden war: Am 22. März 1279 berief Salomé, die sich selbst als „abbatissa et gubernatrix monasterii et loci qui vulgariter dicitur de le Mura"[63] bezeichnete, mit Zustimmung der Mitschwestern und der ursprünglich aus Fontedomini stammenden Religiosen einen Rat wegen des Streites mit der Äbtissin von San Pier Maggiore ein. Letztere widersetzte sich im Namen ihrer Gemeinschaft dem Einzug und dem Aufenthalt dieser religiösen Frauen innerhalb ihres Pfarreigebietes.[64] Das Problem sollte nicht so schnell gelöst werden, denn erst 40 Jahre später, 1320, wurden die Frauen von „delle Mura" durch Schiedsspruch der Abgabepflicht gegenüber der Pfarrei unterworfen. Sie hatten nämlich vergebens versucht, sich eine Zulassung zur Gemeinde zu beschaffen, indem sie 1295 eine Reliquie des heiligen Justus, Bischof von Lione, erwarben, unter dessen Patronat ihr Kloster stand.[65] Und es war dann schließlich genau die Bedeutung und Wichtigkeit, welche dem Fest ihres Schutzheiligen beigemessen wurde, die die angespannte Situation mit den Nonnen von San Pier Maggiore wieder zuspitzte. Die nämlich setzten sich gegen die Feierlichkeiten, die den Interessen ihrer Kirche schadeten, zur Wehr.

1313 zogen weitere, als von „San Barnaba a Torri"[66] stammend bezeichnete Frauen aus dem Val di Pesa in die Stadt, wo sie, nachdem sie die bischöfliche Erlaubnis erhalten hatten, einen Konvent errichteten. Das Grundstück dafür, das in der Gemeinde von Santa Maria in Verzaia lag, war ihnen von einem wohltätigen Bürger gestiftet worden. Auch diese Gemeinde war eines der von Frauengemeinschaften bevorzugten Gebiete[67] innerhalb der religiösen Zoneneinteilung von

Florenz. Denn sie waren mit Sicherheit wegen der geringen Kosten und wegen der für die Konventsgründung wichtigen weitläufigen Gebäude, die mit Innenhöfen und Gärten ausgestattet waren, für religiöse Frauengemeinschaften interessant.

Das Klima der allgemeinen Unsicherheit, das die politisch-militärische Expansion der Stadt Florenz während des 13. und 14. Jahrhunderts in jeder Hinsicht charakterisiert, könnte vielleicht auch der Grund für den Umzug der Dominikanerinnen von San Jacopo gewesen sein. Sie waren ursprünglich in den ersten Jahrzehnten des 13. Jahrhunderts eine Gemeinschaft von Reklusen gewesen, welche innerhalb der neuen, durch die ersten Predigermönche des Dominikanerordens in der Ebene von Ripoli ausgelöste religiöse Bewegung zusammengekommen waren. Diese Dominikanerinnen zogen dann in das sicherere Gebiet unmittelbar an der Stadtgrenze, wo sie überdies näher an der barmherzigen Aufmerksamkeit städtischer Spenden waren.

In zwei Gruppen geteilt, siedelte jene Gemeinschaft, die den ursprünglichen Namen behielt, in die wasserreiche Ebene der heutigen Via della Scala, wo sie nun bezeichnenderweise „Pantano" (Sumpf, Morast) genannt wurde, während die andere Gruppe, die den Namen von San Domenico del Maglio annahm, in den nördlichen Teil der Stadt im alten „Cafaggio", zwischen Santissima Annunziata und San Marco, zog. [68]

Eine ähnliche vorstädtische Niederlassung gründeten die Klarissen, die sich von den Hügeln von Monticelli 1311 dem Tor von San Pier Gattolino näherten.[69]

Des weiteren erinnert ein Testament von Schiatta degli Abati aus dem 14. Jahrhundert an die unter der Schirmherrschaft von Santa Maria Urbana vereinigten Frauen in der Via Guelfa, die wahrscheinlich eine Dependance der älteren, gleichnamigen Ansiedlung von Reklusen auf dem Monte Morello darstellten.[70]

Immer wieder stand ein Konvent leer, weil die Gemeinschaft in die Stadt gezogen war. Dann konnte es vorkommen, daß solch ein Konvent von einer anderen, aus der weiteren Umgebung stammenden Gemeinschaft im Zuge der fortschreitenden wellenartigen Annäherung an die Stadt bevölkert wurde. So siedelten zum Beispiel die bis dahin in Santa Maria a Decimo in der Nähe von Borgo di San Casciano untergebrachten Frauen in die leerstehenden Gebäude der Humiliaten in San Donato in Polverosa (oder Torri). Sie hatten um die Umsiedlung gebeten, da sie sich in Gefahr fühlten. Alexander IV. führte am 13. April 1256 im Konvent die Zisterzienserregel ein.[71] Die Frauengemeinschaft führte dort ein armseliges Bettelleben und schaffte sich deshalb viele Probleme mit dem alteingesessenen Klerus der Gegend.[72]

Im zweiten Jahrzehnt des 14. Jahrhunderts näherten sich auch die Reklusen von Montisoni im Val d'Ema, deren Existenz ab der Mitte des 13. Jahrhunderts durch Urkunden bestätigt ist[73], der Stadt Florenz. 1322 erwarben sie in Borgo Pinti den verlassenen Sitz der Konvertitinnen von Santa Maria Maddalena, auf die wir weiter unten noch zu sprechen kommen.

Dieser Exodus aus den ländlichen Gegenden dauerte noch während der zweiten Hälfte des 14. Jahrhunderts an: Die Nonnen des alten Klosters von Mantignano erhielten 1370 von Papst Urban V. die Erlaubnis, sich wegen des Krieges in der Florentiner Gemeinde San Frediano anzusiedeln.[74] Wenige Jahre später, im Jahre 1376, zogen auch die Schwestern von Montaione[75] in die Räumlichkeiten des außerhalb der Tore von Faenza gelegenen, aufgelösten Konventes von Santa Trinita.[76]

Die Gründe dieser Umsiedlungsbewegung sind eindrucksvoll in dem Umzugsgesuch zusammengefaßt, das dem Florentiner Bischof 1356 von den Nonnen des ebenso alten wie berühmten Kamaldulenser-Klosters von San Piero di Luco, genannt „nel Mugello", überbracht wurde. In dieser Bittschrift erklären sie, daß ihr Kloster „in pede alpium et in loco solitario et silvestri constitutum" (am Rande der Berge in einem einsamen Wald gelegen) im Lauf der Zeit und wegen der Kriege, die nach und nach auch ihr Gebiet bedrohten, zunehmend ungeeigneter für ihr sicheres Fortbestehen werde. Angesichts der Gefährdungen der Vergangenheit fürchteten sie „in futurum pati verisimiliter" (künftig ähnliches erleiden zu müssen). Deshalb zogen sie, nachdem sie eine wohltätige Person, welche die Kosten für die neue Ansiedlung übernahm, gefunden hatten, auf ein Landgut des Hospitals von San Bartholomeo al Mugnone bei Florenz. Hier lebten sie von nun an unter der Schutzherrschaft des hl. Martin.[77]

„Bürgerliche" Eigenklöster

Neben dieser Umsiedlung alter Klostereinrichtungen in die Stadt wuchs auch die Anzahl der neueren Konventsgründungen in der Umgebung der Stadt, die durch die sorgfältige Kontrolle des Bischofs nach und nach den kanonischen Normen angepaßt wurden. Ältere, vor den Stadttoren ansässige Gemeinschaften von Reklusen, wie etwa die um die Mitte des 13. Jahrhunderts erstarkten Benediktinerinnen von San Bartolo al Gignoro[78], wurden langsam wieder schwächer und waren aufgrund der allgemeinen Wirtschaftslage der Einsiedlerklöster dazu verurteilt, mit anderen Einrichtungen aus verschiedenen Orten zu fusionieren. In vielen Gegenden, in denen im 13. Jahrhundert die Anwesenheit von Reklusen nachweisbar ist, wie bei den „Campora"[79] oder in der Nähe von San Gaggio[80], konnte man das Verschwinden alteingesessener, spontan gegründeter Konvente beobachten. Sie wurden im späten 14. Jahrhundert zunehmend durch regulierte Ordensklöster ersetzt. Auf die Reklusen („dominabus reclusis") von San Gaggio folgte so zum Beispiel im 14. Jahrhundert eine von den Konstitutionen des dominikanischen Büßerordens beeinflußte Frauengemeinschaft[81], die aber dem Umfeld der Florentiner Gaudenzi (Gaudenz-Bruderschaft) verbunden und nahezu ein weiblicher Zweig jener „Milizia della Vergine" (Miliz der Jungfrau) war, die im 13. Jahrhundert unter einem religiösen Deckmantel für die Ambitionen der Ritter aus dem städtischen Mittelstand gegründet worden war, um gemeinsam mit den Dominikanern die Häretiker zu verfolgen. Ein Denkmal dieser bereits weit zurückliegenden Niederlage der Katharerbewegung war die „domus", die sich diese bußbereiten „Ritterinnen" an der Stelle erbaut hatten, wo einstmals die vorstädtischen Häuser der Pulci entstanden waren, die den verfolgten Katharern aus der Stadt zu Zeiten der dominikanischen Inquisition Zuflucht gewährt hatten.

Wenig später entstand eine weitere Gruppierung von Frauen, die 1334 unter dem Namen „Santa Maria della Disciplina" erwähnt wird, dank der Hinterlassenschaft einer frommen Frau in einem Kloster. Diese hatte einige ihrer Güter dem Florentiner Bischof mit der Auflage übergeben, ein Haus für einen religiösen Zweck zu bauen, das in der Lage sein sollte, 20 Jungfrauen unter der Augustinerregel aufzunehmen.[82]

Die nahe gelegene Einsiedelei der Frauen von Campora entstand 1357 in dem übriggebliebenen Gemäuer jener älteren Eremitage wieder. Bischof Filippo dell'Antella hatte einer gewissen Monna Data, Tochter von Ser Benci die Erlaubnis erteilt, für sich und weitere acht Frauen ein nach der Augustinerregel geführtes Kloster mit Namen „le romite", die Einsiedlerinnen, zu errichten. Dieser Name blieb eine dauerhafte Bezeichnung für das Kloster, denn er überlebte bis in unsere heutigen Tage.[83]

Auch an den Hängen von San Miniato al Monte müssen spontan entstandene Gemeinschaften von Büßerinnen existiert haben. Aber erst im späten 14. Jahrhundert, in einer Phase also, in der bereits die Transformation zu nach Ordensregeln geführten Konventen in vollem Gange war, stößt man auf die Spuren ihrer Präsenz.[84] Im Unterschied dazu hatte im nicht weit entfernten San Matteo in Arcetri Bischof Giovanni de' Mangiadori bereits 1269 die Errichtung eines Klosters von zwölf Augustinerinnen autorisiert, für das zum Zweck der Einführung von Ordensregeln eine Ordensschwester aus dem Kloster Montisoni herbeigeholt worden war.[85]

Veränderlichkeit und Unbeständigkeit, gleichlautende Namensgebungen und Namenswechsel, und schließlich die nur sporadische quellenmäßige Dokumentation dieser eher instabilen Einrichtungen machen es äußert schwierig, die Spuren all dieser sich ständig in Bewegung befindenden religiösen Frauengemeinschaften, bei denen sich Altes mit Neuem vermischte und sich Gestalt, Ordensregel, Konvent und Vermögen innerhalb weniger Jahre änderten, zu verfolgen.

Der Brauch, Einsiedeleien und Klöster in den ländlichen Gebieten zu installieren, wo sie für das aristo-

kratische Umfeld und die sozioökonomischen Strukturen zweckmäßig und praktisch gewesen waren,
hatte in dieser Form nun ausgedient. An seine Stelle
trat jetzt das System der Versorgung durch die städtische Welt und ihrer aufstrebenden Schichten, die sich
im Kontext der wachsenden religiösen Nachfrage von
Frauen zu wohltätigen Spendern, Stiftern und Schutzherren erhoben. Daher wimmelte es gegen Ende des
13. und zu Beginn des 14. Jahrhunderts von Neugrün-
dungen, in die sich diese neue Woge religiöser Bewegungen ergoß. 1309 kauften vier Frauen „cupientes vi-
vere sub regulari observantia ordinis sancti Benedicti"
(die den Wunsch hatten, unter der Benediktinerregel
zu leben) den Kanonikern der Kathedrale ein Stück
Land mit Häusern in der Gemeinde von San Lorenzo
ab, und, da sie vorhatten, „ibi construere habitatio-
nem" (dort ein Haus zu bauen), baten sie beim Kapitel
von San Lorenzo um die dafür notwendige Genehmigung[86]: das war der Ursprung des Klosters der hl. Ursula in der Via San Gallo, das im Laufe des Jahrhunderts eine ganze Reihe von mittlerweile bereits in der
Krise steckenden Konventen aus dem 13. Jahrhundert
inkorporierte.[87] Und schon wenige Jahre später, im
Jahre 1312, rief wieder eine andere Gruppe von Büßerinnen ein Kloster ins Leben, das dem Schutzheiligen
Petrus Martyr unterstellt wurde.[88] Außerdem entstand
in den dreißiger Jahren dank einer Hinterlassenschaft
des Kanonikers Stefano di Broye die Klostergemeinschaft von Santa Trinità.[89] Im gleichen Zeitraum führten die bereits zu Anfang des Jahrhunderts existierenden Frauen von Santa Caterina al Mugnone[90] die
Observanz ein, und 1329 erhielten sie vom Florentiner
Domkapitel die Erlaubnis, ihr Klosterleben unter der
Augustinerregel zu führen.[91]

Bedeutende Personen der Stadt verteidigten und unterstützten regelmäßig die neuen Gründungen, wie etwa Bonaccorso Pitti, der 1318 in Verzaia ein der heiligen Anna geweihtes Benediktinerinnen-Kloster[92] gründete, Tommaso Corsini, der mit seiner Familie das Kloster San Gaggio unterstützte, oder auch Niccolo Gianfigliazzi, der 1325 seine Güter im Falle fehlender Erben für die Errichtung eines Klosters bestimmte. Daraus ging nach wechselvollen Ereignissen das Kloster San Niccolo in der Via del Cocomero hervor.[93] Oft bestimmten die Geldgeber selbst die Ordensregeln für die Gemeinschaften, die sie ins Leben rufen wollten, wie etwa Caio de'-Macci, der 1310 einige seiner Besitztümer für die Errichtung eines Krankenhauses bzw. eines Klarissenklosters stiftete.[94] Aber meist beschränkten sich die wohltätigen Stifter auf die Schenkung, behielten sich eventuell auch das Patronat vor und überließen dem Ordinariat den normativen Teil. So führte etwa Bischof Francesco Silvestri, als Piero di Ser Mino Bonaccolti aus der Gemeinde von San Simone 1339 den Bau eines Klosters in der Pfarrei von San Lorenzo veranlaßte, die Benedikt-Regel ein und weihte das Kloster auf den Namen der hl. Appollonia.[95]

Einige Einrichtungen wurden immer wieder von neuem von den Stiftern bedacht. Andere entstanden, um schon existierenden Frauengruppierungen Obdach zu gewähren. So beispielsweise jene Einrichtung von San Giovanni Battista, die sich wegen der Nutzung eines nach dem Stifter benannten Hospitals im Andenken daran nach den Bibiotti nannte.[96] Die Frauen, die dort 1356 eintraten, lebten unter der Ordensregel der Augustiner, und Franco Sacchetti zufolge nannte das Volk sie im Gedenken an eine Klosterschwester, welche bei den Florentinern im Ruf der Heiligkeit stand, „Monna Scotta".[97]

Dieser kleine Konvent konnte großen Nutzen aus der Gemeinschaft ziehen, die als heilig galt und die er in seinen Kreis aufgenommen hatte, denn in der zweiten Hälfte des 15. Jahrhunderts war er im Aussterben begriffen und fast vollständig entvölkert. Er richtete sich dennoch wirtschaftlich wieder auf, als Marietta di Maso degli Albizzi zusammen mit einigen Schwestern beschloß, ein Klarissenkloster mit strenger Ordensregel ins Leben zu rufen, um so ein von ihr begangenes Vergehen zu büßen. Die Biliotti, die immer noch Schutzherren dieses Klosters waren, boten es daraufhin diesen Töchtern der städtischen Aristokratie an. Unterdessen traten die übriggebliebenen armen Nonnen von San Giovanni Battista in die neuere Gründung von Annalena Malatesta ein.[98]

Während einerseits einige Konvente neu entstanden, wie etwa 1336 jener von Santa Marta in San Martino a Montughi[99], der an die Vorschriften der Humiliaten gebunden war, oder die Benediktinerinnenkonvente von San Gherardi (später San Clemente) in der Via San Gallo[100], oder, etwas später, jener der Vallombrosanerinnen von Santa Verdiana[101], so verschwanden andererseits auch Konvente, indem sie sich mit anderen Gemeinschaften zusammenschlossen. Dies betraf zum Beispiel auch die vallombrosanischen Ordensschwestern von San Gerolamo in San Giorgio alla Costa, die gegen Ende des 14. Jahrhunderts zu wenig Einkommen und Ertrag besaßen, um sich in die Klausur zurückziehen zu können. Sie schlossen sich deshalb mit den Mitschwestern von Santa Maria della Neve in der Via San Gallo zusammen, welche sich aus der früheren Einrichtung der „Scalze" bei Montepulciano weiterentwickelt hatten.[102]

Neben diesem steten Wandel der Klöster, bei dem das
Alte starb, um – entsprechend dem Aufstieg des einen
oder anderen Klosters – dem Neuen Platz zu machen,
muß auch der fortschreitende Prozeß der Institutionalisierung des privaten Laien-Büßertums erwähnt werden.
Das laikale Büßertum hatte sich während des religiösen
Aufbruchs des 12. und 13. Jahrhunderts besonders unter
den Frauen verbreitet und unter der intensiven Seelsorge der Bettelorden eine massive Zunahme erfahren.
Diese wurden zu Beichtvätern jener „pinzochere",
„mantellate" und „vestite" der verschiedenen Orden,
die in den wachsenden Städten das augenfällige Ergebnis jenes fruchtbaren Zusammentreffens zwischen dem
neuartigen Apostolat der Mendikanten und der bürgerlichen Frömmigkeit der Städter darstellen.

Die Existenz von Frauengruppen, den sogenannten
„vestitis de Santa Croce", ist seit der Mitte des 13. Jahrhunderts in den Quellen dokumentiert. Zu diesem Zeitpunkt nämlich begannen dieselben Fratres damit, die
Heiligenvita der Umiliana dei Cerchi als Vorbild für die
Frömmigkeit und Andacht der Frauen in der Stadt zu ge-
stalten. Einige der „domus", die sich mit der Zeit ver-
größerten, tauchten zum ersten Mal um die siebziger
Jahre des 13. Jahrhunderts herum auf. Gegen Ende des
Jahrhunderts konnte man in diesen kleinen Frauengemeinschaften, die manchmal von Äbtissinnen geleitet
wurden, bereits „embryonale" Organisationsformen er-
ahnen. Für die frühen zwanziger Jahre des 14. Jahrhunderts überliefern die Urkunden die Existenz verschiedener Gruppierungen von „Pinzochere". Und 1333
überließ schließlich eine von ihnen den Äbtissinnen ein
Gebäude in der Umgebung des Gotteshauses, „ubi dic-

tis abbatissis et dominabus pinzocheris liceat convenire".[104] Für die Zeit um die siebziger Jahre des 14. Jahrhunderts herum spricht man vom „collegium pinzocherarum Sancti Francisci", ein Ausdruck, der auf einen späteren Zusammenschluß mehrerer Terziarinnen-Häuser oder auf eine Kongregation von Schwestern, die einzeln lebten („sorores separatim comorantes") hinweist.[105]

Neben anderen Gruppen, die sich zunehmend in Richtung eines regulierten Gemeinschaftsleben entwickelten, existierten auch, wie wir bereits gesehen haben, andere religiöse Modelle. Sie orientierten sich an der Einsiedlertradition, die der Franziskanerorden ursprünglich selbst heraufbeschworen hatte. Die heilige Umiliana dei Cerchi, die hagiographische Symbolfigur für die besondere Berufung der Witwen zum religiösen Leben, hatte versucht, ihre Idealvorstellung von Einsiedlertum zu verwirklichen, indem sie vergebens darum bat, eingemauert zu werden. Und einige Jahrzehnte später sollte sich in Cortona das Beispiel Margeritas, die eingemauert in einer Zelle lebte, auf den Büßerorden auswirken und verbreiten.[106]

Als von den Kanzeln der Fratres die Funken der Bußbereitschaft übersprangen, ließen sich Büßerinnen auf den Brücken der Stadt in kleinen, über den Arno hinausragenden Zellen einmauern, um ein frommes und zurückgezogenes Leben zu führen, unterstützt durch Almosen vorbeigehender Passanten. Aus diesen gefährlichen, immer dem zerstörerischen Hochwasser ausgesetzten Niederlassungen entstanden dann im Verlauf des 15. Jahrhunderts Einsiedlerinnen-Gemeinschaften, wie die Gemeinschaft der Eingemauerten oder das Terziarinnen-Kloster von Arcangelo' Raffaele.[107]

Die Dominikaner von Santa Maria Novella waren zu

Beginn der zwanziger Jahre des 13. Jahrhunderts Nutz-nießer der Dienste der ersten Laienbruderschaft von Florenz, deren Mitglieder, die Büßer von San Paolo, sich zu einem Laien-Orden verheirateter Büßer zusammengeschlossen hatten.[108] Santa Maria Novella seinerseits also war, wenn auch auf weniger auffallende Weise wie Santa Croce, umgeben von einer Frauenfrömmigkeit, die mit den Gewändern des Dominikanerordens bekleidet wurde. Diese „Mantellate" genannten Büßerinnen werden seit der Mitte des 13. Jahrhunderts in den Quellen aufgeführt. Sie legen eher Zeugnis ab von der Treue zur Familie, als daß man sie als Frucht der seelsorgerischen Bemühungen der Mendikanten betrachten könnte, denn es handelte sich hier bei den meisten Frauen um Schwestern und Mütter der Mitglieder des Konvent, wobei nicht wenige unter ihnen, wie dies auch bei den übrigen „Pinzochere" der Fall war, Witwen und alte Frauen waren. Erste Anzeichen für ein gemeinschaftliches Leben machten sich gegen Ende des 13. Jahrhunderts bemerkbar. Einige dieser Büßerinnen hatten nämlich ein Haus erworben, das ein wohltätiger Stifter eigens den Dominikanern im Jahre 1307 überlassen hatte. Dieses Haus in der Via Valfonda, nahe des Dominikaner-Konventes, wurde eines der Zentren der Dominikaner-Mantellate, denen die Prediger-Brüder, mit einiger Verspätung im Vergleich zu den Franziskanern, das Patrozinium der Villana delle Botti, einer heiliggesprochenen Mitschwester, anboten.[109]

Auch für die Dominikaner-Terziarinnen zeichnete sich im 15. Jahrhundert der Prozeß der Regulierung, also die Entwicklung vom weltlich-laizistischen zum ordensklösterlichen, regularisierten Status ab. Papst Eugen IV., der während seines Aufenthaltes in Florenz mit seinem Versuch, das weibliche Religiosentum neu zu ordnen, ein wahres Erdbeben in dem Gefüge verursachte, veranlaßte die Zusammenlegung der Dominikaner-Bußschwestern im Konvent von Santa Lucia, Aufenthaltsort der Mantellate in der Via San Gallo, der gegen Ende des 15. Jahrhunderts 120 Zellen zählte und sich zur Zeit Savonarolas in ein Klausurkloster verwandelte.[110] Und ebenfalls im 15. Jahrhundert entstand eine weitere regulierte Einrichtung von Dominikaner-Büßerinnen, ein nach dem Namen seiner Gründerin „di Annalena" bezeichneter Konvent, der ursprünglich außerhalb der Obhut der Dominikaner gestanden hatte.[111]

Die Servitinnen stützten sich ihrerseits auf das Andenken einer Heiligen aus ihren Reihen, Giuliana Falconeri, und so war rund um die Santissima Annunziata eine Bewegung von Frauen entstanden, die im 15. Jahrhundert in die üblichen, regulären Klosterstrukturen mündete. [112]

Noch Mitte des 15. Jahrhunderts erhielten auch die weißen „Mantellate" der Karmeliter, die seit 1453 neben dem Karmeliterkloster einen eigenen „conventus religiosarum virginum, viduarum, bighitarum, mantellatarum aut aliquae particulares ex hiis, sub habitu et protectione B. M. Virginis de Monte Carmelo"[113] besaßen, eine Gemeinschaftsorganisation sowie Ordensregeln.[114]

Gegen Ende des 14. Jahrhunderts waren auch die Jesuatinnen der Caterina Colombini[115] nach Florenz gekommen, und zuvor war es selbst den Silvestriner-Mönchen gelungen, während ihres kurzen Aufenthaltes in San Marco, die eine oder andere „Pinzochera" einzukleiden und sie somit ihren Kongregationen zuzuführen.[116]

Der Schatten Magdalenas

Wie wir bereits gesehen haben, erwähnen unzählige Urkunden Gruppen von religiösen Frauen, die nach der Augustinerregel lebten, was als Ausdruck der episkopalen Kontrolle über das massenhafte Anwachsen religiöser Gründungen im 13. und 14. Jahrhundert zu betrachten ist. Wir wissen jedoch nicht, ob sich unter diesen zahlreichen Ordensgewändern, die die Bischöfe vielen spontan entstandenen Büßergruppierungen übergeworfen hatten, auch „vestite" der „schwarzen" Augustinermönche befanden. Es ist allerdings bekannt, daß sich die Seelsorge der Patres von Santo Spirito speziell um die geistliche Führung von Frauen bemühte. Die indirekte Bestätigung dafür ist, daß auch sie eine eigene, als Kultfigur geeignete Terziarin in der Person der Giulia da Certaldo besaßen. Diese war von einer Burg in Valdelso fortgegangen und hatte sich unter die zahllosen, aus den ländlichen Gebieten stammenden Mägde, die in Florenz ihre Dienste anboten, gemischt. Als Giulia wieder in ihre Heimat zurückkehrte, ließ sie sich in einer kleinen Zelle neben einer Kirche einmauern und nahm damit eine dort beliebte Tradition der Zellenklausur auf.[117]

Zu den berühmtesten Initiativen der Augustiner-Seelsorge in Florenz, die die Überlieferung auf die tiefe Frömmigkeit von Simone da Cascia zurückführt, ist die Kampagne zur Wiedereingliederung und Rückgewinnung der Prostituierten zu erwähnen, die von der bei den Augustinern angesiedelten Heilig-Geist-Bruderschaft durchgeführt wurde. 1330 baten deren Oberen die Signoria um die Bereitstellung von einigen Grundstücken, wo sie eine Unterkunft für bußbereite Prostituierte errichten wollten. Diese Einrichtung, „Santa

Elisabetta delle Convertite" genannt (um sie von der gleichnamigen franziskanischen Pinzocheregemeinschaft unterscheiden zu können, die sich der ungarischen Königin als Namenspatronin unterstellt hatte), beherbergte 1330 bereits mehr als 50 Frauen. Später wurden ihnen auch Prostituierte, die ihre Sünden nicht bereuten, von der Obrigkeit zugeführt.[118]

Die Einrichtung von Santa Elisabetta war jedoch nicht die einzige Gemeinschaft von mehr oder weniger freiwilligen Büßerinnen, die in den Florentiner Schriftstücken mit dem Namen „convertite" (Büßerinnen) oder „repentute" (Reuerinnen) aufgeführt werden. Schon 1256 hatte ein gewisser Rinuccio di Jacopo zugunsten einiger Pinzochere von San Paolo mehrere Häuser und Grundstücke in der Gemeinde von San Pier Maggiore in Borgo Pinti mit der Absicht erworben, dort ein Haus für religiöse Zwecke zu bauen. Anhand der Quellen wird ersichtlich, daß er bereits dabei war, eines der Gebäude, in welchem 32 Frauen wohnten, „que vocantur repentute seu convertite" (die sich Reuerinnen oder Bekehrte nennen) auszubauen.[119] Die Einrichtung mußte dem Willen des Stifters zufolge unabhängig von der lokalen kirchlichen Gerichtsbarkeit sein, und die gesamte Verwaltung wurde den Büßermönchen von San Paolo übertragen. Diese gaben die spirituelle Leitung in den Anfangsjahren des 14. Jahrhunderts an einen für sein frommes Leben bekannten Benediktinermönch ab. Das materielle und spirituelle Weiterbestehen dieser Frauengemeinschaft war aber ungesichert, da sie einer Laiengemeinschaft anvertraut war, welche in jenen Jahren eine schwere Krise durchmachte und 1310 harte Sanktionen durch den Bischof zu erdulden hatte, die schließlich darin gipfelten, daß Antonio degli Orsi im selben Jahr ihren Konvent auflöste.[120]

Das Schicksal war diesen religiösen Initiativen, die sich der Wiedereingliederung der Prostituierten widmeten, auch weiterhin nicht hold. Ein anderes Haus bekehrter Prostituierter beim Florentiner Spital San Gherardo in der Via San Gallo, das seinen Ursprung in Fiesole gehabt hatte und ebenfalls einer Bruderschaft unterstand, mußte nach nur einem Jahr wieder geschlossen werden, weil die Bruderschaft, die für ihren Unterhalt sorgen sollte, zerfallen war.[121]

Wie notwendig eine Institution war, die das Weiterbestehen solcher Frauengemeinschaften sichern konnte, zeigt sich im Falle der noch viel kürzeren Existenz der Gemeinschaft konvertierter Frauen von San Michele alla Croce besonders deutlich. Für sie waren 1342 auf Anweisung der Leiter der Bruderschaft von Or San Michele Häuser in unmittelbarer Nähe der Porta San Gallo erworben worden. Nach einem Aufenthalt von nur wenigen Monaten verzichteten die bußfertigen Prostituierten auf die Benutzung des ihnen zugestandenen Gebäudes und wiesen dafür auf die fehlenden Mittel zum Unterhalt der Einrichtung hin, die es ihnen unmöglich machten, ihr Gemeinschaftsleben dort noch weiter aufrecht zu erhalten.[122]

In dieses leerstehende Gebäude zog daraufhin, ebenfalls auf Anweisung der Oberen von Or San Michele, eine neue Gemeinschaft ein, die von einem frommen Florentiner mit Namen Chiarito del Voglia, gegründet worden war. Dieser rief, nachdem er einige Mädchen sowohl aus Florenz wie auch aus Fiesole zusammengebracht hatte, ein Nonnenkloster von „rinchiuse" (Inklusen) ins Leben, das unter der Aufsicht und Kontrolle seiner Ehefrau stand. Die Konstitutionen wurden von Bischof Acciaioli, der den Reklusen das Ordensgewand der Augustiner vorschrieb, genehmigt.[123]

Gegen Ende des 14. und besonders im 15. Jahrhundert nahmen auch die Aktivitäten, die sich speziell um die Fürsorge und den Beistand von gesellschaftlichen Randgruppen drehten, zu. Alberto di Iacopo Alberti stellte 1372 einen seiner Gärten in der Via della Pergola für die Errichtung eines großen „dormitorio" für alte Frauen und Bettlerinnen, genannt „l'Orbatello", zur Verfügung, das mit seinen 200 Räumen und seiner Küchenausstattung zu einer der größten Beherbergungsanstalten der Stadt wurde.[124]

Schon früher hatte die öffentliche Barmherzigkeit armen oder kranken Frauen geholfen, indem sie Frauen-Hospitäler gründeten, wie jenes von der „Compagnia del Bigallo" in der Gemeinde von San Lorenzo organisierte Hospital, in dessen Nähe wir schon eine Gemeinschaft von Reklusen angetroffen haben.[125]

Dieses war mit zehn Betten für die Unterbringung von ungefähr 30 Frauen ausgestattet worden. Auch die „Compagnia dei Tintori di Sant'Onofrio" hatte 1339 ein Hospital für die Frauen in der Nähe von Santa Croce vorgesehen[126], und die „Compagnia della Misericordia" folgte 1337 dem letzten Willen von Baldo Fantoni und baute ein Hospital mit zehn Betten für Bettlerinnen.[127] Andere städtische Hospitäler, die für verschiedenste Zwecke bereitstanden, besaßen Betten, die Frauen vorbehalten waren, in der Regel waren das halb so viele Betten, wie für Männer bereitstanden. 1403 stiftete ein gewisser Filippo Orpellai eines seiner Häuser bei „il Carmine" für die Unterbringung auf Lebenszeit von sechs ehrenwerten, armen und alten Frauen und fragte bei den Oberen der „Compagnia di Sant'Agnese" nach Personen, die seinen letzten Willen ausführen sollten.[128] Rund zwanzig Jahre später gründete eine Frau aus der Familie Albizzi ein Hospiz für Witwen in der Nähe von Santa Maria Novella.[129]

Zahlreich waren auch die Gemeinschaften von Laienschwestern und Oblatinnen, die in den wichtigsten Hospitälern der Stadt tätig waren. So beispielsweise in San Gallo beim Hospital der „Innocenti" und in Santa Maria Novella im Hospital von „Bonifazio e San Paolo", dem Florentiner Sitz des Büßerordens, in dem sich Büßerinnen und Laienschwestern[130] seit den Anfangsjahren des 13. Jahrhunderts zusammengefunden hatten. 1425 waren die Nachfolgerinnen der ehemaligen Bußschwestern, die von Martin V. zur Einhaltung der Regeln verpflichtet worden waren, bereits vollständig dem männlichen Zweig des Büßerordens unterstellt und wurden ausschließlich in der Funktion als Mägde und Dienerinnen für die niedrigen Arbeiten im Hospital eingesetzt.[131]

Diese alte Einrichtung, die in hohem Maße dazu beigetragen hatte, die Gebiete in die Stadt einzugliedern, die sich südlich von Santa Maria Novella erstreckten, befand sich nun am Ende einer Straße, welche ihren Namen vom Hospital der „Scala di Siena" erhielt. In dieser Straße, die bis zur Stadtmauer reichte, existierten mehrere religiöse Einrichtungen, u. a. auch der Konvent der Dominikanerinnen von Ripoli, sowie einige Hospitäler und verschiedene Häuser von Witwen und Laienschwestern.

Ein Ort, der ebenfalls häufig von Frauen zur religiösen Niederlassung gewählt wurde, war auch der „Prato della Comune" vor dem gleichnamigen Stadttor, wo weitere traditionelle religiöse Einrichtungen, wie etwa das Hospital von „Sant'Eusebio a Santa Lucia", der vorstädtischen Ansiedlung der Humiliaten den Weg bahnten.

Auch auf der anderen Seite des Arno wurden die mit dem Namen „Verzaia" bezeichneten Gebiete vor dem Stadttor San Friano, (diese Bezeichnung läßt auf offene, freie Plätze und Gärten schließen), immer mehr von den zahlreicher gewordenen Gebäuden religiöser Frauen zugebaut. Der gleiche Anblick bot sich einem, wenn man durch die Tore von San Pier Gattolini und San Francesco in die Stadt kam, wo sich die Frauensiedlungen in Borgo Pinti und Santa Croce konzentrierten. Ganz zu schweigen schließlich von dem Stadttor nach Norden, wo sich viele religiöse Einrichtungen in der Via San Gallo und dem Ortsteil San Lorenzo konzentrierten. In den Arealen, in denen sich klösterliche Niederlassungen häuften, wie in Borgo Pinti oder in der Via San Gallo, wird es besonders schwierig, das Aufeinanderfolgen der Einrichtungen, deren Ordensregeln und historische Ereignisse oft nicht einmal klar sind, genau topographisch zu bestimmen. Diese Schwierigkeit, die in unserer Zeit, in der die städtebaulichen Änderungen viel schneller aufeinanderfolgten, noch viel offensichtlicher ist, wurde schon von den Historikern der letzten Jahrhunderte bemerkt. So beklagte bereits Richa die Unmöglichkeit, beispielsweise die religiös-geistliche Struktur der Via San Gallo zu rekonstruieren:

„Demjenigen, der die Via San Gallo entlangläuft, begegnen bei jedem Schritt Kirchen und Klöster, (…). Ich würde sie allerdings ‚Straße der Verwirrung' nennen. (…) Denn man findet an diesem Ort Kirchen und Konvente, die nicht auf einmal, sondern in mehreren historischen Schüben den Namen geändert haben. Und was auch noch viel seltsamer ist, sind die vielen und häufig vorkommenden Zusammenschlüsse von Klöstern, die von allerhöchster päpstlicher Seite und von den Florentiner Bischöfen lanciert wurden, indem man irgendeinem Konvent bis zu zwölf andere Einrichtungen zu verschiedenen Zeiten der Stadtrepublik angliederte."[132]

In jüngerer Zeit hat Trexler[133], weit weniger um die chronologischen Probleme und die historisch-institutionelle Perspektive besorgt als die Florentiner Historiker, das Problem dieser Konzentration religiöser Einrichtungen thematisiert. Er bemerkte, daß die Gebietswahl religiöser Fraueneinrichtungen bei der städtischen Zonenaufteilung derselben Tendenz zur Zusammenballung folgt, die auch für die Gewerbegruppen charakteristisch ist: „on les trouve agglomérés près des portes et le long de certaines rues". Er erwähnt besonders ihre Konzentration in Borgo Pinti, in der Via San Gallo sowie in den angrenzenden Gebieten von San Lorenzo, auf dem Prato und in der Umgebung von Ognissanti, schließlich in der Via Ghibellina und rund um das Tor nach San Pier Gattolino. Er weist darauf hin, daß die Tendenz der religiösen Einrichtungen, sich in Hauptzonen zusammenzuballen, wodurch ihre Isolierung garantiert war, typisch war für das 16. Jahrhundert und versucht, für dieses Vorgehen die Gründe bei der Niederlassung herauszufinden. Trexler führt dabei als Argumente an, daß die Kosten geringer waren und durch die angrenzenden freien Parks und Gärten mehr Raum verfügbar war. Daneben verliehen die in den städtischen Randgebieten konzentrierten religiösen Einrichtungen nahe der Stadttore diesen einen besonderen sakralen Wert, was die Schutzfunktion der Stadttore noch besonders unterstrich. Unabhängig davon, ob diese zuletzt genannte Vermutung zutrifft, denke ich, daß man diese im Zuge der Ausdehnung des dritten Mauerringes entstandene Zoneneinteilung, die zur

Entwicklung eines eigenständigen Ballungsgebietes religiöser Frauen führte, prinzipiell unter dem Blickwinkel der wirtschaftlichen Kosten sowie des innerhalb der gröberen städtischen Struktur größeren Angebots an verfügbaren, zur Ansiedlung geeigneten Orten betrachten muß. Aber meiner Meinung nach darf man auch die Feindseligkeit des Weltklerus gegenüber jeglicher Art von religiös inspirierter Neuansiedlung auf keinen Fall unterschätzen, wie das schon am Beispiel der Bettelorden zu Beginn des 13. Jahrhunderts zu sehen ist. Denn schließlich führten die Frauenkonvente mit ihren Oratorien, Kirchenglocken und Friedhöfen häufig konkurrierende Elemente in die bestehende Pfarreiverwaltung ein. Deshalb ist das Auftreten einer weiblichen monastischen Expansion mehr im Rahmen der Pfarrei-Topographie als der allgemeinen städtischen Topographie zu beurteilen. Denn in die Pfarreistrukturen konnte sich, ähnlich wie in die städtischen Strukturen, nur einfügen, wer sich der Abgabepflicht und den Verpflichtungen gegenüber den Rechtsansprüchen der Pfarreien unterwarf. Das demonstrieren all die Streitigkeiten anschaulich, die für die monastischen Ansiedlungen des 13. und 14. Jahrhunderts kennzeichnend sind. Die Inhaber der Pfarreirechte konnten dadurch übrigens bisweilen (ich denke hierbei an San Lorenzo) zu einem wirklichen Reichtum gelangen.

Wenn man sich vor Augen hält, daß dieser religiöse Druck in der Lage war, die städtische Gebietsstruktur tiefgreifend zu verändern, indem er die kleinen Vororte durch eine große Anzahl neuer Gebäude vergrößerte, so gewinnt man einen plastischen Eindruck dieses Phänomens, das so umwälzend, gewaltig und umfangreich war, daß es die Ironie, aber auch die Aufmerksamkeit der großen Autoren – von Boccaccio bis Sacchetti – auf sich zog.

Die breite Bewegung von frommen Laien hatte sich im 13. Jahrhundert rund um die städtischen Orden und ihre direkten oder indirekten Stiftungen niedergelassen. Die Kriege und die Gefahren, denen weibliche Religiose auf ungeschützten Grundstücken ohne Mauern und Gräben ausgeliefert waren, ließen eine ganze Anzahl von diesen religiösen Frauen die beruhigende Nähe der Stadtmauern suchen. Sie hatten ihren Ursprung außerhalb des städtischen Raumes gehabt, sei dies aufgrund der eremitischen Tradition oder in Fortsetzung der ländlichen Klöster. Die Stadt war jetzt sicherer und reicher, aber auch stärker darauf angewiesen, die moralischen Skrupel, die charakteristisch für die Kaufmannsschicht waren, durch mildtätige Spenden zu entlasten. Seit Beginn des 13. Jahrhunderts bot sie die passende Lösung auch den religiösen Frauen an, die gerade dabei waren, die immer stärker anwachsenden gesellschaftlichen Randgruppen noch mehr zu vergrößern. Diese Randständigen müssen sich zum erheblichen Teil aus jenen Frauen rekrutiert haben, denen die milden Gaben und Almosen der meisten Bruderschaften der Stadt zukamen.[134]

Die Expansion der religiösen Frauen wurde im Laufe des 13. und 14. Jahrhunderts ziemlich streng in geordnete Bahnen gelenkt, indem den Gemeinschaften die strikte Befolgung der Ordensregeln auferlegt wurde. Verantwortlich dafür war eine aufmerksame und argwöhnische kirchliche Politik, die darauf gerichtet war, dieses ungeregelte und spontane Anwachsen, das solche Frauengemeinschaften oft dem Risiko von Armut und unsicheren Wohnverhältnissen aussetzte, zu kanalisieren. Die sich rasch ausbreitenden weiblichen religiösen Niederlassungen setzten sich schließlich rings um die bereits bestehenden religiösen Institutionen der Stadt fest. Sie waren im Prinzip das Resultat eines städtischen Wachstums, das auch die alten monastischen Herrschaftsbereiche nicht verschont hatte. Diese Gebietserweiterung, die nicht zuletzt auch durch die Auflagen der Gerichtsbarkeit des Bischofs von Florenz über jene Einrichtungen ausgelöst wurde, welche wegen alter Privilegien eigentlich davon befreit waren[135], hatte aber nur für einige große machtvolle monastische Zentren dauerhafte Folgen. Gemeint sind damit die Vallombrosaner und die Kamaldulenser, die versuchten, sowohl durch den Umzug der Männerkonvente in die Stadt als auch vor allen Dingen durch die Gründungen bzw. den Umzug von Frauenkonventen in Florenz Fuß zu fassen, was sie mit Sicherheit durch eine lokale „reconquista", die sich aus den Reihen der Bürger rekrutierte, bewerkstelligten. Allerdings waren sie unfähig, mit ihrem riesigen, aber unbeweglichen Besitz an Grund und Boden mit der schnellen wirtschaftlichen Entwicklung der städtischen Welt Schritt zu halten.

Durch diese auf die Stadt zentrierte Dynamik änderte sich auch der politische Aktionsradius des Episkopats. Im 12. Jahrhundert hatte die kommunale Expansion von Florenz zusammen mit Fiesole den Bischöfen ihre feudalen Privilegien entrissen, indem sie sie verbannten und ihre Burgen dem Erdboden gleichmachten. Analog dazu war auch die Macht der Florentiner Bischöfe, die der Stadt gegen die Überlassung der Gerichtsbarkeit oft hilfreich war, nach und nach durch die fortschreitende Enteignung von Funktionen begrenzt worden. Damit höhlte die Obrigkeit von Florenz die kirchlichen Privilegien aus, wie das Beispiel der umstrittenen Ansiedlung von Santa Maria Maddalena in Borgo Pinti anschaulich demonstriert. In ihrer lokalen Unabhängigkeit durch den politischen Druck sowohl der Stadt als auch des Papstes eingeschränkt, sah sich das Episkopat von Florenz auch bei der Führung religiöser Einrichtungen in der Stadt des öfteren von den einen wie den anderen aus dem Felde geschlagen.

Die städtische Kaufmannsschicht ersetzte die frühere weltliche wie kirchliche Aristokratie, und zusammen mit ihren Bruderschaften, ihren Beziehungsnetzen und schließlich ihren Zünften sollten sie die neuen Schirmherren der weiblichen und übrigens auch der männlichen Frömmigkeit werden. Den Schwankungen und der Fluktuation dieser mobileren Gesellschaft ist auch der verwirrende Verlauf des Schicksals in Rechnung zu stellen, das das städtische Klosterwesen mit all seinen Todesfällen, seinen Inkorporationen und seinen Wiederauferstehungen erlitt.[136]

Erst im 15. Jahrhundert gingen die Päpste mit normierendem Impetus, (besonders Eugen IV.)[137] daran, die religiöse Landschaft neu zu ordnen und zu regeln. Sowohl die Überreste der alten Benediktiner- und Reform-Benediktiner-Tradition als auch das Klosterwesen, das sich schubweise bis in die erste Hälfte des 14. Jahrhunderts entwickelt hatte, wie auch die halbgemeinschaftlichen Formen, aus denen die laizistischen Büßerinnenorden hervorgegangen waren, wurden in geregelte Gemeinschaften überführt. Die laikalen Büßerinnen wurden nun, unterstützt durch die allerhöchsten spirituellen Erfahrungen einer Katharina von Siena, im Gefolge der Rückkehr der Observanz zu den alten Ordenszielen zu Vermittlerinnen einer ideologischen Neubegründung der Bettelorden.[138]

All dies ereignete sich in einer Phase, in der ein guter Teil der sozialen Spannungen der vergangenen Jahrhunderte, die seit dem Anfang des 14. Jahrhunderts von verschiedenen demographischen Krisen und damit von gesellschaftlichen Rückschlägen verursacht worden waren, wieder ausgeglichen wurden. Der soziale Druck, der sich in hohem Maße auf die religiösen Strukturen ausgebreitet, sie erweitert und mitgerissen hatte, wurde so reduziert. Ein Nebenprodukt dieser neuen Ordnung bestand in der stufenweisen Organisation einer karitativen Wohltätigkeit, die sich ausdrücklich an die als gesellschaftliche Randerscheinung existierenden religiösen Frauen wendete. Damit konnte man nun jegliche Art von ungeregelter, sittlich gefährlicher oder die gesellschaftliche Ordnung der Stadt destabilisierender Bewegung in den eigens dafür bestimmten Vierteln begrenzen und kontrollieren.

Aus dem Italienischen von Antigone Kiefner

Von der Peripherie ins Zentrum
Beginen und Schwestern vom Gemeinsamen Leben in den nördlichen Niederlanden

Florence W. J. Koorn

In diesem Artikel möchte ich die Geschichte der Beginen in den heutigen Niederlanden diskutieren. Dies mag zwar in gewisser Weise anachronistisch sein, denn im Mittelalter existierten die heutigen Niederlande noch nicht, doch es gibt einige praktische Gründe für ein solches Vorgehen. So bezieht sich ein großer Teil der Forschung über Beginen auf eine Region oder eine Stadt und kann am besten über nationale Bibliographien und andere Hilfsmittel erschlossen werden. Auch gibt es tatsächlich recht deutliche historische Unterschiede zwischen den nördlichen und den südlichen Niederlanden, was die Geschichte und nicht nur was die Erforschung des Beginenwesens angeht.

Im folgenden möchte ich zunächst einen Überblick über den aktuellen Stand der Forschung über Beginen in den nördlichen Niederlanden geben, um danach einige allgemeine Schlußfolgerungen über die Geschichte der niederländischen Beginengemeinschaften als Institution zu versuchen. Danach werde ich die Beginengemeinschaften in Holland und Zeeland mit denen der übrigen Niederlande (und anderer Länder) vergleichen. Abschließen möchte ich mit einigen Überlegungen zu den unterschiedlichen Erfahrungen der Beginen und der ebenfalls semireligiös lebenden Schwestern vom Gemeinsamen Leben.

1. Beginenforschung in den Niederlanden

Seit langem nimmt die Frage nach der Entstehung der Beginenbewegung eine zentrale Position in der historischen Erforschung des Beginenwesens ein. Weit weniger gut ist dagegen seine Sozial- und Institutionengeschichte erforscht, zumindest soweit es die nördlichen und die südlichen Niederlande angeht.[1] Immerhin hatte schon der belgische Historiker Philippen, der als erster eine allgemeine Darstellung des Beginenwesens in Westeuropa verfaßte, der Institutionengeschichte besonderes Augenmerk gewidmet.[2] Allerdings bezog sich seine 1918 publizierte Studie besonders auf die südlichen Niederlande, wo die Beginengemeinschaften besonders erfolgreich waren; die Beginengemeinschaften der nördlichen Niederlande erwähnte er dagegen eher beiläufig.

Erst 1970 erschien eine Studie, die sich speziell dem Beginenwesen in den nördlichen Niederlanden widmete.[3] Das Hauptliegen des Verfassers Otto Nübel war es, Hospitäler, Beginengemeinschaften und eine typisch holländische Sozialeinrichtung, „Hofjes" genannt, miteinander und mit der deutschen Sozialeinrichtung der Fuggerei in Augsburg zu vergleichen. Dieses Hauptanliegen des Buches ist wenig überzeugend, zumindest soweit es das Beginenwesen angeht, dem der gesamte Mittelteil des Buches gewidmet ist. Doch bietet es immerhin einen nützlichen Überblick, wenn man es auch mit Vorsicht benutzen sollte, da die Darstellung nicht in allen Punkten durch Archivstudien abgestützt ist. Darüber hinaus ist seine Darstellung der holländischen Beginengemeinschaften nicht vollständig, und er unterscheidet (wie viele Historiker vor ihm) nicht genau zwischen Beginengemeinschaften und anderen semireligiösen Institutionen.

1978 veröffentlichte der holländische Kunsthistoriker Wim Denslagen seine Forschungsergebnisse über die Baugeschichte einiger holländischer Beginenhöfe.[4] Im Gegensatz zu den südlichen Niederlanden, wo bis heute noch Beginenhöfe bewundert werden können, sind in den nördlichen Niederlanden infolge der Reformation nur zwei Beginenhöfe noch als architektonische Einheiten, wenn auch nicht als religiöse Institutionen, existent: Die Beginenhöfe von Amsterdam und Breda. Deren Architektur ist nicht nur aus baugeschichtlicher Sicht interessant, sondern auch deshalb, weil die Bau- und Institutionengeschichte der Beginengemeinschaften eng verbunden sind.

Ich selbst habe die Institutionengeschichte des Beginenwesens in einer Regionalstudie verfolgt und mich dafür auf die Grafschaft Holland und Zeeland beschränkt.[5] Inzwischen sind auch noch zwei Lokalstudien erschienen, die beide diverse miteinander verwandte Typen religiöser Gründungen in jeweils einer bestimmten Stadt erforschen: eine Studie über Kampen und eine Dissertation über Mendikanten, Terziarinnen und Beginen in Groningen.[6]

Aufgrund dieses lückenhaften Forschungsstandes ist es nicht möglich, einen vollständigen Überblick über die Geschichte der niederländischen Beginengemeinschaften zu geben; es fehlen noch zu viele modernere Studien auf regionaler oder lokaler Ebene. Über die beginische Spiritualität in den nördlichen Niederlanden gibt es praktisch überhaupt keine Forschungen. Interessant und vielversprechend ist hierzu jedoch die Arbeit von Ben Vaske, der 17 Bücher, die im Besitz der Beginen von Haarlem waren, und noch etwa 22 andere Titel von Büchern, die in den Archivalien erwähnt werden, identifiziert hat.[7] Die meisten dieser Manuskripte sind in einer schlichten Schrift geschrieben und kaum illuminiert, was zeigt, daß das Hauptinteresse auf dem Text lag. Alle Bücher gehören in den Bereich der praktischen Frömmigkeitslehre und viele davon waren von Anhängern der „Devotio Moderna" verfaßt, übersetzt oder bevorzugt worden. Dies legt die Annahme nahe, daß die Beginenspiritualität in den nördlichen Niederlanden von dieser religiösen Bewegung beeinflußt war. Ich werde weiter unten zeigen, daß es noch mehr solche Verbindungen zwischen dem Beginenleben und der „Devotio Moderna" gab.

2. Allgemeine Bemerkungen
zur Institutionengeschichte

Wie in den südlichen Niederlanden und in Deutschland waren Beginengemeinschaften auch in den nördlichen Niederlanden eine vorwiegend städtische Erscheinung. Philippen hat ein Entwicklungsmodell für die Beginengemeinschaften entworfen, das klassisch wurde. Er unterscheidet vier aufeinanderfolgende Stadien: Zuerst waren da individuelle, unorganisierte religiöse Frauen, die oft auch noch gar nicht Beginen genannt wurden – die „beghinae singulariter in saecula manentes", d.h. Beginen, die einzeln in der Welt leben. Dann organisierten sie sich und bildeten Assoziationen – dieses Stadium nennt er „congregationes beghinarum disciplinatarum", also Kongregationen disziplinierter Beginen. Im dritten Stadium fanden sie sich zusammen, um abgesondert von der Welt in einem „curtis beghinarum", einem Beginenhof zu leben, und wurden so „beghinae clausae", klausurierte Beginen. Obgleich man diese Terminologie in den Quellen finden kann, ist die Bezeichnung insoweit mißverständlich, als sich die Beginen nie einer monastischen „clausura" unterwarfen. Das vierte und letzte Stadium bestand darin, daß separate Beginenpfarreien eingerichtet wurden.[8]

Walter Simons hat zu Recht Philippens' Modell als Instrument zur institutionengeschichtlichen Analyse verworfen. Es ist zu stark auf die Situation in den südlichen Niederlanden bezogen, wo die Beginenhöfe die häufigste Organisationsform darstellen. Im Vergleich dazu müßte die überwiegende Zahl der Beginenkonvente im restlichen Westeuropa als Gemeinschaften angesehen werden, die die letzte Stufe der Entwicklung zum Beginenhof nicht erreicht hatten, was unzulässig ist.[9] Auch hat Philippen nicht in Betracht gezogen, daß sich viele Beginenhöfe niemals zu einem eigenständigen Pfarrbezirk entwickelten, sondern einen quasi-parochialen Autonomiestatus erhielten, was für sie aber wohl genauso nützlich war.[10]

Ich möchte deshalb, Simons folgend, Philippens Entwicklungsmodell der vier Stadien durch die Unterscheidung von zwei unterschiedlichen institutionellen Formen des Beginenlebens ersetzen: den Beginenhof und den Beginenkonvent. Dafür muß ich zunächst definieren, was unter dem Oberbegriff „Beginengemeinschaft" zu verstehen ist, der für beide Typen benutzt werden kann: Eine Beginengemeinschaft ist eine Institution, was bedeutet, daß sie über eine eigene Verwaltung und eigenen Besitz verfügte, die einem bestimmten Zweck zu dienen hatten. Genau dieser Zweck unterscheidet die Beginengemeinschaft von verwandten, aber dennoch etwas anders zu definierenden Institutionen wie etwa Hospitälern oder den typisch niederländischen „Hofjes". Diesen Zweck möchte ich so definieren: Sie sollten als Unterkunft für Beginen dienen, die gewisse Regeln zu befolgen hatten. Das wesentliche Charakteristikum der Beginen ist, daß sie ein frommes und keusches Leben führten, ohne dauerhafte Gelübde abgelegt und auf Privatbesitz verzichtet zu haben – wie dies bei Nonnen der Fall war.

Beginenhöfe

Ein Beginenhof war wie eine kleine, in sich abgeschlossene Stadt, die von der übrigen Welt durch einen Graben oder eine Mauer getrennt war, aber durch ein Tor betreten werden konnte. Die Häuser waren entweder um einen Hof herum angeordnet oder aber sie folgten einem Wirrwarr von kleinen Gassen – wobei wesentlich ist, daß es sich um individuelle Behausungen handelt, die jeweils nur von einer oder von einer kleinen Gruppe Beginen bewohnt waren. Wie eine richtige Stadt, so besaß auch der Beginenhof eine eigene Kirche, die bisweilen volle Pfarreirechte besaß, bisweilen aber auch von einem Priester versorgt wurde, der formal von der Pfarrei der Umgebung abhängig war. In den meisten Beginenhöfen waren die Häuser Eigentum der darin lebenden Beginen, die sie an andere Beginen verkaufen oder ihren in der Welt lebenden Verwandten vermachen konnten, welche sie aber nur an Beginen verkaufen durften. In anderen Fällen kaufte die Beginengemeinschaft nach und nach die Einzelhäuser auf, so daß sie schließlich die alleinige Inhaberin wurde. Normalerweise wurden dann die Häuser den Beginen auf Lebenszeit vermietet; in manchen Fällen konnte auch ein Wohnrecht für zwei oder höchstens drei Beginen auf Lebenszeit erworben werden.

Die Beginen in den Beginenhöfen bildeten eine Gemeinschaft in dem Sinn, daß sie alle Mitglieder derselben Institution waren und deren Regeln befolgten; gleichzeitig führten sie aber auch ihr eigenes Leben, sorgten allein für den Erwerb und die Zubereitung von Nahrung, für den Unterhalt und die Reinhaltung der Häuser und so weiter.

Beginenkonvente
Der zweite Typ von Beginengemeinschaft ist der Beginenkonvent, der nicht aus Einzelhäusern bestand, sondern aus einem einzigen Gebäude, zu dem in manchen Fällen noch eine Kapelle gehörte. Es ist schwierig festzustellen, inwiefern die Beginen in diesen Konventen tatsächlich als Gemeinschaft lebten, doch zeigen deutsche Forschungen, daß in den Konventen eine gemeinsame Küche existierte, in der die Beginen gemeinsam das Essen einnahmen, und in vielen Fällen gab es zumindest einen gemeinsamen Gebetsraum.[11]

In den nördlichen Niederlanden sind die Beginenkonvente nicht sehr gut untersucht, doch haben wir einzelne Hinweise darauf, daß sie den Konventen in Deutschland sehr ähnlich waren. In Quellen über den Vrouw-Menoldisconvent in Groningen wird ein „refectorium", d. h. ein gemeinsamer Speisesaal erwähnt.[12] Die Statuten des Beginenkonvents in Deventer aus dem Jahre 1494 schreiben vor, daß die Beginen zusammen essen sollen und daß sie alles teilen sollen, was die Gruppe durch Spinnen verdient. Den Verdienst zu teilen, ist nicht typisch für das Beginenleben. Im Gegenteil wird die finanzielle Autonomie der Beginen immer wieder unterstrichen. Da in früheren Statuten eine solche Regelung nicht erwähnt wird, muß sie später hinzugefügt worden sein, höchstwahrscheinlich unter dem Einfluß der „Devotio Moderna", wo sehr viel Wert auf das gemeinsame Leben gelegt wurde.[13] (Ich werde weiter unten noch eine explizite Reform einer Beginengemeinschaft durch die Anhänger der Devotio Moderna schildern.) Jedenfalls ist all dem zu entnehmen, daß die Beginen in den Konventen ein weniger individuelles Leben geführt haben müssen als die Beginen in den Beginenhöfen.

Wenn auch Beginenkonvente und Beginenhöfe als zwei unterschiedliche institutionelle Formen des Beginenlebens betrachtet werden müssen, so heißt dies doch nicht, daß sie sich völlig unabhängig voneinander entwickelt haben. In manchen Beginenhöfen wurden Konvente gegründet für solche Beginen, die sich kein eigenes Haus leisten konnten.[14]

In anderen Fällen wandelte sich ein Beginenkonvent zum Beginenhof. Wir sehen einen solchen Prozeß ganz deutlich in Delft, wo Beginen 1271 zum ersten Mal erwähnt werden. 1283 lebten sieben Beginen, wahrscheinlich dieselbe Gruppe, zusammen im Haus der Adligen Maria van der Made, die die Leiterin der Gemeinschaft war. Sie transformierte 1286 die Gemeinschaft mit Erlaubnis des Grafen von Holland in einen Beginenkonvent. Im frühen 14. Jahrhundert kauften die Beginen zwei benachbarte Häuser, und wahrscheinlich noch im selben Jahrhundert entwickelte sich der Konvent zum Beginenhof. Im 16. Jahrhundert bestand dieser Beginenhof, wie wir aus den nun reichlicher fließenden Quellen erfahren, aus einer Kirche und 51 Häusern.[15] Auch die Beginengemeinschaft von Amsterdam entwickelte sich im 14. Jahrhundert von einem Konvent zu einem Hof, der noch heute existiert.[16]

Doch wie eng verbunden die Geschichte von Beginenkonventen und Beginenhöfen in Einzelfällen auch immer sein mag, so spricht vor allem die regionale Verteilung der beiden Typen von Beginengemeinschaften in den nördlichen Niederlanden dafür, daß es sich um unterschiedliche Institutionalisierungsmuster handelt. Der Beginenhof dominierte ganz eindeutig in Holland und Zeeland. Daneben existierten in den nördlichen Niederlanden auch noch Beginenhöfe in Utrecht, im Süden in Breda, 's-Hertogenbosch, Bergen op Zoom und Roermond.[17] Das heißt, der Beginenhof war besonders im Westen und Süden verbreitet. Im östlichen Teil der nördlichen Niederlande war andererseits der Beginenkonvent der dominante Typ. Hier besaß eine Stadt bisweilen nur einen, bisweilen aber auch mehrere Beginenkonvente, wie Zutphen[18], wo es zwei, Kampen[19], wo es drei und Groningen[20], wo es mindestens vier Konvente gab.

Dies steht im Zusammenhang mit der allgemeinen Verteilung von Beginenhöfen und -konventen in Westeuropa. Ganz allgemein war der Beginenkonvent die Regel, der Beginenhof die Ausnahme. Die Grafschaften Holland und Zeeland, Flandern und Hennegau bildeten zusammen mit dem Herzogtum Brabant den Raum, in dem die Beginenhöfe dominierten. Der übrige Teil der nördlichen Niederlande war mit den Teilen Westeuropas verbunden, in denen die Beginenkonvente dominierten. Da es in den nördlichen Niederlanden beide Typen von Beginengemeinschaften gab, kann die Erklärung ihrer Verteilungsmuster auch etwas für die allgemeine Verteilung der beiden Typen aussagen. Darauf komme ich später zurück.

Verbindung zu den Bettelorden
Von vielen Historikern ist bereits beobachtet worden, daß es eine enge Verbindung gab zwischen Beginen und

Bettelorden, vor allem zu den Franziskanern und den Dominikanern. Mendikanten predigten speziell für ein beginisches Publikum[21], übernahmen die „cura animarum" der Beginen oder spielten eine Rolle in der Verwaltung der Beginengemeinschaften.[22] In manchen Städten, z. B. in Straßburg, Basel und Zürich, konzentrierten sich Beginen, die in Einzelhäusern oder in Konventen lebten, um die Bettelordenskonvente.[23] Daß trotz der Verurteilung der Beginen in den Dekreten des Konzils von Vienne, 1317 veröffentlicht, so viele Beginengemeinschaften überleben konnten, ist zumindest teilweise ein Resultat dieser engen Beziehung. Mendikanten verteidigten die Beginen, und etwa in Flandern konnten Beginen von der „Ausnahmeklausel" in einem der Dekrete („Cum de quibusdam mulieribus") profitieren, weil die Mendikanten für ihre Rechtgläubigkeit garantierten.[24] In den meisten Teilen Westeuropas – allerdings ganz allgemein nicht in der Region, in der Beginenhöfe dominierten –, wurden viele Beginen Angehörige des Dritten Ordens der Franziskaner, besonders nach der Verurteilung auf dem Konzil von Vienne. Dieser Orden war bestimmt für Laien, die innerhalb der Welt ein religiöses Leben führen wollten. Da die Terziarinnen explizit von der Verdammung durch das päpstliche Dekret „Etsi apostiolicae" von 1319 ausgenommen waren, muß der Eintritt in den Dritten Orden den meisten Beginen als eine geeignete Alternative erschienen sein.[25]

Hatten auch die Beginen in den nördlichen Niederlanden Verbindungen zu den Bettelorden? Sehen wir uns zunächst den Franziskanerorden an. In der Grafschaft Holland und Zeeland nahmen einige Beginen die Drittordensregel an. Dies geschah etwa in Dordrecht nach der Publikation der Konzilsdekrete von Vienne, aber in späterer Zeit gibt es keine Hinweise mehr auf Terziarinnen in den Beginengemeinschaften.[26] Es gab eine Gruppe von Beginen-Terziarinnen in Geertruiden-berg[27], die erstmals 1321 erwähnt wird, und der Terziarinnenkonvent im Dorf Noordwijk könnte ebenfalls aus einer Gruppe von Beginen entstanden sein.[28] Der Beginenhof in Middelburg war die einzige Beginengemeinschaft, in der die Franziskaner eine Rolle in der Verwaltung spielten, ohne daß die Beginen die Drittordensregel annahmen.[29]

Im Norden und Osten, wo die Beginenkonvente dominierten, war der Einfluß der Franziskaner viel stärker. In Groningen waren in allen drei 1401 noch bestehenden Konventen Terziarinnen zu finden[30], und in Zwolle wurden die Beginen des „Alten Konvents" unter der Leitung der Franziskaner von Kampen Terziarinnen. Das Verhalten der Brüder und der Terziarinnen gab Anlaß zu solch großem Skandal, daß Anhänger der Devotio Moderna den Konvent reformierten.[31] Den Statuten von 1396 zufolge war der „Alte Konvent" wieder von Beginen bewohnt.[32] Der Einfluß der „Devotio Moderna" tritt in den Statuten deutlich zutage. Es war beispielsweise verboten, neueintretenden Beginen ein Eintrittsgeld abzunötigen, was ganz den Ideen Geert Grootes entsprach, der eigens ein Traktat über dieses Thema verfaßt hatte.[33] In Kampen fürchtete der Stadtrat, daß die Kontakte zwischen Beginen und Franziskanern Anlaß für üble Nachrede geben könnten und verbot deshalb den Beginen vertrauliche Gespräche unter vier Augen bei geschlossener Tür.[34] In Deventer waren die Beginen ebenfalls unter der Aufsicht von Franziskanerbrüdern, zumindest eine gewisse Zeit lang.[35]

Ein Kontakt zu den Dominikanern war in den nördlichen Niederlanden weniger häufig. Die Beginen des Alten Konvents in Zutphen standen unter der Leitung des dortigen Dominikanerpriors.[36] Dominikaner übten ebenfalls in den ersten Jahren die Seelsorge bei den Beginen von Utrecht aus, bevor sich die Beginen einen eigenen Priester leisten konnten.[37] Schließlich könnte auch ein Dominikanerinnenkonvent in Zeeland, genannt „Leliendaal", seinen Ursprung in einer Gruppe von Beginen gehabt haben.[38] Obgleich Kontakte auf der institutionellen Ebene also selten waren, bedeutet das nicht, daß es nicht doch Beziehungen zwischen Einzelpersonen – besonders zwischen wohlhabenden Beginen und Dominikanermönchen – gegeben hat; in Holland und Zeeland zumindest vermachten Beginen den Dominikanern beträchtliche Vermögenswerte.[39] Insgesamt gesehen waren die Kontakte zwischen Mendikanten und Beginen, die in Beginenhöfen lebten, weniger wichtig als solche zwischen Mendikanten und Beginen, die in Konventen lebten. In den Beginenhöfen waren die Beginen ohnehin ständig unter der geistlichen Leitung eines Weltpriesters, der in den Beginenkirchen Dienst tat.

Sozialer Hintergrund

Um den Charakter der Beginenbewegung als ganzes beurteilen zu können, ist die Frage des sozialen Hintergrundes der Beginen von entscheidender Bedeutung. Für die Untersuchung der sozialen Herkunft der Beginen in einer bestimmten Stadt ist die Untersuchung von Familiennamen ein wichtiges Instrument. Unglücklicherweise erscheinen in den nördlichen Niederlanden Familiennamen erst relativ spät in den Quellen. Dennoch können einige Schlüsse gezogen werden, zumindest für Holland und Zeeland. In den frühen Jahren, im 13. und frühen 14. Jahrhundert, gibt es auch adlige Frauen unter den Beginen. Später dann tauchen sie nur noch sehr selten auf. Für das 14. und 15. Jahrhundert kann man in den meisten Beginengemeinschaften Angehörige des städtischen Patriziats finden, während im 16. Jahrhundert in manchen Beginengemeinschaften überhaupt keine Patrizierinnen mehr nachzuweisen sind. In anderen dagegen waren sie bis zur Reformation präsent.[40] Damit ist zwar ein sozialer Abstieg zu konstatieren – Beginen aus adligen Familien verschwanden, auch Patrizierinnen wurden seltener –, doch scheint dieser Abstieg weniger deutlich gewesen und auch erst später erfolgt zu sein als in Deutschland.[41]

Die Zahl der Beginen patrizischer Herkunft kann überhaupt nicht genau angegeben werden, nicht einmal für Haarlem oder Amsterdam, wo die Beginenhöfe am besten dokumentiert sind. Aber wir können gewisse Entwicklungen sehen – oder das Fehlen solcher Entwicklungen feststellen. Nehmen wir Haarlem als Beispiel: Der Anteil an Beginen patrizischer Herkunft kann auf ca. 15 Prozent für die gesamte Epoche geschätzt werden. Für das 15. Jahrhundert konnte ich 13 Prozent der überhaupt je urkundlich erwähnten Beginen als Personen mit partizischen Familiennamen identifizieren; für das 16. Jahrhundert sind es aber mehr als 15 Prozent. Dabei muß berücksichtigt werden, daß arme Beginen in den Archivalien nicht besonders gut verzeichnet sind – daß aber andererseits Beginen ohne Familiennamen durchaus auch patrizischer Herkunft sein konnten. Dennoch läßt sich schlußfolgern, daß die Haarlemer Beginengemeinschaften überhaupt keinen sozialen Abstieg erlebte.[42] In Haarlem waren die Beginen aus patrizischen Familien vielmehr diejenigen, die sich für die Gemeinschaft einsetzten als Begründerinnen von Memorienstiftungen in der Beginenkirche und als Eigentümerinnen von Büchern, die sie der Gemeinschaft für den allgemeinen Gebrauch vermachten. Solche patrizischen Beginen sorgten auch für Beginen geringerer sozialer Herkunft. Besonders in den Beginenhöfen hatten die reichen Beginen Dienstmädchen, die bisweilen das Haus ihrer Herrin erbten, oder aber die reichen Beginen vermachten ihre Häuser der Gemeinschaft, um anderen Beginen kostenlosen Wohnraum zur Verfügung zu stellen.

Die Tatsache, daß es in den meisten Beginenhöfen in Holland und Zeeland patrizische Beginen gab, zeigt, daß es sich hierbei um Einrichtungen handelte, die weder nur den Reichen noch ausschließlich den Armen offenstanden, sondern sie stellten einen Mikrokosmos dar, der die soziale Stratifikation der Stadt reflektiert.

3. Beginenhöfe in Holland und Zeeland: Ein Import aus dem Süden?

Vergleicht man die Beginenbewegung in der Grafschaft Holland und Zeeland mit der Bewegung in den südlichen Niederlanden oder in deutschen Städten des Mittel- und Niederrheins, so lassen sich mehrere Schlüsse ziehen:

1. In Holland und Zeeland erscheinen Beginen erst verhältnismäßig spät in den Quellen. Die Beginengemeinschaft in Middelburg, die schon vor 1250 existierte, könnte die älteste sein. Nur hier in Middelburg sehen wir Spuren eines früheren Stadiums in der Entwicklung der Beginenbewegung, als die Beginen noch „mulieres religiosae", „religiöse Frauen" genannt wurden. In den südlichen Niederlanden, Frankreich und

Deutschland existierten solche Gruppen von „mulieres religiosae" schon vor 1216.[43] Wir können hier auch keine Beginen quellenmäßig nachweisen, die allein lebten, bevor sie eine Beginengemeinschaft gründeten.

2. In Holland und Zeeland wurden die Beginen niemals als groß an Zahl beschrieben, so wie dies etwa Thomas von Cantimpré tat, als er über die Anführerin der „zweitausend Beginen" in Nivelles berichtete.[44]

3. In Holland und Zeeland lassen sich keine charismatischen Mystikerinnen mit der frühen Beginenbewegung in Verbindung bringen, wie etwa Maria von Oignies in Nivelles oder die Mystikerin Mechthild von Magdeburg. Die einzige beginische Mystikerin war hier Gertrude von Oosten, die im 14. Jahrhundert in der Beginengemeinschaft von Delft lebte, und sie war weit weniger bekannt als die oben genannten Frauen.[45]

Die frühe Beginenbewegung in den südlichen Niederlanden und in den deutschen Städten entlang des Rheins hatte spontanen Charakter. Frauen entschlossen sich zu einem religösen Leben allein oder in kleinen Gruppen und wurden Beginen genannt; die Institutionalisierung erfolgte erst später und war weniger spontan. Die vielen Mystikerinnen konnten sich eher in einer spontanen, locker organisierten und nicht streng überwachten Bewegung entfalten.

Obgleich wir davon ausgehen müssen, daß unsere Quellenlage nicht sehr aussagekräftig ist, so ist doch klar, daß Holland und Zeeland an der Peripherie der Beginenbewegung lag, nicht im Zentrum. Dies ist zweifellos auf die vergleichsweise späte Entwicklung der Städte in diesen Territorien zurückzuführen.

Die Grafen von Holland und Zeeland und zwei Witwen, die der gräflichen Familie angehörten, spielten bei der Institutionalisierung der Beginengemeinschaften in ihrem Territorium eine signifikante Rolle. Dafür sind die Fälle von 's-Gravenzande und Schiedam gute Belege.[46] 's-Gravenzande kann als Mechthild von Brabants gescheiterter Versuch betrachtet werden, eine Stadt zu gründen. Als Mutter des Grafen Wilhelm II. sicherte sie sich von ihrem Sohn die Stadtrechte für dieses Dorf und gründete dort ein Hospital und eine Begenengemeinschaft. Doch entwickelte sich 's-Gravenzande nie zu einer wirklichen Stadt. Mechthilds Tochter, Aleid von Holland, tat dasselbe mit der kleinen Stadt Schiedam, die sich etwas besser entfaltete als 's-Gravenzande, aber auch Schiedam blieb eine der unbedeutenderen Städte Hollands. Beide Frauen müssen das Beginenwesen aus dem Süden gekannt haben. Mechthild war die Tochter des Herzogs von Brabant und hatte weiterhin Kontakte zum Hof ihres Vaters. Aleid war die Witwe von Johann von Avesnes, der Anspruch auf die gräfliche Macht in Flandern und Hennegau erhoben hatte.

Die Grafen von Holland und Zeeland selbst waren ebenfalls aktiv in der Unterstützung des Beginenwesens. Die Begenengemeinschaft von Dordrecht ist auf gräfliche Initiative hin entstanden, während die Beginengemeinschaft von Zieriksee bedeutende Schenkungen und die Beginengemeinschaft von Middelburg wichtige Privilegien von den Grafen erhielten. Vielleicht noch bedeutsamer ist die Tatsache, daß Graf Wilhelm III. nach der Veröffentlichung der Dekrete des Konzils von Vienne aktiv wurde, um die Lage von Beginengemeinschaften in vier Städten – die drei gerade genannten und Haarlem – zu sichern. Im letzen Fall war die Beginengemeinschaft zwar mit Sicherheit keine Gründung der Grafen, sondern des Stadtpfarrers von Haarlem, der aus dem Adel stammte. Da die Grafen das Recht hatten, die Kandidaten für dieses Amt auszuwählen, muß es sich hier also um einen Protégé des gräflichen Hauses handeln. Die genannten vier Städte waren auch die einzigen, in denen sich Mendikanten niedergelassen hatten – es gab in jeder Stadt zwei Mendikantenkonvente –, was ein sicherer Indikator für die demographische und ökonomische Bedeutung dieser Städte ist.[47]

Die Grafen waren insofern also nicht die Gründer aller Beginengemeinschaften in ihrem Territorium, aber immerhin gingen mindestens drei frühe Beginengemeinschaften auf ihr Engagement oder das der Mitglieder der gräflichen Familie zurück, und sie protegierten und privilegierten weitere Gemeinschaften, insbesondere die in den vielversprechendsten Städten ihres Territoriums. Das ist nicht erstaunlich, wenn man sich vor Augen hält, was in den südlichen Niederlanden gleichzeitig geschah, zumindest in einigen Teilen davon. Wie wir mittlerweile immer deutlicher erkennen können, geschah die Entwicklung von Beginengruppen, die in der Welt lebten, zu Beginenhöfen nicht spontan. Der älteste Beginenhof war die Beginengemeinschaft Sankt-Elisabeth in Gent und wurde 1242 gegründet.[48] Die Gründerin war Gräfin Johanna von Flandern und Hennegau (1205–1244). Sie selbst und ihre Nachfolgerin, Gräfin Margareta (1244–1278), spielten eine sehr wichtige Rolle bei der Gründung von Beginengemeinschaften. Ihr Engagement wurde, wenn auch in geringerem Umfang, von den Herzögen von Brabant und kleineren adligen Herren geteilt. Das ist schon länger bekannt, doch war in diesem Zusammenhang auch die Rolle der Dominikaner bedeutsam, wie Simons zeigt. Die „Erfindung" der Beginenhöfe, so Simons, geschah auf der Basis einer gemeinsamen Anstrengung von Mendikanten und Gräfinnen, die darauf abzielten, die Beginen in einer spezifischen Art von Institution zu konzentrieren, um sie besser kontrollieren und disziplinieren zu können.[49] Haben die Grafen von Holland und Zeeland diese Erfindung aus dem Süden importiert?

Insbesondere eine Tatsache weist darauf hin, daß dies der Fall ist: Eine ganz spezifische Institution in den flämischen und brabantischen Beginenhöfen war die sogenannte „infirmerie", ein Hospital für Beginen, die arm und zu alt oder zu krank zum Arbeiten waren.[50] In Holland und Zeeland besaßen vier Beginengemeinschaften ebenfalls solch ein Hospital – und sie alle waren mit der gräflichen Familie oder mit den Grafen selbst verbunden: die Beginengemeinschaft in Dordrecht, eine gräfliche Gründung, in Zierikzee, Middelburg und ‚s-Gravenzande, die Gründung der Mechthild von Brabant.[51]

Spielten hierzulande aber auch die Dominikaner eine Rolle? Der erste Dominikanerkonvent war zwischen 1271 und 1279 in Zieriksee entstanden, einige Zeit, nachdem die ersten Beginenhöfe gegründet worden waren.[52] Doch muß es schon früher persönliche Kontakte zu den Dominikanerbrüdern gegeben haben. Wir wissen, daß z. B. Mechthild von Brabant, die eine hervorragende Rolle bei der Gründung von Beginenhöfen gespielt hat, den berühmten Dominikanerchronisten und Bewunderer des Beginenlebens, Thomas von Cantimpré, persönlich gekannt hat.[53]

Kommen wir in diesem Zusammenhang nochmals auf die Frage der geographischen Verteilung der beiden Typen von Beginengemeinschaften, Beginenhof und Beginenkonvent, zurück. Es scheint, als seien die Beginenhöfe auf Initiative machtvoller Territorialfürsten hin entstanden, die den weniger bedeutenden lokalen

Adligen damit ein Beispiel gaben. Sie gehörten zu den Leuten, die über so beträchtlichen Landbesitz verfügten, wie man ihn für Beginenhöfe brauchte, vor allem über den besonders teuren Grund und Boden in den sich entfaltenden Städten. In den anderen Regionen waren die Territorialfürsten entweder überhaupt nicht interessiert oder weniger aktiv. So weit wir wissen, waren die Gründer von Beginenkonventen üblicherweise Stadtbürger, nicht Angehörige des Adels. Sie konnten nur über einzelne Häuser verfügen. Das scheint vor allem für den nordöstlichen Teil der Niederlande zuzutreffen, die Region, wo der Bischof von Utrecht die weltliche Macht ausübte. Dort existierten keine Beginenhöfe, und die einzigen uns bekannten Stifter sind Bürger. Der Beginenkonvent war stärker in das städtische Leben eingebettet; weil er aber keine prominenten Fürsprecher hatte, war er auch viel gefährdeter durch Anfeindungen seitens der Kirche, besonders in Deutschland.

4. Beginen und andere semireligiöse Frauen

In den letzten Jahren hat sich die Aufmerksamkeit der Historikerinnen und Historiker von der Frage der Ursprünge des Beginenwesens verlagert hin zur Erforschung des Beginenstatus und der Semireligiosität, die in den Augen der mittelalterlichen Menschen immer ambivalent war. Waren Beginen und andere semireligiöse Frauen Laien oder Nonnen, Heilige oder Häretikerinnen, fromme Frauen oder Heuchlerinnen?[54] Auch Frauenforscherinnen haben sich diesem Problem zugewandt, denn Frauen wurden vom semireligiösen Leben besonders angezogen. Solche semireligiösen Frauen waren etwa die italienischen „bizzoche" im Mittelalter und in der Renaissance, die „beatas" in Spanien und die „klopjes" – ein typisch holländischen Produkt der Gegenreformation.[55] Ich möchte hier auf ein anderes „typisch holländisches Produkt" zu sprechen kommen, nämlich die Schwestern vom Gemeinsamen Leben.

Die nördlichen Niederlande, die hinsichtlich der Beginenbewegung randständig waren, wurden am Ende des 14. Jahrhunderts zum Zentrum einer zweiten Welle semireligiösen Lebens, das von der Devotio Moderna beeinflußt war. Geert Groote und seine Anhängerinnen und Anhänger gründeten Schwesternhäuser und Brüderhäuser. Obgleich die Schwesternhäuser weit zahlreicher waren als die Brüderhäuser, wurden sie in der niederländischen Historiographie lange Zeit ziemlich vernachlässigt.[56]

Diese zweite semireligiöse Bewegung hatte mit der ersten, der Beginenbewegung, viel gemeinsam. In vielen Städten gründeten Bürger Schwesternhäuser mit geringem finanziellen Aufwand, oft mehrere Häuser in einer Stadt. Andererseits konnte es auch vorkommen, daß eine gottesfürchtige Witwe sich mit einer informellen Gruppe von Schwestern in ihrem Haus zusammentat. In den Chroniken dieser Schwesternhäuser wird immer gerne auf die einstige Armut verwiesen, als die Schwestern von Tür zu Tür betteln gingen.[57] Einzig die charismatischen Mystikerinnen fehlen in dieser Bewegung.

Warum nannten sich diese neuen semireligiösen Frauen Schwestern und nicht Beginen, so fragt man sich – und was ist überhaupt der Unterschied? Schwestern und Beginen hatten tatsächlich viel gemeinsam. Wie in den Beginengemeinschaften, so wurde auch in den Statuten der Schwesternhäuser viel Wert auf Keuschheit gelegt. Aber in beiden Fällen konnten die Frauen die Gemeinschaft verlassen, da sie keine dauerhaften Gelübde ablegten. Die äußere Welt machte kaum Unterschiede zwischen Beginen und Schwestern. Beide wurden unterschiedslos als Beginen bezeichnet. Als Salome Sticken, eine Schwester aus dem Schwesternhaus in Deventer, das von Geert Groote selbst gegründet worden war, während der Messe in der Pfarrkirche in Verzückung fiel und ihr die Tränen in Strömen übers Gesicht rannen, sagten die Umstehenden: „Sie ist eine verrückte Begine, laßt sie einen Moment allein."[58]

Dieses Beispiel zeigt auch, daß den Beginen – wie den Schwestern – mit ambivalenten Gefühlen begegnet wurde. Mißtrauen gegenüber der Rechtgläubigkeit der Beginen führte zu der Beginenverfolgung im Jahre 1317 nach der Publikation der Beschlüsse des Konzils von Vienne. Gut organisierte und protegierte Beginen entkamen zwar der Verfolgung, doch die Gleichsetzung von Beginen mit Häresie blieb, insbesondere in Deutschland, bestehen und führte zu weiteren Verfolgungswellen.

Das erste Schwesternhaus war von Geert Groote selbst in seinem Haus in Deventer gegründet worden. Seine Statuten halten ganz explizit fest, daß die Schwestern keinesfalls Ansichten vertreten dürften, deren man auf dem Konzil von Vienne die Beginen verdächtigt hatte.[59] Ebenso bezeichnend ist, daß die Schwestern des Meister Geerthaus keine ‚falie' (d. h. Schleier) tragen durften, den typischen, alles bedeckenden Umhang der Beginen. Kleidung hatte im Mittelalter eine große Bedeutung für die soziale bzw. Gruppen-Zuordnung der Menschen – und der Umhang war tatsächlich das Symbol für den Beginenstatus. Einer Begine den Umhang zu geben, war Teil des Aufnahmerituals. Wahrscheinlich, um Verwechslungen zwischen Beginen und Schwestern

115

zu vermeiden, die zwar ein ähnliches Leben führten, aber keinen Umhang trugen, nannten sich die „echten" Beginen bisweilen auch „faliebegijnen".

Am Ende des 14. Jahrhunderts waren die Beginen in den nördlichen Niederlanden über jeden Zweifel an ihrer Rechtgläubigkeit erhaben, soweit wir wissen, doch wie Groote und seine Anhänger richtig sahen, konnten die Feinde der Devotio Moderna die Waffen, die ursprünglich gegen die Beginen gerichtet gewesen waren, auch gegen die Schwestern und Brüder vom Gemeinsamen Leben richten. Und das geschah denn auch, trotz aller Vorsichtsmaßnahmen. Schon bald erweckten die Schwesternhäuser die Aufmerksamkeit der Inquisition. 1393 oder 1394 suchte der päpstliche Inquisitor zwei Schwesternhäuser auf, eines in Utrecht und eines in der nehegelegenen Stadt Rhenen. Eine der Fragen, die an die verdächtigten Schwestern gerichtet wurden, war, ob sie denn nicht wüßten, daß die Sekte der Begarden, Beginen und „swestriones" verurteilt worden sei?[60]

Worte waren im Mittelalter bedeutsam – und die Wahl des Wortes „swestriones" als Bezeichnung für die Schwestern in den Inquisitionsakten muß bewußt geschehen sein. „Swestriones" war in den nördlichen Niederlanden ein ganz ungebräuchliches Wort, aber in Deutschland wurde es häufig benutzt als Synonym für Beginen, seien sie nun rechtgläubig oder nicht. Die Leiterin des Schwesternhauses mit „Martha" anzusprechen, war ein noch deutlicherer Versuch, die Schwestern mit heterodoxen Beginen in Zusammenhang zu bringen.[61]

Die Anklagen der Inquisition kreisen um zwei Punkte. Zum einen wurde die semireligiöse Lebensweise angegriffen. Die „swestriones" hatten Verhaltensweisen, die an sich nicht falsch waren, aber sie waren zu verurteilen, wenn es sich nicht um Nonnen handelte. Zum Beispiel praktizierten sie das wohlbekannte christliche Demutsritual der Fußwaschung so, daß die „Martha" den ihr untergeordneten Schwestern die Füße wusch[62], ein anderes Beispiel sind die Treffen der Schwestern, bei denen jede ihre Verfehlungen öffentlich bekennen mußte. Kurz, man warf den Schwestern vor, sich den Status von Nonnen anzumaßen. Zum zweiten wurde eine Frau wie Aleid Cluten, die „Martha" des Schwesternhauses in Utrecht, scharf angegriffen, weil ihr Verhalten weit über das hinausging, was man für eine Frau, und selbst für eine Nonne, für erlaubt hielt. Sie hörte die Beichte oder, wie es in dem zeitgenössischen Bericht heißt: „Manche ehrenwerte Leute, die in der Welt leben, sogar Eheleute haben Aleid so freimütig und öffentlich gebeichtet, als sei sie ein ganz normaler Priester." Falls dies stimmt, ist es tatsächlich erstaunlich. Aber ob wahr oder nicht, es zeigt die Meinung der Kirche, die Frauen als gefährlich betrachtete und insbesondere dann verurteile, wenn sie sich auf priesterliches Territorium wagten – und dabei noch nicht einmal hinter einer monastischen „clausura" vor der Welt verborgen waren. Aleid Cluten konnte damit die religiösen Vorstellungen nicht nur der „swestriones" unter ihrer Führung, sondern auch der Leute in der Welt beeinflussen, so fürchtete man.

Wie diese Angelegenheit ausging, wissen wir nicht genau, aber beide Schwesternhäuser, in Utrecht und in Rhenen, überlebten die Inquisition. Und dies nicht wegen der Protektion einflußreicher Adliger oder Mendikanten, wie viele Beginenhöfe nach dem Konzil von Vienne, sondern vielmehr wegen ihrer engen Einbindung in das engmaschige Gewebe der Anhänger der Devotio Moderna. Denn im Unterschied zu den Beginen gehörten die Schwestern vom Gemeinsamen Leben einer informellen Organisation an, die Priester hatte, welche gebildet genug waren, um den semireligiösen Lebensstil in einer theologischen Debatte zu verteidigen – und manche von ihnen waren sogar hohe Würdenträger der Kirche. Die Schwestern hatten Beichtväter, die aus den Brüderhäusern stammten oder die mit der Bewegung sympathisierten und die auch untereinander Kontakt hielten. Diese Priester konnten erfahrene Schwestern in neue Häuser schicken, um dort die Führung zu übernehmen. Viele Schwesternhäuser und einige Brüderhäuser wurden schließlich 1399 in einer hierarchischen Organisation, dem Kapitel von Utrecht, zusammengeschlossen und nahmen die Regel des Dritten Ordens der Franziskaner an.[63] Damit taten sie dasselbe, was viele Beginen nach der Publikation der Dekrete des Konzils von Vienne getan hatten. Allerdings wurde die Regel dem Zweck der Errichtung einer hierarchischen und effizienten Organisation angepaßt, und es gab keine Verbindungen zu den Franziskanern in irgendeiner Form. Dadurch wurde die spontane zweite Welle der semireligiösen Bewegungen weit stärker institutionalisiert als die Beginenbewegung.

Aus dem Englischen von Claudia Opitz

Hamburger Beginen im Spätmittelalter – „autonome" oder „fremdbestimmte" Frauengemeinschaft?

Hedwig Röckelein

Beginenkonvente und Beginenhöfe boten in der mittelalterlichen Ständegesellschaft Raum für das exklusive
Zusammenleben von Frauen. Im Gegensatz zu den
Frauengemeinschaften der weiblichen Orden steht die
Beginenbewegung in der feministischen Forschung indes in dem Ruf, als „religiöse Frauenbewegung"[1] traditionelle Frauenrollen des Mittelalters radikal durchbro-
chen zu haben. Demnach handle es sich bei den Beginen
um Frauen, „die weder als herkömmliche Nonne noch
als Klosterfrau identifiziert werden können, ... auch die
ihnen bis dahin eröffneten Alternativen zur Ehe ab[leh-
nen], ... sich nicht in ein von Männern konzipiertes und
reglementiertes monastisches Gemeinschaftsleben in
den Einrichtungen der Kirche [fügen], das ihnen Klausur, Gehorsam, Keuschheitsgelübde, Gemeinschaftsei-
gentum, Hierarchie etc. abverlangt."[2] Zudem hätten die
Beginen ein eigenes weibliches Selbstkonzept entwickelt, das sich signifikant von dem Bild unterschieden habe, das Männer von Frauen besaßen. So fielen
„die Beginen ... aus den ‚herrschenden' Weiblichkeits-
konzeptionen, d. h. aus den Bildern des Mannes von der
Frau, den Diskursen über Weiblichkeit, die normativen
Charakter haben, heraus". „Die beginischen Lebens-
praktiken [seien] Beispiel einer ‚weiblichen Gegenkul-
tur', einer anderen Form von Weiblichkeitskonzeptio-
nen."[3] Die Aufgabe der Beginenforschung – wie jeder

modernen Frauengeschichtsschreibung – müsse es daher sein, „die Differenz, in der sich das Weibliche eingeschrieben hat, sichtbar"[4] zu machen.

Diese Thesen suggerieren, daß die Beginen des Mittelalters erstens ein spezifisch weibliches Selbstverständnis besaßen, daß sie zweitens eine Lebensform entwickelten, die von der aller anderen sozialen Gemeinschaften – männlichen wie weiblichen – differierte, und daß sie drittens über Möglichkeiten verfügten, dieses Konzept selbstbestimmt in die Praxis umzusetzen. Träfen diese Annahmen zu, so wären die Beginen eine klar umgrenzte Gruppe von Frauen, deren Lebensideal und Alltagsleben geschlechtsspezifisch definiert wäre, die unter den weiblichen Lebensformen des Mittelalters eine besondere Variante darstellen würden. Ob diese Vorstellungen von weiblicher Autonomie und Selbstverwirklichung der beginischen Realität des Mittelalters entsprechen oder einer Projektion der Frauenbewegung des 20. Jahrhunderts entspringen[5], wird im folgenden anhand der Hamburger Beginen geprüft[6], wobei die Verhältnisse in Hildesheim[7], Wismar[8] und Hannover[9] ergänzend hinzugezogen werden.[10] Diese Beginengemeinschaften werden auf ihre rechtliche, organisatorische, wirtschaftliche und geistlich-spirituelle Autonomie hin untersucht, auf die Vorschriften zur Keuschheit, Armut und Klausur sowie auf die finanzielle Absicherung ihres Lebensunterhalts und die Gestaltung des Gemeinschaftslebens. Übereinstimmungen und Widersprüche zwischen normativen Setzungen und der Alltagsrealität werden – soweit es die Quellen erlauben – diskutiert. Da spezifische Weiblichkeitskonzepte der Beginen nicht nur in den Akten niedergelegt sind, sondern auch in Andachts- und Gebetbüchern, geistlichen Traktaten und Briefen, müßten diese Quellen ebenfalls berücksichtigt werden. Das kann aus Platzgründen an dieser Stelle jedoch nicht geschehen.[11]

Beginen in Hamburg

Das Angebot für Frauen, die sich im spätmittelalterlichen Hamburg dem religiösen oder semireligiösen Leben zuwenden wollten, war spärlich. Seit 1245 gab es zwar ein Zisterzienserinnenkloster vor der Stadt (Harvestehude)[12], es stand aber nur Mitgliedern der ratstragenden Familien offen.[13] Ein semireligiöses Leben konnten Frauen nur als Begine oder in den Hospitälern führen. Gemeinschaften der Klarissen und Terziarinnen, der Augustinerinnen oder der Schwestern vom Gemeinsamen Leben, die im Rheinland und am Oberrhein Semireligiose in großer Zahl aufnahmen, fehlten in Hamburg. Beginische Lebensformen hingegen sind – zumindest im 13. und 14. Jahrhundert – in verschiedener Form für die Hansestadt belegt.

Die frühesten Nachrichten über Beginen in Hamburg sprechen von einem Konvent bei S. Jacobi, dem die Grafen und Stadtherrn Johannes und Gerhard von Schauenburg im Jahr 1255 ein Hof- und Gartenareal in der Steinstraße stifteten.[14] Ein zweiter Beginenkonvent bestand zwischen 1303 und 1352 am Pferdemarkt.[15] Dieser sog. Neue Konvent prosperierte zunächst, wurde aber nach wenigen Jahrzehnten wieder aufgegeben. Im 14. Jahrhundert gab es in Hamburg daneben einzeln[16] und im Hl. Geist-Hospital lebende Beginen.[17] Während die allein und im Hospital wohnenden sowie die konventual organisierten Beginen am Pferdemarkt bereits Mitte des 14. Jahrhunderts verschwanden, bestand der Jacobi-

Konvent als Institution wie als Gebäude kontinuierlich bis ins 19. Jahrhundert fort.[18]

1360 wurde der Status von Beginen in Hamburg erstmals schriftlich fixiert.[19] Die Ordnung für den Jacobi-Konvent wurde zwar vom Bremer Erzbischof Gottfried v. Arnsberg (1348–1360) ausgestellt, die Initiative[20] und vermutlich auch die Formulierung des Textes geht aber auf Vertreter des Hamburger Domkapitels, auf Dompropst Werner de Militis[21] und Domdekan Johannes, zurück. Lebten die Hamburger Beginen zunächst 100 Jahre lang „ungeordnet", so waren schriftliche Statuten anscheinend um die Mitte des 14. Jahrhunderts notwendig geworden. Sie lagen einerseits im Interesse der geistlichen Gewalten, denen daran gelegen war, die zwischen Stadt und Klerus umstrittene rechtliche Kompetenz für den Konvent zu klären, und sie brachten andererseits das Bemühen zum Ausdruck, die Beginen vor den einsetzenden Verfolgungen zu schützen[22], die ihnen seit dem Konzil von Vienne 1311/12 drohten. Innozenz VI. (1352–1362), Urban V. (1362–1370) und Gregor XI. (1371–1378) hatten den deutschen Bischöfen weitreichende Befugnisse eingeräumt, um dominikanische Inquisitoren gegen häretische oder der Häresie verdächtigte Beginen auszusenden und eine systematische Prüfung ihrer Rechtgläubigkeit durchzuführen.[23] Auf der Umsetzung der Beschlüsse der Bremer Provinzialkonzilien, die den Beginen untersagten, sich einheitlich zu kleiden oder zusammenzuleben[24], beharrte das Hamburger Kapitel indes nicht.

Die Beginenbewegung in Hamburg nahm in mehrfacher Hinsicht einen typischen Verlauf: In der Entstehungsphase weist sie zunächst vielfältige Lebens- und Organisationsformen auf, die spätestens seit den 30er Jahren des 14. Jahrhunderts aufgrund restriktiver Maßnahmen und Verfolgungen seitens der Kirche, teilweise unterstützt durch weltliche Herrschaften (Kaiser, Städte, Landesherren), auf Beginensammlungen reduziert werden. Diese lebten nun nicht mehr nach mündlich tradierten „Gewohnheiten", sondern nach schriftlich fixierten, lateinischen Statuten.[25] Nur über diese Konvente liegen ausreichend Nachrichten vor, die einen Einblick in innere Organisation und Lebensweise der Beginen und Antworten auf die Frage nach der Selbst- oder Fremdbestimmung ermöglichen. Während es nicht schwer fällt, die für den Laienstand entworfene und durch Papst Innozenz III. geförderte Bußtheologie des 13. Jahrhunderts[26] und die idealtypische, von Jakob von Vitry verfaßte Vita der „ersten" Begine Marie d'Oignies[27] als Fremdkonzepte über Beginen zu kategorisieren, sperren sich die Statuten für Beginenkonvente gegen eine solch klare Zuweisung.[28] Denn die Hamburger Ordnung von 1360 ist kein den Beginen von der geistlichen Führung oktroyiertes Gesetz, sondern basiert auf den Erfahrungen des Konventslebens aus der Zeit vor der Verschriftlichung der Regeln. Sicher ist, daß der Einfluß des Bremer Erzbischofs – sollte er je von praktischer Bedeutung gewesen sein – im weiteren Verlauf des Mittelalters gänzlich durch das Hamburger Domkapitel und den Domdekan zurückgedrängt wurde. Die zweite und dritte Ordnung für die Hamburger Beginen ist nicht einmal mehr formal vom Bremer Metropoliten erlassen, sondern eigenverantwortlich von den Domdekanen.[29] Erst zu Beginn des 16. Jahrhunderts, als wegen des Interdikts Sonderregelungen getroffen werden mußten, griffen wieder auswärtige Kirchenvertreter in die Geschicke der Hamburger Beginen ein.[30]

Trotz der stärkeren Reglementierung durch kirchliche und weltliche Gewalten bleibt die Beginenbewegung in Deutschland auch nach der Mitte des 15. Jahrhunderts heterogen und weist große regionale Unterschiede in der Organisationsform, der städtisch-ländlichen Verteilung und der Überlebensdauer auf.[31] Der Hamburger Konvent besticht durch seine Langlebigkeit. Während in fast allen deutschen Städten die Beginen im 15. Jahrhundert von den regulierten Frauenorden, von den Terziarinnen oder den neuen Orden der Devotio moderna aufgesogen wurden, überlebte der Jacobi-Konvent als Beginengemeinschaft die Reformbewegungen des 15. Jahrhunderts ebenso wie den Versuch der Zwangsauflösung während der Reformation.

Rechtsstatus und Rechtsaufsicht

Erst die Statuten von 1360 klärten den rechtlichen Status und die Zuständigkeit für die rechtliche Aufsicht und Vertretung der Beginen.[32] Ihnen wurden alle Privilegien einer geistlichen Gemeinschaft eingeräumt (Befreiung von Steuern und Abgaben, Exemption von der weltlichen Gerichtsbarkeit).[33] Als ihr Vorsteher und Richter fungierte der Domdekan.[34] Er besaß die oberste Strafgewalt sowohl über die Meisterin als auch über jede einzelne Begine.[35] Geringere Vergehen bestrafte im 14. Jahrhundert die Meisterin, seit den Statuten von 1440 ging die Strafgewalt jedoch vollständig an den Dekan über.[36] Mit der Beschneidung der inneren Autonomie des Konvents reagierte der kirchliche Schutzherr vermutlich auf eine Anordnung Papst Eugens IV. (1431–1447), der im Jahr 1440 weitere Inquisitionen der Dominikaner gegen die Beginen verboten hatte, im Gegenzug den Bischöfen aber eine strengere

Aufsicht über die innere Ordnung der Konvente abver-
langte.[37]

Eine weitere Aufgabe des Domdekans war die Bestätigung der von den Ältesten des Konvents gewählten
Meisterin.[38] Diese war ihm zu Gehorsam verpflichtet[39],
er konnte sie bei Pflichtvernachlässigung des Amtes
entheben.[40] Zudem mußte er dem Eintrittsbegehren jeder Begine zustimmen.[41]

Spätestens seit 1360 waren die Beginen in Hamburg
unter kirchliche Aufsicht gestellt. Im Gegensatz zu
Hildesheim aber, wo der ortsansässige bischöfliche
Schutzherr in die inneren Angelegenheiten der Beginen eingriff[42], waren die Hamburger Schwestern
durch die Zwischeninstanz des Domkapitels bzw.
Domdekans, die sich im Dissens mit dem Erzbischof
befanden, vor den Zugriffen ihres Tutors geschützt.
Die Konkurrenz zwischen Domkapitel und Rat ver-
schonte sie zudem vor Übergriffen städtischer Gewalten. Die städtische Kontrolle nahm erst nach der Reformation zu, als die Vorsteher aus dem Rat entsandt
wurden.

Der Hamburger Konvent war – spätestens seit der
Ordnung von 1360 – hierarchisch gegliedert. Der Rang
einer Begine richtete sich nach Amt, Lebensalter und
Dauer ihrer Anwesenheit im Konvent.[43] Die Binnen-
struktur des Konvents spiegelte sich in der Prozessions-
ordnung wider: Bei Prozessionen innerhalb (*binnen Huses*) und außerhalb des Hauses (*up de Straten*) führte die
Meisterin den Zug an, es folgten die Ältesten, dann die
„einfachen" Schwestern und am Ende die Schülerinnen.[44] Die Vorsteherin des Konvents besaß die Schlüs-
sel- und Strafgewalt.[45] Alle Beginen waren ihr zu Gehorsam verpflichtet.[46] Gehorsamsverweigerung wurde
zunächst mit Almosenentzug bestraft[47]; bei Widerstand

aus „unvernünftigen Gründen" konnte eine Begine sogar aus dem Konvent gewiesen werden.[48] In der Hierarchie folgte auf die Vorsteherin der Rat der „Ältesten", der die Meisterin wählte[49] und sie in alltäglichen Entscheidungen beriet, etwa bei der Ausgangserlaubnis für einzelne Schwestern oder bei Rentenkaufgeschäften.[50] Die älteren Beginen beaufsichtigten zudem die jüngeren, d. h. die unter Dreißigjährigen, während des Ausgangs, insbesondere in der Nacht.[51]

Die Hierarchisierung sozialer Gemeinschaften nach Amt und Alter ist nichts Ungewöhnliches in der mittelalterlichen Ständegesellschaft. Erstaunlich ist dagegen, daß die soziale Herkunft und persönlicher oder familiärer Besitz bei der Einstufung der Hamburger Beginen keinen Ausschlag gaben.[52] Hierin unterscheidet sich der Hamburger Konvent sowohl von regulierten Frauenklöstern, wie den Zisterzienserinnen in Harvestehude, als auch von den Gepflogenheiten anderer Beginengemeinschaften.[53] Lediglich in Hannover gab es eine der Hamburger Gliederung vergleichbare Differenzierung in Meisterin, Älteste, Beginen und Kinder (Schülerinnen)[54], in den meisten anderen Städten wurde hingegen nur zwischen Vorsteherin und den übrigen Beginen unterschieden.[55] Die Statuten liefern keine Erklärung für die unterschiedlich starke Binnendifferenzierung. Als Ursachen wären die Größe, der Wunsch der Beginen oder der geistlichen bzw. weltlichen Tutoren nach klarer Strukturierung und Verantwortlichkeit denkbar. Es scheint jedoch, daß die Hierarchie – außer bei Prozessionen und bei Entscheidungen innerhalb des Konvents – den Alltag nicht allzu sehr beeinflußte. Die Namenslisten der Hamburger Beginen, überliefert im Verwaltungsschriftgut (Kostgeldlisten[56]) wie in Urkunden[57], spiegeln diese Struktur jedenfalls nicht wider.

Wirtschaftliche Selbständigkeit

Während der Hamburger Konvent in rechtlicher Hinsicht geistlichen Aufsehern unterstand, deren Interventionsmöglichkeiten im Verlauf des späten Mittelalters zunahmen, agierte er in wirtschaftlicher Hinsicht selbständig.[58] Zwar mußte die Meisterin, zu deren Aufgabenbereich die Buchführung gehörte, am Ende eines Rechnungsjahres den vom städtischen Rat bestellten Prüfern[59] die Bilanzen vorlegen, diese mischten sich aber nicht in die Wirtschaftsführung ein. Sie akzeptierten die Abrechnungen sogar in den Fällen, in denen Einnahmen und Ausgaben falsch addiert waren oder die Bilanz unausgeglichen blieb.[60] Seit 1530 haftete die Meisterin gesamtschuldnerisch mit ihrem Privatvermögen für den Konvent.[61] Erst nach der Einführung der Reformation in Hamburg (1529) begannen die städtischen Rechnungsprüfer, den Konvent gründlicher zu visitieren, bis die Wirtschaftsführung 1613 vollständig in ihre Hände überging.[62]

Geistliche Obhut

Die Hamburger Beginen wurden während des Mittelalters nicht von einem eigens für sie zuständigen Geistlichen betreut[63], sondern standen unter der Obhut des Pfarrers von S. Jacobi. Sie fanden sich in dem ihrem Konvent gegenüberliegenden Gotteshaus täglich zur Messe ein.[64] Die Predigt im nahegelegenen Dom durften sie nur während der Passionszeit hören.[65] Erst seit 1516 wählten sie sich einen Weltkleriker oder einen Mendikanten zum Beichtvater.[66]

Das geistliche Leben der Hamburger Beginen unterschied sich also von dem vieler anderer Konvente in

Deutschland, die im 14. Jahrhundert unter den Einfluß der benediktinischen Reformorden und der Bettelorden[67], im 15. Jahrhundert unter den der Augustinerchorherren und der Brüder vom Gemeinsamen Leben[68] gerieten. Sie wurden weder während der Verfolgungswellen von dominikanischen Inquisitoren unter Druck gesetzt[69] noch durch franziskanische Beichtväter angeleitet. Dies ist erstaunlich, da es vor Ort Männerkonvente gab, die entsprechende Seelsorger hätten stellen können, und da zwischen dem Hamburger Franziskanerkloster und den Beginen enge Beziehungen bestanden.[70]

Gelübde? – Keuschheit, Armut, Klausur

Der Sonderstatus der Beginen ist weiter an den Übereinstimmungen mit bzw. Abweichungen von der Lebensführung regulierter Nonnen zu überprüfen. Das monastische Gelübde mit den Geboten der Keuschheit, Armut und Klausur, die Einstellung zur Handarbeit und die Form des Gemeinschaftslebens können als Kriterien für einen Vergleich zwischen semireligiösen und regulierten Sozietäten herangezogen werden. Im Gegensatz zu den Nonnen legten die Beginen kein Gelübde ab, das sie zu einem lebenslänglichen Aufenthalt im Konvent verpflichtet hätte. Ihnen stand die Möglichkeit offen, die Sammlung wieder zu verlassen – freilich unter Verlust des Eintrittsgeldes.[71] So verließ die Hamburger Begine Ilsabe Moller den Konvent, um die Ehe mit Vitus Funder einzugehen.[72] Ende des 15. Jahrhunderts trat Metke Kreken aus dem Hamburger Beginenkonvent in das Zisterzienserinnenkloster Himmelpforten bei Stade über.[73] Insgesamt waren Austritte aus Beginengemeinschaften aber selten.[74] Die Kontinuität der Zahlungen in den Kostgeldlisten deutet darauf hin, daß viele Beginen als junge Frauen, manche bereits als Schülerinnen, in den Hamburger Konvent eintraten und ihr ganzes Leben mit den Schwestern teilten. Auch ohne ein Gelübde abgelegt zu haben, blieben die meisten Beginen für den Rest ihres Lebens bei der einmal gewählten Lebensform.

Da die Beginen bei ihrem Eintritt kein Gelübde ablegten, wurden sie zunächst nicht auf die monastischen Vorschriften der Keuschheit, Armut und des Gehorsams verpflichtet. Seit dem Erlaß von 1360 – wenn nicht schon früher – waren sie aber zu sexueller Enthaltsamkeit angehalten. Verletzte eine Begine das Keuschheitsgebot, so mußte sie mit der härtesten Strafe rechnen: mit unwiderruflicher Ausweisung.[75] Als Leitbild für ein keusches Leben wurde den Beginen und den in ihrem Konvent lebenden Schülerinnen in der Ordnung von 1490 die reine Jungfrau Maria vor Augen geführt: „So schólen gi ansehen de hochgelaveden Hemmelschen Kóniginne, unde reinen kúschen Maget Marien, de alle kúsche und gestliken Kindern, túchtigen und vramen Frouwen, ock ehrlichen unde dógetsamen Wedewen en Exempel is gewesen."[76] Im stillen Gebet sollten sie täglich ihr Verhalten überprüfen.[77]

Nicht nur in Hamburg, sondern in allen Beginenkonventen wurde – zumindest seit der Mitte des 14. Jahrhunderts – die sexuelle Enthaltsamkeit vorgeschrieben.[78] In diesem Punkt stimmen die Beginenstatuten mit den Vorschriften für Nonnen weitgehend überein. Andererseits reißen im späten Mittelalter die Klagen über die Unkeuschheit in städtischen Frauenklöstern nicht ab, und so steht zu vermuten, daß es ähnliche Verstöße auch bei den Beginen gab. Freilich sind weder aus

Hamburger noch aus anderen norddeutschen Akten Ausweisungen von Beginen wegen Übertretung der Keuschheitsvorschrift überliefert.

Anders als die Nonnen unterlagen die Beginen keinen strengen Klausurvorschriften. Wann und unter welchen Umständen sie den Konvent verlassen durften, bestimmten die Statuten und die von der Meisterin festgelegten Schließzeiten.[79] Die Hamburger Beginen verließen täglich das Haus für den Besuch der Morgenmesse in der Jacobi-Kirche.[80] Den kurzen Weg über die Straße sollten sie aber nicht allein, sondern zu zweit gehen und dabei gegenseitig ihr Verhalten beobachten.[81] Insbesondere den jüngeren Schwestern waren das „Herumlaufen" auf den Plätzen und der Besuch von Schauspielen untersagt.[82] Wurde eine Schwester in den Häusern, in denen sie soziale Dienste verrichtete, zum Essen eingeladen, so sollte sie sich nicht betrinken und sich zurückhaltend und mäßig in Worten und Gebärden benehmen.[83] Sobald die Meisterin am Abend das Tor verschlossen hatte, war der Ausgang nur noch mit einer Sondergenehmigung möglich.[84] Die Ausnahmeerlaubnis für den nächtlichen Ausgang wurde für die Krankenbetreuung und den Totendienst in städtischen Privathäusern erteilt.[85] Da die Ausgangsbestimmungen in den Hamburger und anderen norddeutschen Beginenstatuten des Spätmittelalters häufig wiederholt werden, steht zu vermuten, daß diese Vorschriften oft übertreten wurden und zu Konflikten führten.

Individuelle oder gemeinschaftliche Armut wurde weder in Hamburg noch in anderen norddeutschen Konventen gefordert.[86] Gänzlich verarmte Familien konnten es sich kaum leisten, ihre Töchter oder Witwen bei den Beginen unterzubringen, obwohl das Eintrittsgeld niedriger lag als bei den Nonnenklöstern.[87] Seit

1440 mußte jede Hamburger Begine außer dem Eintrittsgeld eine lebenslänglich garantierte Leibrente in Höhe von zwei Mark nachweisen[88], die bei Ausweisung oder Tod an den Konvent oder an eine andere Begine fiel.[89] Die Einträge im Rentenbuch[90] und einzelne Rentenkaufbriefe bestätigen, daß diese Bestimmungen tatsächlich erfüllt wurden.[91] Die Hamburger Beginen waren testierfähig. Sie konnten in ihrem Testament über eine Hälfte des Besitzes frei verfügen, die andere Hälfte fiel an den Konvent[92], der ihn zugunsten von Bau und Unterhalt der Gebäude verkaufte.[93]

Wirtschaftsgrundlage: Handarbeit, Ablässe und Rentengeschäfte

Im Gegensatz zu anderen Beginenkonventen spielte in Hamburg die handwerkliche Produktion[94] als Einnahmequelle nur eine marginale Rolle. Die Bierherstellung im Konvent[95] deckte vermutlich nur den Eigenbedarf und war nicht für den Verkauf bestimmt (lediglich der beim Brauen anfallende Trester wurde als Viehfutter oder Dünger veräußert).[96] Die Beginen traten regelmäßig als Kreditgeberinnen auf dem Hamburger Rentenmarkt auf und verliehen mehrfach Geld an die Stadt.[97] Weitere permanente Einnahmen flossen ihnen aus den Kostgeldern der Schülerinnen zu.[98]

Trotz dieser vielfältigen Einnahmequellen verfügte der Konvent nicht über ausreichende Reserven, um die Kosten für größere Baumaßnahmen, etwa den Neu- bzw. Umbau des Konvents in den 80er Jahren des 15.[99] und den 20er Jahren des 16. Jahrhunderts[100] allein decken zu können. Für diese irregulären und hohen Ausgaben half ihnen der Erzbischof durch Ablässe, zusätzliche Finanzquellen zu erschließen.[101] Vermögende Konventsmitglieder und Hamburger Familien trugen durch Spenden[102] oder testamentarische Verfügungen „ad structuram conventus"„[103] / „to erm buwe"„[104] ebenfalls zur Minderung der Schuldenlast bei.

Wie die Bettelorden[105], so mußten auch die Beginen auf eine Einnahmequelle verzichten, die den benediktinischen Orden dauerhafte und zuverlässige Einnahmen an Naturalien und Geld sicherte: die Abgaben aus grundherrschaftlichem Besitz. Sie deckten ihren Bedarf an Lebensmitteln ausschließlich auf dem städtischen Markt und waren in Krisen- und Teuerungszeiten gegenüber den Harvestehuder Nonnen in doppelter Weise benachteiligt, da die Preisentwicklung des Marktes direkt auf ihr Budget durchschlug und sie die Preiserhöhungen nicht durch Naturaleinnahmen kompensieren konnten.

Die Finanzkraft des Hamburger Konvents läßt sich augenblicklich noch nicht objektiv bemessen. Dazu müßten erst die Rechnungsbücher und Rentenbriefe vollständig ausgewertet und mit dem Vermögen anderer geistlicher Einrichtungen verglichen werden.[106] Sicher ist jedoch, daß die Beginen – auch ohne Armutsgelübde – weniger vermögend waren als die Nonnen von Harvestehude und ihre Zisterze. Die Regelvorschriften und Statuten allein sagen in der Armutsfrage[107] wenig aus.

Die Beginen und der Tod

Die Beginen verstanden sich als „ancillae Dei", als Dienerinnen und Haushälterinnen Gottes[108], weniger als „sponsae Christi", als Bräute Christi[109], wie die Nonnen. Das Leiden Christi imitierten sie – anders als die

Nonnen – nicht in der Meditation, sondern im Dienst am Nächsten. Die semireligiösen Frauen faßten das Ideal der Caritas nicht im metaphorischen Sinn, als Anregung für spirituelle Andacht auf, sondern als praktische Handlungsanweisung. Die Pflege von Kranken und Sterbenden und die Totenwache in städtischen Familien[110] war eines der wichtigsten Betätigungsfelder der Hamburger Beginen, für die in Notfällen selbst der Gottesdienst zurückgestellt werden durfte.[111]

Da die Rechnungsbücher keine Einnahmen aus sozialer Tätigkeit verzeichnen, verrichteten die Frauen diese Dienste offenbar nicht, um ihren Lebensunterhalt zu finanzieren.[112] Eine Vielzahl von Gebeten für Lebende, Sterbende und Verstorbene, die in den Andachts- und Gebetbüchern der Hamburger Beginen überliefert sind, demonstrieren anschaulich, welche Hilfsmittel ihnen bei der Betreuung von Kranken und Sterbenden bzw. für den Trost der Hinterbliebenen zur Verfügung standen.[113] Sie benutzten diverse Beicht- und Bußgebete, päpstliche Ablässe zur Minderung der Fegefeuerstrafen[114] und Ars moriendi-Traktate[115], um Hamburger Bürger auf einen guten Tod vorzubereiten.[116]

Vita communis – Gemeinschaftsverständnis

Abschließend bleibt zu klären, ob das Zusammenleben der Beginen in einem Haus, einem Konvent, auch ein alltägliches Gemeinschaftsleben nach sich zog oder ob das Zusammenleben auf die Wohngemeinschaft beschränkt blieb. Die Hamburger Beginen begannen ihren Tag gemeinsam mit dem Kirchgang und sie beschlossen ihn gemeinsam. Die Anweisung, gleichzeitig zu Bett zu gehen[117], hatte vermutlich praktische Gründe, denn sie teilten sich bis ins Spätmittelalter einen Schlafsaal[118] und sollten sich nicht gegenseitig in der Nachtruhe stören. Vermutlich nahmen sie auch die Mahlzeiten gemeinsam ein, denn der Einkauf der Lebensmittel wurde für den gesamten Konvent getätigt und abgerechnet, und schließlich bezahlten sie für ihre Ernährung das jährliche Kostgeld.[119] Ob sie aber den restlichen Tagesablauf miteinander teilten, ist eher fraglich. Jedenfalls unterlagen sie keinen festen Gebetszeiten und keinem liturgischen Cursus während des Tages oder der Nacht wie die Nonnen. Der in den Statuten vorgeschriebene tägliche Gebetszyklus[120] konnte auch in privater Andacht verrichtet werden. Obwohl die Beginen keine strenge vita communis pflegten, verstanden sie sich dennoch als Gemeinschaft und wollten von außen, von ihrer städtischen Umgebung, als solche wahrgenommen werden. Gegen die Verbote der Kirche setzten sie im 14. Jahrhundert einheitliche Tracht als äußeres Zeichen ihrer Zusammengehörigkeit durch. In Hamburg wurden sie wegen der Farbe ihrer Kleidung auch „blaue Schwestern" genannt.[121]

Nicht nur im Leben, sondern auch im Tod wünschten die Beginen ihre Gemeinschaft fortzusetzen. Sie wurden nicht bei ihren Familien oder als Einzelpersonen begraben, sondern in einem Gemeinschaftsgrab in der Jacobi-Kirche beigesetzt.[122] Die Schwestern sollten sich nach den Statuten von 1360 an der Totenfeier und dem Leichenbegängnis einer verstorbenen Mitschwester beteiligen und für deren Seele beten.[123] Auch über den Tod hinaus blieben die Beginen ihrem Konvent verbunden, denn – wie bereits erwähnt – fiel eine Hälfte ihres Erbes an die Gemeinschaft.[124]

Die Möglichkeit, Aussagen über beginische Lebenskonzepte und beginisches Alltagsleben im Mittelalter zu treffen, ist stark von der Überlieferungslage abhängig. Die Frühphase der Bewegung, die in das 13. Jahrhundert fällt und in der die beginischen Konzepte noch sehr vielfältig waren, ist – nicht nur in Hamburg – kaum verschriftlicht. Die Vorstellungen der meisten einzeln oder in Gruppen lebenden Beginen aus dieser Zeit können daher nicht mehr in Erfahrung gebracht werden. Vermutlich läßt sich das spezifische Selbstverständnis, das einige beginische „Ausnahmefrauen" in ihren mystischen Werken niederlegten, nicht generalisieren.[125] Je weiter die Forschung über diese Sondertexte der frühen Zeit voranschreitet, desto deutlicher wird, wie heterogen die beginischen Ideale und Lebensformen in dieser Phase waren, und daß die Frage der Armut, der Klausur und der Askese wiederholt zu Konflikten unter den Beginen führte, etwa zwischen Reklusen und Konventualinnen.[126]

Die Quellenlage für die Beginen wird erst ab der Mitte des 14. Jahrhunderts dichter, einem Zeitpunkt, an dem sich die beginischen Selbstkonzepte aufgrund des äußeren Drucks und amtskirchlicher Verfolgung bereits zu verändern begannen. Der Eindruck, den wir vom Alltagsleben und Selbstverständnis der „normalen" Beginen gewinnen, kann, aber muß nicht mit den ursprünglichen Intentionen übereinstimmen. Welchen Idealen und Normen, welchen konkreten Lebensbedingungen die in Gemeinschaft lebenden Beginen seit der Mitte des 14. Jahrhunderts anhingen, habe ich exemplarisch am Hamburger Jacobi-Konvent gezeigt, der in mancher Hinsicht von anderen norddeutschen Beginensammlungen abweicht, mit dem Konvent in Hannover allerdings weitreichende Gemeinsamkeiten aufweist.

Die Hamburger Beginen verstanden sich jedenfalls als exklusive Frauengemeinschaft und wollten als solche von den Stadtbürgern wahrgenommen werden, wie das Beharren auf einer gemeinsamen Tracht trotz des kirchlichen Verbots und die gemeinsame Begräbnisstätte in „ihrer" Kirche zeigt. Ihr Gemeinschaftsleben unterschied sich dennoch von dem der einzigen monastischen Frauengemeinschaft in der Stadt, auch besaßen sie (theoretisch) größere Bewegungsfreiheit außerhalb der Mauern des Konvents und rekrutierten sich aus anderen sozialen Schichten als die Nonnen in Harvestehude. Obwohl sie kein Armutsgelübde ablegten wie diese, waren sie aufgrund ihrer sozialen Herkunft und in Ermangelung eigenen grundherrlichen Besitzes finanziell schlechter gestellt als die Hamburger Zisterzienserinnen. Auch wenn die Hamburger Beginen bis ins 16. Jahrhundert uneingeschränkt über ihre Finanzen verfügen konnten, wäre es übertrieben, von einer „autonomen" Frauengemeinschaft zu sprechen, denn in rechtlicher Hinsicht waren sie der Aufsicht der Geistlichkeit unterstellt. Die Vertreter des Domkapitels kontrollierten das „Innenleben" des Konvents und nahmen seine Geschäfte nach außen hin wahr. Die Sorge der Aufseher galt vor allem der Kontrolle weiblicher Sexualität und Freizügigkeit. Es ist kein Zufall, daß die Beginenstatuten gerade in der Keuschheitsfrage die größte Übereinstimmung mit den Vorschriften für monastische Frauen aufweisen und daß die Ausgangsregeln die Bewegungsmöglichkeiten der beginischen Frauen in der „Öffentlichkeit" stark einschränkten, ohne daß es strikter Klausurierungsgebote bedurfte. Die Beginen waren – wie alle Korporationen des Mittelalters, gleich ob sie sich aus männlichen oder weiblichen Mitgliedern oder gemischtgeschlechtlich zusammensetzten –, dem hierarchischen Ordo-Prinzip der patriarchalen Gesellschaft unterworfen.

Ein Spezifikum, das die Beginen von den regulierten Frauen des Spätmittelalters unterscheidet, ist die Wahl der Caritas und der Passio Christi als religiöses Leitbild, dem sie im praktischen Leben durch Krankenpflege und Totendienst folgten. Nur die Beginen setzten das religiöse Ideal der „dienenden Magd" konsequent im Alltag um. Die Nonnen hingegen beschränkten sich darauf, das Ideal spirituell nachzuleben. Doch in dieser Selbstverpflichtung zum Kranken- und Totendienst waren die Beginen nur unter ihren Geschlechtsgenossinnen einzigartig. Bei den Männern hingegen besaßen sie ein Pendant in den semireligiosen Begarden oder Cellbrüdern, die sich im 14. Jahrhundert, insbesondere während der Pestwellen, als Totengräber einer lebensgefährlichen Berufung stellten. Auch deren Bewegung mündete im 15. Jahrhundert – wie die der meisten Beginen – in regulierte Orden.[127]

Stiftungen für Beginengemeinschaften in Frankfurt am Main – ein Austausch zwischen Beginen und Bürgerschaft

Martina Spies

Im Gebiet von Frankfurt gab es über 50 Beginenhäuser. Die Geschichte der Frankfurter Beginengemeinschaften ist bislang durch die Forschungsarbeiten von Karl Bücher und Georg Ludwig Kriegk dokumentiert. Insbesondere Büchers Thesen wurden und werden innerhalb der Beginenforschung wiederholt herangezogen. Demnach sind Beginenhäuser gleichzusetzen mit Versorgungsanstalten für ärmere Frauen, die aufgrund des Frauenüberschusses nicht heiraten konnten, aber auch in keinem Kloster unterkamen. Den für die mittelalterlichen Städte Nürnberg, Basel und Frankfurt am Main ermittelten Frauenüberschuß führt Bücher u. a. auf die höhere Sterblichkeit der Männer im Zuge der Pestepidemien zurück. Darüber hinaus seien Männer durch Fehden, Bürgerzwiste und Handlungsreisen, aber auch durch ihre Neigung zu übermäßigem Genuß höheren Risiken ausgesetzt gewesen als Frauen. Die Chancen auf Verheiratung hätten sich außerdem durch das Zölibat der Geistlichkeit und das Heiratsverbot der Gesellen verringert. Büchers einseitig ausgerichtetes Erklärungsmodell beruht nicht zuletzt auf der Annahme, die meisten Beginenhäuser seien zwischen 1250 und 1350 entstanden, also parallel zum einsetzenden Frauenüberschuß.[1] Diese Annahme trifft – zumindest für Frankfurt am Main – nicht zu. Bereits aus den Forschungsarbeiten von Kriegk geht hervor, daß die Stif-

139

tung von Beginenhäusern in der zweiten Hälfte des 14. Jahrhunderts ihren Höhepunkt erreichte.[2] Auch Büchers These vom Frauenüberschuß wurde innerhalb der Forschung entweder in ihrer Größenordnung oder aber grundsätzlich in Frage gestellt. So weist Ingrid Bátori darauf hin, daß in den Steuerlisten der Städte nicht Personen, sondern Haushalte verzeichnet sind, für welche die Steuerpflichtigen als Haushaltsvorstände stehen. Während sich hinter den weiblichen Steuerzahlern Witwen oder vermögende Frauen verbergen, bleibt bei den männlichen der Familienstand im Dunkeln. Somit lassen sich keine zuverlässigen Geschlechtsproportionen innerhalb der steuerzahlenden Bevölkerung ermitteln.[3]

Die „Versorgungsthese" ist auch insofern zu kritisieren, als sie fast ausschließlich ökonomisch argumentiert und von der Ehe als einzig wünschenswerter Lebensform mittelalterlicher Frauen ausgeht, ohne nach anderen Motiven für ein Leben als Begine zu fragen. Ganz nebenbei setzt sie bei den Beginen Armut und Zugehörigkeit zu unteren sozialen Schichten voraus, was sich insbesondere für das 13. und 14. Jahrhundert nicht belegen läßt. Die unbewiesene Annahme, daß Frauen sich in Beginenhäusern versorgen lassen mußten, zeugt von einer Einschätzung, die den mittelalterlichen Frauen eine gänzlich passive Rolle zuschreibt. Diese Bewertung findet sich im übrigen auch bei Forschern und Forscherinnen, die das Beginentum als religiösen Sonderweg betrachten. So beurteilt z. B. Herbert Grundmann das Beginentum nur als eine Notlösung für die wachsende Zahl religiös bewegter Frauen, die sich lieber einem Orden angeschlossen hätten.[4]

Neuere Forschungsansätze gehen so weit, daß sie den Beginen bewußte oder unbewußte emanzipatorische

Motive unterstellen. Die Thesen vom religiösen Aufbruch, von Eheverweigerung und Ablehnung der kirchlichen Ordnung mögen für einzelne Beginen zutreffen.[5] Da sie sich jedoch vor allem auf Heiligenviten und mystische Texte stützen, sind sie nicht ohne weiteres auf die gesamte Beginenbewegung übertragbar; zum einen, weil diese Überlieferung im Vergleich zur Größe der Bewegung eher spärlich ausfällt, zum anderen, weil sich in ihr nur die Sichtweise gebildeter oder sozial besser gestellter Beginen widerspiegeln kann. Angesichts der heterogenen Lebensformen von Beginen sind von vornherein auch völlig unterschiedliche Motive in Erwägung zu ziehen. Dies soll im folgenden am Beispiel Frankfurts geschehen.

Frankfurt – Die Stadt der Stiftungen

Stiftungen haben in Frankfurt eine lange Tradition. Kirchen, Klöster, Stifte, Hospitäler, Armenanstalten und sogar Kunstwerke wurden um des Seelenheils willen gestiftet. Sie waren für den Stifter gleichzeitig Denkmäler der eigenen Reputation. Darüber hinaus gab es Stiftungen für das Begräbnis armer Leute, zur Ausstattung armer, heiratswilliger Frauen sowie Stipendien für Schüler und Studenten. Noch im 19. und zu Beginn des 20. Jahrhunderts traten große Mäzene als Stifter von Krankenhäusern und der Universität auf. Heute besitzt Frankfurt eine dem Rechtsamt angeschlossene Stiftungsabteilung, die Stiftungen und Nachlässe verwaltet, Stifter berät und seit Jahrzehnten ein „Goldenes Buch der Stiftungen" führt. Immerhin existieren in Frankfurt noch immer über 100 selbständige Stiftungen.[6] Angesichts dieser Tradition ist es nicht erstaunlich, daß alle Frankfurter

Beginenhäuser als Stiftungen entstanden sind. Kriegk spricht von 57 Beginenhäusern im Frankfurter Gebiet. Seine Ergebnisse sind für Namen und Adressen der Beginenhäuser nach wie vor von großem Wert. Fast alle Beginengemeinschaften tragen den Namen ihres Stifters bzw. ihrer Stifterin, manche führen den Namen ihres Pflegers, und nur wenige sind nach den Bezeichnungen benachbarter Häuser benannt.[7]

Heute lassen sich noch 15 Stiftungen von Beginengemeinschaften quellenmäßig nachweisen. Zu diesen Hauptstiftungen kommen jedoch 65 Zustiftungen für einzelne Beginen, für bestimmte Beginengemeinschaften oder für alle Beginenhäuser der Stadt.[8] Die Stifter und Stifterinnen entstammten der wohlhabenden Frankfurter Bürgerschaft, mehr als die Hälfte von ihnen gehörte sogar dem Patriziat an. Wenn man darüber hinaus bedenkt, daß gegen Ende des 14. Jahrhunderts etwa 200 Beginen in Frankfurt lebten, was über sechs Prozent der erwachsenen weiblichen Bevölkerung entsprach[9], drängen sich die folgenden Fragen auf:

1. Was machte das Leben in einer Beginengemeinschaft so attraktiv für Frauen?

2. Was versprach sich die Frankfurter Bürgerschaft von den Stiftungen für Beginenhäuser?

Eine Beantwortung dieser Fragen erfordert zunächst eine genauere Analyse des Instituts der Stiftung.

Zu einer Stiftung gehören ein bestimmter, vom Stifter definierter, dauernder Zweck und ein Kapital, welches die Realisierung dieses Zweckes sichert. Das Vermögen muß jedoch bestehen bleiben, nur die Einkünfte dürfen verwendet werden.[10] Bei der Stiftung Frankfurter Beginengemeinschaften stellte der Stifter oder die Stifterin ein Haus und Stiftungskapital zur Verfügung, von dessen Zinsen in der Regel das Haus instandgehalten sowie eine Minimalversorgung der Beginen gewährleistet wurde. Die verschiedenen mittelalterlichen Rechtsschulen zählten die milden Stiftungen seit dem 12. Jahrhundert entweder zu den kirchlichen Einrichtungen oder zu den Korporationen. Insgesamt verlief die Entwicklung von der kirchlichen, allmählich verbürgerlichten Stiftung hin zur spätmittelalterlichen Stiftung weltlichen Rechts mit unabhängigen Treuhändern. Die Treuhänder hatten die Aufgabe, die Stiftung im Interesse des Stifters, zugleich aber auch im Interesse der Stiftungsberechtigten zu verwalten. In Frankfurt begann sich bereits 1326 die weltliche Stiftung mit unabhängigen Treuhändern durchzusetzen. Als Treuhänder der Frankfurter Beginengemeinschaften fungierten entweder Geistliche, Verwandte des Stifters bzw. der Stifterin oder andere Laien, die unterschiedlich großen Einfluß auf die jeweilige Beginengemeinschaft ausübten. Die Pflegschaft des Rates setzte sich erst im 15. Jahrhundert durch.

Der Begriff der „juristischen Persönlichkeit" in bezug auf eine Stiftung entwickelte sich aber erst im 19. Jahrhundert, als man zwischen Stiftung und Korporation unterschied. Er trifft dann zu, wenn die Anstalt selbst etwas empfängt, kauft oder verhandelt. Im Mittelalter ist die Stiftung jedoch nicht als Anstalt zu betrachten, vielmehr sind natürliche Personen Träger der Stiftung. So verwundert es nicht, daß von den oben erwähnten 65 nachgewiesenen Frankfurter Zustiftungen nur 24 für Beginen*häuser*, aber 35 für die *Beginen* verschiedener Beginenhäuser und sechs für einzelne Beginen bestimmt waren. Die Mehrzahl der Stifter oder Stifterinnen bevorzugte es, für Personen und nicht für Anstalten zu stiften. Andererseits fällt auf, daß die Stiftungen für in Gemeinschaft lebende Beginen dominierten.

Die Erfüllung des Stiftungszweckes konnte rechtlich nicht vollkommen gesichert werden. Hier vertraute man auf die persönlichen und sozialen Bindungen, die im Mittelalter schließlich den Tod überdauerten. Gegenwart und Rechtspersönlichkeit der Toten waren nicht dem persönlichen Andenken überlassen, sondern eine Tatsache.[11] Michael Borgolte hat darauf hingewiesen, daß die Gabe der Stiftung einen Anspruch des Stifters auf eine Gegengabe begründete. Nach Marcel Mauss sind die vormodernen Gesellschaften durch den Mechanismus von Gabe und verpflichtender Gegengabe geprägt. Borgolte hat die Stiftung als Sonderfall des Gabenaustausches untersucht, der aufgrund der „Memoria" der ständigen Wiederholung unterliegt. Am Beispiel der Universitäten hat er aufgezeigt[12], daß es sich bei der mittelalterlichen Stiftung um eine Wechselbeziehung zwischen Stifter und Nutznießern der Stiftung handelt. Auch die Stifter und Wohltäter der Beginengemeinschaften konnten im Gegenzug von den Beginen ewiges Gedenken erwarten. In einigen Fällen ist dies in der Stiftungsurkunde ausdrücklich festgehalten. Aber auch ohne ausdrückliche Festlegung war es selbstverständlich, für das Seelenheil der Stifter zu beten. Die jährlichen Einkünfte aus dem Stiftungsvermögen konnten dabei behilflich sein, das Gedenken an die Stifter wachzuhalten. Damit begründete die Stiftung einen fortwährenden Gabenaustausch und bewirkte eine ständige Interaktion zwischen Lebenden und Toten. Die Stiftung besteht demnach nicht nur aus wirtschaftlichem und rechtlichem Gut, sondern schließt auch interaktive Prozesse ein. Denn der Gabenaustausch in archaischen Gesellschaften betraf nicht allein Ökonomie und Recht, sondern auch Familie, Religion, Politik und Moral.[13] Die Wechselbeziehungen zwischen Stifter oder

Stifterin einerseits und Beginen(gemeinschaft) andererseits umfassen in der Tat mehr als nur materielle Unterstützung und Totengedenken. Die Beziehungsstruktur zwischen Beginen und Bürgerschaft ist durch ein Netz von Bekanntschaft, Verwandtschaft, geschäftlichen Verbindungen und gegenseitiger Hilfe geprägt.

Stiftung und Bekanntschaft

Sowohl unter den Hauptstiftungen als auch unter den Zustiftungen gibt es einige Beispiele, die durch die Bekanntschaft zwischen Stifter oder Stifterin und Beginen charakterisiert sind. Hier ist zunächst die Stiftung der Patrizierin Hille Wisse aus dem Jahr 1345 zu nennen, die Große Einung oder das Gotteshaus der Hildegard an der Ecke. Diese Beginengemeinschaft verfügte über drei Häuser und war mit 13 Beginen zahlenmäßig die größte in Frankfurt. Hille Wisse setzte zusammen mit der Stiftungsurkunde eine Satzung mit genauen Regeln des Zusammenlebens für die Beginengemeinschaft fest. Die Satzung ist jedoch so gestaltet, daß der Gemeinschaft ein großes Maß an Freiheit und Selbstverwaltung bleibt: Dem Beginenkonvent stehen drei Meisterinnen vor, die untereinander nach Mehrheit entscheiden. Muß eine der Meisterinnen ersetzt werden, geschieht dies durch Ergänzungswahl. Können sich die beiden verbliebenen Meisterinnen nicht einigen oder ist gar keine Meisterin mehr vorhanden, entscheidet die Mehrheit der Beginen. Mittels der Meisterinnen kann der Beginenkonvent eigenverantwortlich über interne Belange entscheiden, auch was Neuaufnahmen, Verweise und die Anzahl der Beginen im Konvent betrifft. Religiöse und moralische Vorschriften sind nicht vorhanden. Es ist nur darauf zu achten, daß die aufzunehmenden Beginen „guds reines lebins sint" und einer Arbeit nachgehen. Da die ersten drei Meisterinnen, Gertrud von Ryspin, Trude von Retingen und Kunigunde von Wasungen der Stifterin schon bekannt sind, ist anzunehmen, daß die Bedingungen der Stiftung und die Regeln des Zusammenlebens zwischen der Stifterin und den Beginen abgesprochen sind. Vielleicht hat eine Gruppe von Beginen Hille Wisse sogar zu der Stiftung veranlaßt. Neben der persönlichen Bekanntschaft mit den Beginen ist als Motivation für die Stiftung die Sorge um das Seelenheil hervorzuheben. Hille Wisse stiftete „... zu droste und zu helfe myner sele, myner altfordirn selen und aller gloubigen selen".[14]

Ein spezieller Fall von Bekanntschaft veranlaßte die Patrizierin Grede von Holzhausen 1454 zur Stiftung von sechs Achtel Korn für ein nicht näher bezeichnetes Beginenhaus: „... In das gots huß da grede myn alde meyt in is sehs achtel korns und die selben sal man virkeuffen und ir igliche die da Inne ist Ir anzale geben"[15]. Diese Stiftung kam auch allen Mitschwestern Gredes zugute. Die Stifterin vermachte ihrer alten Magd darüber hinaus noch drei Gulden und ein paar Bettücher. Die Versorgung der Mägde und Knechte im Alter bereitete den Patriziern und Patrizierinnen Probleme, besonders wenn ihnen selbst der Tod bevorstand. Ob die alten Mägde selbst den Wunsch hegten, in eine Beginengemeinschaft einzutreten, oder ob ihnen dieser Schritt nahegelegt wurde, läßt sich nicht feststellen. Die Beginenkonvente boten sich jedenfalls als Lösung an, die sowohl der sozialen Oberschicht als auch den alten Mägden entgegenkam. Die Magd der Grede von Holzhausen war kein Einzelfall. Insgesamt lassen sich unter den Frankfurter Beginen vier ehemalige Dienerinnen nachweisen, weitere zwei wurden in Verbindung mit ihrem Beginenstatus als „famula" bezeichnet. Diese beiden Beginen lebten im 13. bzw. zu Beginn des 14. Jahrhunderts und somit wahrscheinlich in keiner Beginengemeinschaft[16], sondern vermutlich im Diensthaushalt. Sie sind als Beginen aus Überzeugung zu bezeichnen.

Bekanntschaft zwischen Beginen und Bürgern wie Bürgerinnen entstand schon durch geschäftliche Beziehungen: 1315 kaufte die Begine Jutta Malboden von Arnold Scherer eine ewige Gülte, die auf dessen Haus in der Fahrgasse lag; insgesamt sechs Beginen hatten an Kusa Finke, die 1317 als Stifterin der Kleinen Einung hervortrat, und ihren Ehemann Zinsen zu zahlen; 1343 wiederum verkauften die Beginen Metze und Gerhild von Eschersheim den Eheleuten Gipel und Alheid Knoblauch eine ewige Gülte von einer Mark Geldes für 14 Mark; 1357 kaufte die Begine und Patrizierin Lybel Hartrad von den Kindern des Gerlach vom Hohenhaus das Haus Laderam; die Begine Hedwig von Caldebach, die ebenfalls Patrizierin war, verkaufte mit Verwandten zusammen eine Gülte an Hertwig Wisse und seine Ehefrau; 1368 tauschte die Begine Katherine Schefer mit Gerlach Glocke und seiner Frau Lukart ihr Haus und Grundstück – Lukart trat 1393 als Witwe zusammen mit ihrer Schwester als Stifterin eines Beginenhauses in Erscheinung.[17] Die Aufzählung ließe sich fortführen. Sie macht anschaulich, daß Beginen an bürgerlichen Geschäften wie z. B. dem Geldverleih beteiligt waren. Dabei kam sowohl der Verleih von Geld durch Beginen als auch an Beginen vor. Die Geschäfte zeigen außerdem, daß es einige recht wohlhabende und sogar reiche Beginen gab. Auf der anderen Seite verstärkten die geschäftlichen Verbindungen den Kontakt zwischen Beginen und Bürgerschaft, der ohnehin dadurch gegeben war, daß viele Beginen aus dem Frankfurter Bürgertum stammten.

Stiftung und Verwandtschaft

1331 stiftete das Ehepaar Siegfried und Ida Rimp eine Gülte von 20 Schillingen Kölner Pfennige für ein bereits bestehendes Beginenhaus.[18] Es handelte sich um das Landskronen- oder Rimps-Gotteshaus, welches das Paar zuvor selbst gestiftet hatte. Der Patrizier Siegfried Rimp war mit den Beginen Byncela und Edelind verwandt.[19] Es läßt sich jedoch nicht eruieren, ob die beiden Beginen im Rimps-Gotteshaus lebten, ob die Stiftung also auf Wunsch der verwandten Beginen erfolgte. Eine grundsätzliche Sympathie für das Beginenwesen aufgrund verwandtschaftlicher Beziehungen ist ebenfalls denkbar. Die Verwendung des jährlich der Beginengemeinschaft zufließenden Geldes war genau geregelt: Es sollte für den Zins, der von dem Beginenhaus zu entrichten war, für die Ausbesserung des Hauses und für Brennholz ausgegeben werden. Damit war bereits eine Minimalversorgung und somit ein Stück materielle Unabhängigkeit der Beginen gewährleistet. Die meisten Beginenkonvente bestritten ihren Lebensunterhalt aus drei Quellen: aus den Erträgen des Stiftungsvermögens, aus eigener Arbeit sowie aus dem Vermögen, das die Beginen beim Eintritt in eine Beginengemeinschaft mitbrachten und welches bei ihrem Tod der Gemeinschaft verblieb.

Eine Stiftung konnte direkt von verwandtschaftlichen Verhältnissen abhängig sein. Die Frankfurter Bürgerin Guda, Witwe des Georg Volprecht, genannt zum

Schelhorn, machte die Stiftung von vier Gulden jährlicher ewiger Gülte, die sie 1519 der Großen Einung zugedacht hatte, vom Verbleib der Verwandten Agatha[20] in dieser Beginengemeinschaft abhängig: „... wil die aber nit darin bliben so sollen die selben vier gulden wan dieselben fellig synn, ... hinder die Rechenmeister zu franckenfurt erlegt werdenn der selben Agatha zu Irer veranderung zugewarten ...".[21] Zwar wird hier der Austritt aus der Beginengemeinschaft in Verbindung mit einer Verheiratung erwogen, doch könnte die in Betracht gezogene Verehelichung auch den Wunsch der Familie ausdrücken. Agatha blieb: 1522 bestätigte der Pfleger der Großen Einung den Empfang der zugesagten Stiftung.[22]

Weitere Stiftungen, die durch Verwandtschaft oder auch durch Bekanntschaft veranlaßt waren – das ist nicht immer zu klären –, lassen sich anführen: 1441 stiftete Johann Kappus, ein Bruder aus dem Liebfrauenspital des Deutschen Ordens, seinen Anteil einer jährlichen Gülte von einer Tonne gesottenen Kohls an seine Nichte Grete und die anderen Beginen der Klause in Oberrad. Der Frankfurter Bürger Johann Schelle stiftete 1362 30 Schillinge Heller jährlichen Geldes für die Beginen der Großen Einung, da dort eine Bekannte lebte.[23] Die Beispiele ließen sich fortsetzen. Die Vielzahl der Stiftungen förderte die Errichtung und den Erhalt zahlreicher Frankfurter Beginenhäuser. Damit gab man den Bürgerstöchtern Gelegenheit, in einer unregulierten Frauengemeinschaft zu leben und trotzdem in Frankfurt und somit nahe bei der Familie zu bleiben. Die Möglichkeiten eines religiösen Gemeinschaftslebens waren für Frauen in Frankfurt nicht sehr zahlreich. Selbst wenn sie bereit waren, in einen Orden einzutreten, standen den reicheren Frauen nur das Katharinen-

und das Weißfrauenkloster zur Auswahl. Ein weiterer Hintergrund für die durch Verwandtschaft oder Bekanntschaft motivierte Stiftung von Beginenhäusern hängt mit den Einflußmöglichkeiten zusammen, die für den Stifter oder die Stifterin über die Satzung und Auswahl der Treuhänder gegeben waren. Einfluß auf Beginengemeinschaften wurde nicht zuletzt deswegen gewünscht, um die Kontrolle über Familienmitglieder und Standesgenossinnen, die sich für ein Leben als Begine entschieden, nicht ganz zu verlieren.

Stiftung und Geschlecht

Die meisten Stiftungen sind im Rahmen von Testamenten veranlaßt worden. Man unterschied dabei zwischen ererbtem und erworbenem Gut. Das Recht, über „wohlgewonnenes", das heißt selbsterworbenes Gut, zu verfügen, hatte sich im 12. und 13. Jahrhundert zunächst in den Städten entwickelt. Diese Testierfreiheit stand den Angehörigen aller Sozialschichten und beiden Geschlechtern zu. Die Einbürgerung des Testaments als volkstümliches Rechtsinstitut vollzog sich um die Mitte des 14. Jahrhunderts. Dies scheint mit der großen Pestepidemie 1349–1351 zusammenzuhängen: In verschiedenen Städten hat sich die Zahl der Testamente in den Pestjahren verdoppelt bis verfünffacht. Als Anlaß für ein Testament wurde häufig ernsthafte Krankheit genannt. In Frankfurt allerdings war die stärkste Zunahme an Testamenten allgemein erst im 15. Jahrhundert zu verzeichnen. Testamente von Frauen nahmen ebenfalls erst im 15. Jahrhundert zu.[24]

Ähnlich verhält es sich mit den Zustiftungen für Frankfurter Beginen und Beginenhäuser. Während der

Schwerpunkt der Hauptstiftungen im 14. Jahrhundert lag, lassen sich die meisten Zustiftungen (37) für die zweite Hälfte des 15. Jahrhunderts belegen. Der weibliche Anteil an den Zustiftungen stieg ebenfalls erst in der zweiten Hälfte des 15. Jahrhunderts so stark an, daß er den männlichen Anteil überragte. Einige der Zustifterinnen aus dieser Zeit trugen als Witwen ganz selbstbewußt ihren Mädchennamen: Grede von Holzhausen, Witwe des Heinz Weiß von Limburg, gen. zur Landskrone (1450); Irmel Cuntze, Witwe des Nicolaus zum Ulner (1480); Katharina Offsteyner, Witwe des Heinrich Wixhuser zum Schaubruck (1486); Dorothea Hirtzpecherin, Witwe des Heinrich Ortenberger (1526). Es existieren allerdings auch Testamente von verheirateten Frauen: 1490/91 errichtete die „eliche husfrauwe" Katharina Wisse ihr Testament. Sie bezeichnete sich als „Burgerynn zu Franckenfurt" und trug, obwohl sie mit Johann von Glauburg verheiratet war, ihren eigenen Namen. Ebenso verfaßte die verheiratete Anna von Bergen 1517 ihr eigenes Testament. Auch die Frankfurterin Elsgin von Rumpenheim, die mit ihrem Ehemann Augustin Schott 1497 gemeinsam testierte, trug als verheiratete Frau ihren eigenen Namen. Die große Zahl der Frauen, die seit der zweiten Hälfte des 15. Jahrhunderts für Beginengemeinschaften stifteten, und ihr ausgeprägtes Selbstbewußtsein zeugen von einer guten rechtlichen und sozialen Position der weiblichen Frankfurter Bürgerschaft, zumindest des wohlhabenden Teils.

Über den gesamten Zeitraum (1326–1526) gesehen sind die Proportionen zwischen den Geschlechtern bei den Zustiftungen etwa ausgeglichen. Anders verhält es sich mit den 15 Hauptstiftungen, die noch heute mit Quellen zu belegen sind: elf Beginengemeinschaften sind von Frauen, zwei von Männern und zwei von Ehepaaren gestiftet worden. Mit aller Vorsicht – schließlich existierten insgesamt 57 Beginengemeinschaften – läßt sich formulieren, daß Frauen das Beginenwesen in besonderem Maße förderten. Möglicherweise waren Frauen besser über die Bedürfnisse und Anliegen der Beginen informiert und konnten sich deren Situation gut vorstellen.

Im übrigen lebten drei der bekannten Hauptstifterinnen selbst als Beginen: Mechthild von Oberrad, Metza Gerlieben und Anna Rosenberger.[25] Letztere stiftete 1452 die Rosenberger Einung. Die Stiftungsurkunde enthält eine ausführliche Satzung, die einerseits eine enge Anbindung an den Dominikanerorden festschrieb, andererseits dem Rat weitgehende Rechte einräumte. Alles in allem bevorzugten die Frankfurter Beginen die Seelsorge der Bettelorden. Doch waren nur zwei der 57 Beginengemeinschaften an eine Drittordensregel für Laien gebunden. Die Rosenberger Beginen befolgten die Dritte Regel des Dominikanerordens und waren in stärkerem Maße als andere Beginenhäuser an religiöse und moralische Vorschriften gebunden. So sollten sie nicht „... in die Clöstere, oder in andere bedächtliche Häuser, ihre Gänge haben, sondern sie sollen zu rechten Zeiten, als man in den Kirchen prediget, singet und lieset und Gottes Dinst begeet zu den Kirchen gehen, ihr Gebett und Andacht getreulich darinnen thun, und nit umb sich sehen, zu weltlichen, unnützen begirlichen Dingen, und so sie nit in den Kirchen sein, so sollen sie in ihrem Haus und Convent bleiben ..." Die Aufnahme in die Rosenberger Einung war ausgeschlossen, wenn die betreffende Frau bettelte oder wenn sie mit einem Mann, mit Kindern oder Schulden belastet war. Den dortigen Beginen war es verboten, Gäste zu empfangen oder gar mit ihnen zu feiern. Die Angst war groß, daß die Beginengemeinschaft dadurch in „... grosse Verdächtigkeit und Nachrede kommen ..." könnte. Daher ist anzunehmen, daß die moralischen Bestimmungen vor allem dem guten Ruf und dem Schutz der Beginengemeinschaft dienten. Beim Verstoß gegen die Ordnung drohten Strafe und Verweis aus dem Konvent. Doch vielleicht gestaltete sich das Leben für die Beginen in der Realität doch nicht ganz so streng: Kette Snyder, die nach eigener Aussage viermal ungehorsam war und sich vom Konvent entfernt hatte, wurde von den Schwestern jedenfalls wieder aufgenommen.[26] Obwohl die Rosenberger Einung als Drittordensgemeinschaft eng an den Dominikanerorden angebunden war, sicherte die Stifterin dem Rat großen Einfluß zu. Zwei Ratspfleger entschieden über Neuaufnahmen und Verweise. Sie erhielten ebenso wie der Regelmeister Zutritt zum Konvent, um nach dem Rechten zu sehen. Für die Zeit nach ihrem Tod legte Anna Rosenberger fest, daß, wenn die Beginen sich nicht an die Ordnung hielten, der Rat die Macht haben sollte, die Beginen zur Ordnung zu bringen und die Gemeinschaft notfalls aufzulösen. Diese Verfügung zeugt zum einen von dem großen Vertrauen, das die Patrizierin Anna Rosenberger in den Rat setzte. Allerdings war der Rat als „Aufsichtsbehörde" in der Mitte des 15. Jahrhunderts nicht mehr zu umgehen. Schließlich setzte er durch, daß ein Artikel der Stiftungsurkunde geändert wurde: Der Rat wollte nur Frankfurter Bürgerinnen als Beginen der Rosenberger Einung zulassen.[27] Zum andern sicherten die Aufsichtsrechte des Rates der Stifterin langfristigen Einfluß. Möglicherweise war das Bedürfnis, die Beginengemeinschaft nach ihren persönlichen Vorstellungen zu prägen, bei Stifterinnen, die selbst als Beginen lebten, besonders stark ausgeprägt. Anna Rosenberger dominierte die Einung, solange sie lebte. Obwohl 1458 Else Butzpacher Meisterin der Rosenberger Einung wurde[28], verhandelte Anna nach wie vor im Namen der Rosenberger Beginen. Im übrigen verstieß sie gegen ihre eigene Satzung, indem sie 1456 selbst eine Begine neu in den Konvent aufnahm.[29]

Nicht nur viele Stifterinnen waren weiblichen Geschlechts, sondern auch alle Beginen. Frauen waren im gesamten Mittelalter der Geschlechtsvormundschaft unterworfen. Verheiratete Frauen hatten ihrem Ehemann zu gehorchen, unverheiratete oder verwitwete Frauen besaßen in der Regel einen Vormund. Daß den Beginengemeinschaften Pfleger zugeordnet waren, lag dennoch in erster Linie an der Rechtsform der Stiftung. Alle Frankfurter Stiftungen wurden durch Treuhänder oder Pfleger verwaltet. Zuweilen vertraten die Beginen ihre Sache jedoch auch nach außen hin selbst: Bei einer Verhandlung um Gülten zwischen dem Weißfrauenkloster, dem Katharinenkloster und dem Mengoz-Beginenhaus sprachen zwei Beginen für ihre Gemeinschaft, während die beiden Frauenklöster durch Pfleger vertreten wurden.[30] Im übrigen hatte sich im 14. und 15. Jahrhundert auch bei Männerklöstern und Begarden das Institut der Pflegschaft durchgesetzt.[31]

Stiftung und Politik

Die Frankfurter Bürgerschaft stiftete auch deswegen gerne für Beginenhäuser, weil dadurch ihr Vermögen und die Güter nicht an die Tote Hand fielen, wie dies bei Schenkungen an die Geistlichkeit der Fall war, sondern versteuert werden mußten und damit der Stadt weiterhin etwas einbrachten. Die Bezeichnung Tote Hand bezieht sich auf den kirchenrechtlichen Grundsatz, daß Kirchengüter nicht mehr verkauft werden durften und somit jeder weiteren Handänderung entzogen waren. Da die direkten Steuern in der Regel vom Vermögen erhoben wurden, verursachte der Abfluß der Ressourcen zur Geistlichkeit hin eine stete Verringerung der Steuereinnahmen. In Frankfurt besaß der Klerus bereits 1376 ein Drittel des städtischen Grund und Bodens.[32]

Zunächst versuchte der Rat, dieser Entwicklung entgegenzusteuern, indem er sich vom Kaiser ein Privileg über ein erstes Amortisationsgesetz ausstellen ließ, welches vorschrieb, daß die Geistlichkeit die geschenkten Güter und Gülten binnen Jahresfrist wieder an weltliche und steuerpflichtige Einwohner verkaufen mußte.[33] Dieses Gesetz blieb offensichtlich wirkungslos. Denn 1395 versuchte man dem Problem dadurch beizukommen, daß man die Errichtung von Testamenten der städtischen Kontrolle unterstellte: „... wer eygen oder Erbe in der vorg(en)an(nten) Stat zu Franckenfurt oder in dem gebiete oder in der terminey doselbst gelegen vorkawffen oder ufgeben solde oder wolde, der solde das ufgeben for Scheppfen und Rate doselbist, als das herkumen ist, und nyndt anders ..."[34] Der Steuerstreit zwischen Rat und Klerus endete schließlich 1407 mit folgender vertraglicher Vereinbarung: Die Frankfurter Geistlichkeit, die bis dato keine Steuern bezahlt hatte, stand von nun an in corpore mit 100 Gulden zur Bede. Alle Güter und Erbzinsen, die künftig erworben würden, sollten binnen Jahresfrist an steuerpflichtige Einwohner verkauft werden.[35]

Im Gegensatz zu den Beginen war die Geistlichkeit in Frankfurt auch nach dieser Regelung noch steuerlich privilegiert. Daher mußten den Bürgern und Bürgerinnen, denen das finanzielle Wohl der Stadt am Herzen lag, Stiftungen zugunsten der Beginengemeinschaften als besonders vorteilhaft erscheinen.

In den Frankfurter Bedebüchern sind die ersten beiden Beginenhäuser 1354 und die Bedezahlung einer einzelnen Begine 1385 nachgewiesen.[36] Aber bereits in der Stiftungsurkunde des Gerlieben-Beginenhauses von 1336 ist vorgesehen, daß die Beginen auf das Haus und die Zinseinkünfte Steuern zahlen. Die Bedeordnung von 1402 schrieb schließlich vor, „von allen gotshusern bede zu nemen und von den, die darinne siczen". Die Stadtverwaltung war allerdings unsicher, ob die Bewohnerinnen der Beginenhäuser einzeln oder als Gesamtheit zu veranlagen waren. Bei der Bedeerhebung von 1475 erfolgte die Veranlagung jedenfalls für jedes Beginenhaus in corpore, ohne Rücksicht auf die Anzahl der Bewohnerinnen zu nehmen.[37] Auch Anna Rosenberger erkannte in ihrer Stiftungsurkunde die Bedepflicht, die städtische Rechtsprechung sowie den bürgerlichen Status der Beginen voll an, obwohl sie eine enge Anbindung an den Dominikanerorden favorisierte. Sie legte fest, die Beginen „sollen das vorgeschrieben haus, und andere Guether und Guelde, als Leien unter des Raths und der Stadt Franckenfurt Gebott, Verbott und Gehorsamkeit sein, ihr Hauß Guth und Guelde dem Rath und der Stadt auch zu Dinste stehen, Mahlgeldt, Ungelt und anders geben, als andere ihre Burger zu Franckenfurt …" In Rechts- und Steuerangelegenheiten wurden die Frankfurter Beginen in der Regel behandelt wie andere Bürger und Bürgerinnen auch. Ähnlich verhielt es sich in einigen anderen Städten. In Wismar behielt eine Begine ebenfalls den rechtlichen Status eines mit stadtbürgerlichen Rechten ausgestatteten Individuums bei. Sabine Heimann folgert daraus zutreffend, daß die Beginenkonvente somit nur eine andere Assoziationsweise von Stadtbürgern darstellten.[38]

Mit einer Vielzahl von Stiftungen versuchten die reichen Frankfurter Patrizier und Patrizierinnen nicht nur, ihr Seelenheil zu sichern, sondern auch das Ansehen der Familie zu vergrößern. Da die Frankfurter Beginenhäuser in der Regel den Namen des Stifters bzw. der Stifterin trugen, blieb schon dadurch der Stiftername noch lange Zeit nach dem Tod, zum Teil sogar bis heute, im Bewußtsein der Frankfurter Bürgerschaft. Denn immerhin 22 Beginengemeinschaften hatten über 100 Jahre lang Bestand, sechs davon sogar über 200 Jahre lang. Damit das Zusammenleben der Beginen eine der Reputation des Stifters oder der Stifterin angemessene Entwicklung nahm, versuchten die Stifter, ihren Einfluß auf die Gemeinschaft über die Treuhänder oder Pfleger auf Dauer zur Geltung zu bringen. Bei der Auswahl der Treuhänder bevorzugten die Stifter in vier von 15 Fällen die Ordensgeistlichkeit, viermal Laien und fünfmal eine gemischte Zusammensetzung, wobei eine leichte Dominanz der Laien erkennbar ist. In zwei Fällen ist gar nichts über die Treuhänderschaft bekannt. Viermal legten die Stiftenden Wert auf eine Beteiligung von Verwandten. Die bereits erwähnte Stifterin Hille Wisse legte sogar fest, daß nach ihrem Tod das Stiftungsvermögen der Großen Einung auf ewig von einem ihrer ältesten und nächsten Verwandten verwaltet werden sollte. Dabei betonte sie ausdrücklich, daß dieser Treuhänder ein Mann oder eine Frau sein konnte. Die Familie der Stifterin bewahrte in der Tat langfristig ihren Einfluß auf die Große Einung: 1517 wurde eine Neuaufnahme mit Willen und Wissen der Pfleger Herte und Philipp Wisse vorgenommen.[39]

157

Die Aussage Eva Gertrud Neumanns, der Rat habe „mittels Pflegern und Vormündern unmittelbares und alleiniges Aufsichtsrecht über die Frankfurter Konvente"[40] innegehabt, muß differenziert und korrigiert werden. Der erste Pfleger, von dem definitiv belegt ist, daß der Rat ihn entsandte, ist für das Jahr 1403 auszumachen.[41] Im 14. Jahrhundert unterstanden die Beginen zwar schon der städtischen Rechtsprechung sowie der Bedepflicht, doch übte der Rat noch keinen weiteren, über Pfleger vermittelten Einfluß auf die Beginengemeinschaften aus. Erst in der zweiten Hälfte des 15. Jahrhunderts setzten sich die Pflegschaften des Rats über die Frankfurter Beginengemeinschaften allgemein durch. Aber auch zu diesem Zeitpunkt waren nicht allen Gemeinschaften Ratspfleger zugeordnet: Die vom Liebfrauenstift verwalteten Beginenhäuser besaßen keine städtischen Pfleger. Den Pflegern kam in der Regel die Aufgabe zu, das Vermögen des Konvents zu verwalten und die Gemeinschaft in äußeren Angelegenheiten zu vertreten. Nur selten wachten sie auch über die Einhaltung der inneren Ordnung. Über ihre Tätigkeit hatten sie Rechenschaft vor dem Rat abzulegen. Die den Beginengemeinschaften zugeordneten Ratspfleger wechselten jedoch nicht turnusmäßig wie die Pfleger anderer Frankfurter Institutionen, wie etwa das Hospital zum Heiligen Geist, sondern blieben Pfleger der Beginengemeinschaft bis sie starben, die Beginen einen anderen Pfleger wünschten oder sie aus einem anderen Grund abgelöst wurden. Die Pfleger stammten nahezu alle aus – zum Teil prominenten – Frankfurter Patrizierfamilien. Einige der Pfleger kamen aus der Verwandtschaft eines Stifters bzw. einer Stifterin oder gehörten selbst zu den Stiftern. Den Stifterfamilien gelang es demnach durchaus, ihren Einfluß beim Rat geltend zu machen. Die Pfleger wurden zwar üblicherweise vom Rat ernannt, doch blieb den Beginen die Möglichkeit, einen Pfleger abzulehnen oder um die Einsetzung einer bestimmten Person als Pfleger zu bitten. In der Regel kam der Rat diesen Wünschen nach.

Bis zur Mitte des 15. Jahrhunderts hielt sich der Einfluß des Rates auf die Frankfurter Beginengemeinschaften in engen Grenzen. So ist für keine Hauptstiftung des 14. Jahrhunderts eine Mitwirkung oder Genehmigung des Rates überliefert. Für etwaige Einschränkungen und Verbote des Rates gegenüber dem sich stark ausbreitenden Beginentum sind gleichfalls keine Belege zu finden. Erst die bereits erwähnte Stiftungsurkunde der Anna Rosenberger von 1452 gestand dem Rat weitgehende Aufsichtsrechte zu. Der Rat wachte tatsächlich über die Einhaltung der Statuten. So ließ er beispielsweise nicht zu, daß die Zahl von 13 Beginen in der Einung überschritten wurde.[42] Ein weiteres Zeichen seiner zunehmenden Aufsicht ist darin zu sehen, daß er die Stiftungsurkunde und Briefe der Rosenberger Einung und einer weiteren Beginengemeinschaft in Verwahrung hielt. Sein Einfluß reichte in der zweiten Hälfte des 15. Jahrhunderts schon so weit, daß er den Beginen verbieten konnte, sich zu eng an einen Bettelorden anzuschließen.[43] Ein weiteres Indiz für die zunehmende Kontrolle des Rates ist die Bezeichnung verschiedener Beginenhäuser als „des Rathes Gotteshäuser". Dieser Name ist seit 1463 für das Mengoz-Beginenhaus und seit 1509 für das Beginenhaus des Albrecht auf der Hofstatt überliefert.[44] Schließlich verdrängte der Rat die Stifter und Stifterinnen nicht nur dem Namen nach aus ihren Stiftungen, sondern zog mit der Errichtung des Allgemeinen Almosenkastens im Jahre 1531 die Kontrolle über die Stiftungen endgültig an sich. Das Vermögen diverser Beginengemeinschaften ließ er an den Kasten überweisen und konnte dadurch den Beginen die Bedingungen für materielle Hilfe diktieren. Zwar lagen dem Niedergang der Beginengemeinschaften noch zahlreiche andere Ursachen zugrunde, doch beschleunigte der Rat die Auflösung einiger Gemeinschaften ganz erheblich. Mit der Zusammenfassung der Stiftungen im Allgemeinen Almosenkasten mißachtete der Rat den Willen etlicher Stifter und Stifterinnen, die nach mittelalterlichem Recht schließlich auch als Tote noch einen Anspruch auf die Wahrung ihrer Rechte besaßen. Die Treuhänder oder Pfleger konnten den Stiftern auch nicht zu ihrem Recht verhelfen: Sie waren dem Rat verpflichtet und als Patrizier in die Politik des Rates eingebunden. Die Unabhängigkeit der Treuhänderschaft war längst nicht mehr gewährleistet und in der mittelalterlichen Gesellschaft vielleicht auch gar nicht zu garantieren.

Beginen und Begarden?

Begarden als das männliche Gegenstück der Beginen zu betrachten, hat eine lange Tradition.[45] Auch die Urkunden der Frankfurter Beginen und Begarden sind in einem Bestand des Archivs zusammengefaßt. Es existierte allerdings nur ein Begardenhaus, in dem sich normalerweise vier Begarden aufhielten. Zeitweise lebte dort sogar nur ein einziger Begarde.[46] Im Gegensatz zu der viel geringeren Zahl und Bedeutung der Frankfurter Begarden gegenüber den Beginen enthält der Bestand „Beginen und Beckarden" im Frankfurter Stadtarchiv etwa 70 Urkunden über Begarden und nur vier über Beginen. Die Verteilung der die Beginen betreffenden Urkunden über ganz verschiedene Bestände ist zum einen ein Zeichen für die Vielfalt des Beginenwesens; zum anderen hängt die Streuung der Urkunden mit der Verschiedenartigkeit der Treuhänderschaft und geistlichen Betreuung zusammen. Der Einfluß auf die Begarden lag innerhalb von Frankfurt in einer Hand. Der Rat schien sogar eine stärkere Kontrolle über die Begarden als über die Beginen auszuüben: „Der Rat entschied über die Aufnahme der Brüder in den Konvent, schritt bei Verfehlungen disziplinarisch gegen diese ein, überwachte ihre Lebensweise ebenso wie ihre karitativen Tätigkeiten in der Stadt, kontrollierte das Vermögen und den Hausrat der Niederlassung, ...“[47] Bei der Aufnahme ins Begardenhaus hatte der Bruder dem Rat Gehorsam zu schwören und zu versprechen, sich keinem Orden zu unterwerfen. Darüber hinaus war mit der Aufnahme die Verpflichtung zur Krankenpflege und Totenbestattung verbunden, wofür keine Bezahlung verlangt werden durfte.[48] Neben ihrer Tätigkeit als Krankenpfleger und Totengräber hatten sie zum Tode Verurteilte zum Richtplatz zu geleiten und anschließend zu beerdigen.[49] Die karitativen Aufgaben der Frankfurter Begarden waren ebenfalls wichtig für die städtische Gesellschaft. Dennoch sind nur vereinzelte Stiftungen für Begarden überliefert: Der Patrizier Konrad Löwenstein veranlaßte mit seiner Stiftung im Jahre 1377 nicht nur die jährliche Speisung aller Beginen, sondern auch aller Begarden. Ebenso bedachte Grede von Holzhausen in ihrem Testament neben verschiedenen Beginen(häusern) auch die Begarden.[50] An die Vielzahl der Stiftungen für Beginen reichen die Stiftungen für Begarden jedoch nicht heran. Im übrigen erwarben die Frankfurter Begarden ihr Haus nicht durch eine Stiftung, sondern durch Ankauf.[51] Offenbar genossen die Begarden innerhalb der Frankfurter Bürgerschaft nicht die gleiche Achtung und Unterstützung wie die Beginen. Die Begarden standen zeitweise sogar in sehr schlechtem Ruf. So war der Frankfurter Begarde Losehans wegen Ketzerei in Verruf geraten, so daß der Erzbischof von Mainz ihn 1457 verhaften lassen wollte. Über ketzerische Beginen in Frankfurt ist nichts überliefert. 1494 aber wurde der Fall eines Begarden aktenkundig, der im Zusammenhang mit seiner pflegerischen Tätigkeit mehrfach die Ehefrauen von Kranken sexuell belästigt haben soll.[52] Die fehlende Akzeptanz der Begarden innerhalb der Frankfurter Bürgerschaft beruhte nicht zuletzt auf der Tatsache, daß die Besetzung des Begardenhauses mit geeigneten Brüdern in der Regel durch Begardenniederlassungen in Köln und Aachen erfolgte.[53] Die Begarden stammten demnach nicht aus Frankfurt und standen daher mit den Frankfurter Bürgern und Bürgerinnen erst einmal in keiner weiteren Beziehung. Ihre Dienste verrichteten sie vor allem beim ärmeren Teil der Bevölkerung, von dem keine finanzielle Anerkennung zu erwarten war.

Während die Beginengemeinschaften dezentrale, voneinander unabhängige Einrichtungen waren und blieben, war der Begardenkonvent seit dem 15. Jahrhundert an ein Stammkloster gebunden. Bereits im 14. Jahrhundert hatte sich unter den Begarden oder Celliten allgemein der Wunsch zur Ordensgründung verstärkt. Um 1450 erlaubte der Papst den Kölner Celliten, die drei Gelübde der Armut, Keuschheit und des Gehorsams vor einem Ordensoberen abzulegen. 1472 erhob der Papst die Zellenbrüder zu einem kirchlichen Orden. Obwohl der Frankfurter Rat den Begarden die Anerkennung als Orden versagte, legten auch sie Profeß ab und befolgten die Augustinerregel. Sie besaßen darüber hinaus eine Kapelle. Im übrigen war der Rat bei der Besetzung des Konventes mit Begarden auf den General des Cellitenordens in Köln angewiesen.[54] Anfänglich waren Beginen wie Begarden als Semireligiose zu betrachten. Doch während die Verschiedenheit der Lebens- und Gemeinschaftsformen immer ein Charakteristikum des Beginenwesens blieb, entwickelte sich im Begardentum eine eindeutige Ausrichtung auf das Ordenswesen. Der Vergleich zwischen Beginen und Begarden hinkt demnach nicht allein in bezug auf Verbreitung, Bedeutung und Akzeptanz, sondern auch hinsichtlich der Lebens- und Organisationsformen.

Stiftung als Austausch

Eine Stiftung ist kein Almosen. Mit der Stiftung waren bestimmte Erwartungen und Leistungen verknüpft. Im Gegenzug zu ihrer Stiftung konnten die Stiftenden ewiges Gedenken erwarten, auch wenn dies nicht ausdrücklich gefordert wurde. In einigen Fällen ließen die Stifter und Stifterinnen die Gegenleistung urkundlich festschreiben: 1332 erhielten die drei von Katharina von Wanebach gestifteten Beginenhäuser je eine Mark jährlicher Gülte, um das Totengedenken für die Stifterin zu halten.[55] Die Stifterin Anna Rosenberger bestimmte 1462 anläßlich einer Änderung ihres Testaments zugunsten der Rosenberger Einung, daß die Beginen jährlich das Gedenken für sie, ihre Eltern, die Wohltäter der Einung und alle verstorbenen Beginen der Gemeinschaft halten sollten.[56] Auch Zustiftungen waren des öfteren ausdrücklich an eine Gedenkleistung gebunden. So verknüpfte beispielsweise der Patrizier Johann von Holzhausen die Stiftung von je fünf Gulden für die Klausen in Bonames und Oberrad mit der Forderung des Totengedenkens.[57] Besonders effizient für das Seelenheil des Stifters konnte sich eine Stiftung auswirken, die allen Beginenhäusern Frankfurts zu den vier „fronfasten" zufallen sollte[58]: Die Intention des Stifters, sich bei möglichst vielen Beginen viermal pro Jahr in Erinnerung zu bringen, liegt auf der Hand. Die insgesamt drei überlieferten Stiftungen für alle Beginen oder Beginenhäuser der Stadt unterstreichen die wichtige Funktion der Beginen innerhalb der Totenfürsorge. Die beginischen Dienste umfaßten neben der Fürbitte für Verstorbene auch Tätigkeiten beim Leichenbegängnis wie das Warten der Kerzen und die Totenklage. Die Totendienste der Beginen waren sehr verbreitet und in fast jeder Stadt anzutreffen, so etwa in Straßburg, Köln, Worms, Nürnberg, Bremen und Wismar.[59] Paul Baur unterscheidet in seiner Forschungsarbeit über spätmittelalterliche Testamente in Konstanz zwei Gruppen von beschenkten Beginen: zum einen Verwandte der Testatoren, zum andern professionelle Beterinnen als „Spezialistinnen" für das Seelenheil der Testatoren.[60] Die Frankfurter Beginen waren jedoch nicht nur „Spezialistinnen des Todes"[61], sondern auch Pflegerinnen von Kranken. Kriegk vermutet, daß die Frankfurter Beginen Kranke im Hospital zum Heiligen Geist versorgten, er bringt hierfür aber keinen Nachweis.[62] Die Beginen verrichteten den Pflegedienst in den Häusern der kranken Bürger und Bürgerinnen: „Als die Kemmecherin ... in irem huß an der pestilentz liget unnd kein warttung oder hantreychung habn Mit den Beckynen und den frauwen in den gotshusern, auch den so die Almußen zu Sant Niclas nemen reden."[63] Zum Teil erhielten die Beginen für die Krankenpflege städtische Unterstützung, zum Teil bekamen sie für ihre Arbeitsleistung eine direkte Bezahlung. Während der Pest 1523/24 pflegten die Beginen der Großen Einung Kinder und wurden dafür entlohnt.[64] Aber auch die zahlreichen Stiftungen lassen sich als Gegenleistung für die beginischen Dienste in der Krankenpflege interpretieren. 1492 bestimmte der Patrizier Jost Ecke die Stiftung von fünf Achtel Korn ausdrücklich für die Begine Orthye, die ihn während seiner Krankheit gepflegt hatte.[65] Insbesondere in Pestzeiten war die Frankfurter Bürgerschaft auf die Pflegedienste der Beginen angewiesen. Die Beginengemeinschaften wiederum benötigten ständig neue Einkünfte. Zwar bestand ihre wirtschaftliche Basis aus dem Vermögen, das die einzelne Begine mit in die Gemeinschaft einbrachte, aus eigener Arbeit und aus Stiftungen. Doch brachte die schleichende Geldentwertung viele Beginengemeinschaften gegen Ende des 15. Jahrhunderts in materielle Schwierigkeiten, da die Zinsen aus dem Stiftungskapital immer weniger einbrachten. Die Unterstützung durch die Bürgerschaft hielt in Frankfurt lange Zeit an. Die Zustiftungen erreichten in der zweiten Hälte des 15. Jahrhunderts ihren Höhepunkt, sogar im ersten Viertel des 16. Jahrhunderts sind noch einige nachzuweisen. In anderen Gegenden, wie z. B. am Oberrhein, hatte sich bereits im 15. Jahrhundert eine ablehnende Haltung gegenüber den Beginen durchgesetzt.[66] Die langanhaltende Akzeptanz der Beginen innerhalb der Frankfurter Bürgerschaft ist auf die vielfältigen Beziehungen verwandtschaftlicher, bekanntschaftlicher, geschäftlicher, standesspezifischer und krankenpflegerischer Art zurückzuführen. Die Frankfurter Beginen waren eben gut in die städtische Gesellschaft integriert.

Stiftung als Integration

Die Stiftungen für Beginengemeinschaften waren kein einseitiges Almosen. Viele Beginen benötigten auch gar kein Almosen. Hier sei an die reiche Patrizierin und Begine Anna Rosenberger erinnert. Zu den Beginen zählten Frauen aus allen Schichten der Gesellschaft, es gab unter ihnen sowohl Patrizierinnen als auch Töchter von Handwerkern und Mägde.

Mit der Stiftung war nicht ohne weiteres ein herrschaftliches Verhältnis zwischen Stiftenden und Stiftungsberechtigten verbunden. Die Beziehungen zwischen Stiftern und Beginen waren vielmehr durch Bekanntschaft, Verwandtschaft, geschäftlichen Kontakt, Dienstleistungen und gegenseitigen Beistand geprägt. Dadurch kam es zu Absprachen und Einvernehmen über die Inhalte der Stiftung. Obwohl die Stifter durch die Bestimmung der Treuhänderschaft und zuweilen auch der Statuten des Zusammenlebens Einfluß nehmen konnten, blieb den Beginen Freiraum zur Mit- und Selbstbestimmung.

Die Stiftungen für Beginengemeinschaften beruhten demnach auf gegenseitiger Hilfe und einem Austausch zwischen Beginen und Bürgerschaft, von dem beide Seiten profitierten. Damit wird auch die „Versorgungsthese" Büchers obsolet. Denn durch ihre Arbeit in der Krankenpflege und Totenfürsorge „verdienten" sich die Frankfurter Beginen ihre Stiftungen und versorgten sich somit selbst. In Zeiten der wirtschaftlichen und sozialen Krise war es insbesondere für alleinstehende oder verwitwete Frauen wichtig, in einer Gemeinschaft mit anderen Frauen zunächst einmal aufgehoben und geschützt zu sein. Den Beginen gelang es, sich gemeinsam eine materielle Basis zu schaffen und ihren Platz in der städtischen Gesellschaft zu finden. Insofern dienten die Stiftungen als Mittel der Integration, welches die Verbindung zwischen Beginen und Bürgerschaft aufrechterhielt. Hierbei kam der „Memoria" eine bedeutende Rolle zu. Das Gedenken bewahrte nicht nur die Verbundenheit zwischen Stiftern und Beginen, sondern förderte auch den Zusammenhalt innerhalb einer Beginengemeinschaft. Denn mit der Erinnerung an den Stifter war auch die Vergegenwärtigung der Anfänge und Geschichte der Beginengemeinschaft verknüpft.

Zwischen Ketzerei und Krankenpflege – Die Beginen in der spätmittelalterlichen Stadt Bern[1]

Kathrin Utz Tremp

Das Mittelalter ist in Mode. Eine Publikation dieser Welle trägt den Titel „Einladung ins Mittelalter" und vereinigt Aufsätze des bekannten Münchener Mediaevisten und ehemaligen Präsidenten der Monumenta Germaniae Historica, Horst Fuhrmann, über Papsttum und Kaisertum[2], zwei Mächte, die dem ganzen Mittelalter in der Tat ein spezifisches Gepräge verliehen. Die vorliegende Einladung beschränkt sich auf die beiden letzten Jahrhunderte des Mittelalters und zunächst auf den Beginn des 14. Jahrhunderts, immerhin die Jahre und Jahrzehnte, in welchen die Bestseller „Montaillou"[3] und „Der Name der Rose"[4] anzusiedeln sind. Den beiden ist gemeinsam, daß sie das Mittelalter in dem zu fassen versuchen, was nach damaliger offizieller Doktrin davon abwich: in der Ketzerei oder Häresie[5]. Der Anfang des 14. Jahrhunderts scheint tatsächlich eine „goldene" Zeit für die verschiedenartigsten Häresien gewesen zu sein[6], und der junge Mönch Adson von Melk, der im Roman „Der Name der Rose" die undankbare, aber rührende Rolle des fragenden Kriminalassistenten innehat, seufzt nicht umsonst in Parzivalscher Manier: „Ach Meister, mir scheint, ich bin nur ein tumber Tor. Es gelingt mir nicht, die ... Unterschiede zwischen den zahllosen Gruppen und Kategorien von Ketzern herauszufinden, heißen sie nun Waldenser, Katharer, Albigenser, Humiliaten, Beginen, Begarden,

169

Lollarden, Lombarden, Joachimiten, Patarener, Apostoliker, lombardische Pauperes, Arnoldisten, Wilhelmiten, Anhänger der Bewegung des Freien Geistes oder Luziferaner und so weiter."[7]

Wenn Adson die Beginen und ihr männliches Gegenstück, die Begarden, in eine Reihe mit den Waldensern, Katharern und Albigensern – um nur die wichtigsten zu nennen – stellt, dann unterliegt er damit einem weitverbreiteten zeitgenössischen Irrtum, der die Beginen von allem Anfang an der Häresie verdächtigte; entsprechend ist denn auch ihr Name vielleicht eine Verstümmelung des Ketzernamens „Albigenser"[8]. In Wirklichkeit[9] waren die Beginen zunächst einmal halbreligiöse Frauen, die einzeln, zu zweien oder in Gruppen ein frommes, gottgefälliges Leben führten, ohne einem der regulären, institutionalisierten Orden anzugehören. Sie tauchen in der ersten Hälfte des 13. Jahrhunderts in den belgischen Niederlanden – wo noch heute die Beginenhöfe zu besichtigen sind – und am Niederrhein auf und sind um 1240 in Straßburg[10] sowie um 1270 in Basel nachweisbar. Daß sie sich keinem anerkannten Orden anschlossen, hängt einerseits damit zusammen, daß die bestehenden Orden der Prämonstratenser und Zisterzienser dem großen Ansturm von Frauen gar nicht mehr gewachsen waren und daß die Frauen andererseits – ähnlich wie Franziskus von Assisi – den etablierten Orden mißtrauten und ein Leben in wirklicher Armut leben wollten. Es war nicht einfach – wie die Forschung früher gemeint hat – die Unmöglichkeit, einen Ehemann oder ein aufnahmebereites Kloster zu finden, welche die Beginen zu ihrem besonderen Status trieb, sondern ein Streben nach echter Emanzipation, welche im Mittelalter für Frauen fast nur auf religiösem Gebiet zu verwirklichen war[11]. Da ihnen aber das Priestertum verweigert wurde – und in der katholischen Kirche bis heute verweigert wird –, konnten sie in geistlicher Hinsicht nie ganz zu Selbstversorgern werden und waren bei aller Emanzipation nach wie vor auf männliche Hilfe angewiesen, ein grundlegendes Dilemma allen weiblichen Religiosentums.[12] Daher rührt auch eine gewisse reelle Anfälligkeit für Häresien, die den Frauen im allgemeinen eine bessere Stellung einräumten als die offizielle Kirche.[13]

Eine unverfängliche Möglichkeit bot der Anschluß an die ebenfalls erst neu entstandenen Bettelorden, welche neben der Armut großes Gewicht auf die Seelsorge legten. Dieser vollzog sich allerdings häufig nicht mehr in der Form von geschlossenen Frauenklöstern, sondern unter eigenen Regeln, welche sowohl die Franziskaner als auch die Dominikaner für die sich ihrem Schutz und insbesondere ihre Pastoration anvertrauenden Laien, Frauen und Männer, bereitstellten; unter ihnen hat vor allem die franziskanische sogenannte Drittordensregel große Bedeutung erlangt[14], und wir werden noch davon zu sprechen haben. Als schwerwiegender Nachteil beim Anschluß an die Bettelorden erwies sich, daß die Beginen damit ins Schußfeld zwischen Weltklerus und Ordensgeistlichkeit gerieten, wo damals, da es um beträchtliche Einkünfte ging, ziemlich scharf geschossen wurde.[15]

Doch kehren wir noch einmal in die ersten Jahrzehnte des 14. Jahrhunderts zurück. Am 1. Juni 1310 wurde auf der Place de Grève in Paris die Begine Marguerite Porete aus Hainaut in der Nähe von Valenciennes verbrannt. Sie hatte ein Buch mit dem Titel „Le miroir des simples âmes" (Spiegel der einfältigen Seelen) geschrieben und es trotz einer kirchlichen Verurteilung weiter verbreitet.[16] In den Jahren 1311/1312 wurden im Zusammenhang mit dem Konzil von Vienne in zwei päpstlichen Dekreten der „Stand" (status) der Beginen, die sich zu keiner approbierten Regel bekannten sowie über Dreifaltigkeit und Gottheit diskutierten und predigten, verboten und die deutsche „Sekte" (secta) der Begarden und Beginen mitsamt ihren Irrtümern verdammt.[17] Obwohl die beiden Dekrete kurz nach ihrer Aufnahme ins Corpus iuris canonici im Jahr 1317 beträchtlich gemildert und abgeschwächt wurden[18], haben sie es doch allen, welche den Beginen aus irgendeinem Grund feindlich gesinnt waren, leicht gemacht, sie zu verfolgen, und damit letztlich sehr viel Unheil angerichtet. So kam es in den Jahren 1317–1319 in Straßburg und 1318–1321 in Basel zu blutigen Beginenverfolgungen. In Straßburg, wo man im Verlauf von drei Jahrhunderten insgesamt 85 Beginenhäuser zählt[19], wurden radikal-mystische Begarden und ihr weiblicher Anhang von Bischof Johann I. dem weltlichen Gericht übergeben, was einem Todesurteil gleichkam.[20] In Basel wurden vom Bischof und seinen Beamten neben den Beginen auch ihre Beschützer, die Franziskaner, verfolgt.[21] Paradoxerweise bewirkten die Verfolgungen jedoch nicht – auch in Straßburg nicht –, daß die Beginen sich von ihren Beschützern lossagten, sondern daß sie sich ihnen im Gegenteil noch enger anschlossen, weil sie als Drittordensleute mit einer approbierten Regel von den Dekreten des Konzils von Vienne ausgenommen wurden.[22]

Mit Straßburg und Basel befinden wir uns in dem Raum, in welchem damals Meister Eckhart wirkte. Zwischen seiner Mystik und der Spiritualität der Beginen sieht man neuerdings enge Parallelen. Es ist nicht auszuschließen, daß Eckhart in den Jahren 1311–1313 in Paris das verurteilte Buch der Marguerite Porete kennengelernt und daß er in den Jahren 1314–1322 (oder 1323) in Straßburg die Verfolgung der Beginen mitangesehen und miterlebt hat.[23] Im Jahr 1326 wurde gegen ihn selber ein Inquisitionsverfahren eingeleitet, das drei Jahre später kurz nach seinem Tod mit einer Verurteilung von 28 Sätzen aus seinen Traktaten und Predigten als häretisch oder zumindest häresieverdächtig endete.[24] Einem Inquisitionsgericht, welches in den Jahren 1318–1325 in Südfrankreich tagte, sind auch die Prozeßakten zu verdanken, welche uns mit dem Alltagsleben der Katharer von Montaillou bis ins letzte Detail vertraut machen.[25] In Analogie zur Vielfalt der Häresien hatte zu Beginn des 14. Jahrhunderts auch die Inquisition, die eigens zu deren Bekämpfung eingerichtet worden war, einen ersten Höhepunkt erreicht.[26] Wenn ein ganzes Inquisitionsgericht, verpackt in einen unförmigen, geschlossenen Wagen, 1327 über einen Berg hinabstürzt, so geschieht dies nur in der Verfilmung des Romans „Der Name der Rose", nicht einmal im Roman selber und noch viel weniger in Wirklichkeit.[27]

Und in Bern? Auch hier hatte sich in jenen Jahren und Jahrzehnten nach der Wende vom 13. zum 14. Jahrhundert einiges getan, wenn Schlimmeres auch verhütet werden konnte. Hier gab es damals zwei Beginenhäuser, das Haus an der Brügg und dasjenige am Pfarrkirchhof. Das Haus an der Brügg war in der zweiten Hälfte des 13. Jahrhunderts – wie der Name sagt – an der Untertorbrücke auf der anderen Seite der Aare gegründet und bei der Belagerung der Stadt Bern durch König Rudolf von Habsburg im Jahr 1288 an die Herrengasse verlegt worden; dabei nahmen die Beginen den Namen „an der Brügg" in die Stadt mit[28] und hinterließen an der Stelle, wo sie vor der Verlegung wahrscheinlich gewohnt hatten, den Namen „Klösterli". Das Haus der Beginen am Pfarrkirchhof, das man sich ungefähr an der Stelle des Westflügels des heutigen Stiftsgebäudes vorzustellen hat, muß um 1300 gegründet worden sein.[29] Davon spaltete sich um 1320 eine sogenannte Obere Samnung ab, deren Name daher rührt, daß sie ein Haus weiter oben, also wahrscheinlich an der Herrengasse, bezog. Zwischen ihr und dem Mutterhaus, welches nun entsprechend Niedere Samnung genannt wurde, kam es im Jahr 1322 zu einem Ausscheidungsvertrag.[30] Es ist nicht auszuschließen, daß die Obere Samnung die franziskanische Drittordensregel angenommen hatte[31] und den Franziskanern, deren Kloster an der Stelle des heutigen Casinos stand, auch räumlich näher gerückt war.

Hier muß nun der Berner Rat eingegriffen haben, wahrscheinlich weil er verhindern wollte, daß die franziskanische Drittordensregel, welche im oberrheinischen Raum scheinbar so viel Unheil stiftete, in seiner Stadt weitere Verbreitung fand. Jedenfalls wurden drei abtrünnige Beginen Anfang der dreißiger Jahre gezwungen, ihre Samnung aufzugeben. Als Buße wurde ihnen vom bernischen Leutpriester, Diebold Baselwind, auferlegt, daß sie ihr Leben lang jeden Donnerstag zwölf arme Kinder oder Dürftige speisen und ihnen die Füße waschen mußten. Nach ihrem Tod sollte diese Speisung und Fußwaschung, die ebenso wie die biblische bei der Abendmahlseinsetzung „mandatum" genannt wurde, von den Beginen im Bröwenhaus weitergeführt werden[32], von dem gleich die Rede sein wird. Die Niedere Samnung kehrte seit 1333 zu ihrem alten Namen zurück und wurde, damit sich in ihr keine neuen Abweichungen entwickeln konnten, im Jahr 1342 in ein geschlossenes Kloster von Deutschordensschwestern umgewandelt.[33] Zu diesem Zweck war es vorgängig mit beträchtlichem Besitz ausgestattet worden, der es den Nonnen erlaubte, ein kontemplatives Leben zu führen und auf das Betteln zu verzichten. Entsprechend zeigt die Meisterinnenliste – schon vor der Inkorporation in den Deutschen Orden – ein gehobenes soziales Niveau: Mechthild von Diessenhofen, Margareta von Belp, Bela (oder Belina) von Trachselwald, Anna Siblin, Agnes von Seedorf.[34]

Aber nicht genug. Im Jahr 1331 wurden in Bern zwei eigentliche Musterbeginenhäuser gegründet, die zeigen, welche Vorstellungen man sich damals sowohl auf städtischer als auch auf kirchlicher Seite von einem gesitteten Beginentum machte. Fünf Jahre zuvor hatte eine fromme Frau, Bela Scheppelerin von Thun (oder Burgdorf), ihr Haus an der Kirchgasse (heutige Junkerngasse Nr. 49) dem Deutschordensbruder Ulrich Bröwo zum Zweck einer wohltätigen Stiftung übergeben.[35] Am 28. Juni 1331 schenkte Ulrich Bröwo dieses Haus zusammen mit einem anderen, das auf der gegenüberliegenden Straßenseite (Junkerngasse Nr. 48) lag und dem verstorbenen Arzt Meister Jordan gehört hatte, dem 1307 von der Stadt gegründeten Niederen Spital. Dieses sollte in jedem der beiden Häuser höchstens dreizehn – nach der Zahl Christi und seiner Jünger – und mindestens zehn Frauen halten, welche Vertraute (lat. familiares) des Spitals und der Kranken sein und zugleich der Bruderschaft des Deutschordenshauses Bern oder sonst einer „approbierten und nicht verdächtigen Regel" (vita approbata et non suspecta) angehören mußten. Damit das Spital diese Häuser ihrem Zweck nicht entfremden könnte, übertrug Bröwo das Eigentumsrecht dem Deutschordenshaus Bern, unter der Bedingung, daß dieses das Spital bei der Besetzung der Häuser mit Frauen zum Nutzen und nach besonderem Bedarf der Kranken nicht hindern durfte. Wenn aber eine von den dreizehn Frauen in einen vom Konzil von Vienne (1311/1312) verdammten oder einen anderen Irrtum verfallen würde, war das Spital berechtigt, sie „wie ein räudiges Schaf" (velut ovem morbidum) auszustoßen, damit sie nicht die anderen Frauen ansteckte, ebenso wenn eine der Frauen ihr Keuschheitsgelübde brechen sollte.[36]

Die vorliegende Gründungsurkunde zeichnet sich durch die große Präzision aus, mit welcher das später so genannte Bröwenhaus – wie auch das Jordanhaus – zwischen dem Niederen Spital mit dem Nutzungsrecht und dem Deutschordenshaus mit dem Eigentumsrecht so abgesichert wurde, daß praktisch kein Mißbrauch entstehen konnte. Darüber hinaus wurden Vermögen und Arbeitskraft der Frauen einem im städtischen Sinn nützlichen Zweck, nämlich dem städtischen Spital, zugeführt. Vor allem fürchtete man sich vor einer Abweichung von den Bestimmungen des Konzils von Vienne, das, wie wir am Anfang ausgeführt haben, den Beginenstand verboten hatte. Mit diesen Dekreten hatte Ulrich Bröwo sich in seinem nicht überlieferten „Büchlein vom Himmlischen Tier" (libellus „animalis celestis") offenbar persönlich auseinandergesetzt. In dem bekannten Deutschordensleutpriester Diebold Baselwind, der aus dem Elsaß stammte[37], hatte der bernische Rat wahrscheinlich einen eigenen, direkten Informanten über die Beginenverfolgungen in den oberrheinischen Städten, welche man in Bern unter allen Umständen verhüten wollte. In einer weiteren Urkunde wurde den Beginen im Bröwenhaus im Mai 1334 die Annahme der franziskanischen Drittordensregel denn auch noch ausdrücklich verboten und ihnen die Durchführung des „Mandats", das heißt der donnerstäglichen Speisung und Fußwaschung, ans Herz gelegt.[38]

Als nächste vergabte am 10. November 1340 die reiche, kinderlose Witwe Ita Isenhut ihr Haus an der Marktgasse (heutige Kramgasse?) dreizehn armen Frauen, die namentlich aufgezählt werden. Diese Schenkung geschah mit Zustimmung von Itas Vogt, dem damaligen Schultheißen Johann von Bubenberg d. J., der zugleich die Vogtei über das neue Beginenhaus übernahm, sowie im Einverständnis mit Itas Beichtvater, dem Deutschordensbruder Ulrich Bröwo. Wenn eine von den dreizehn Frauen sterben oder das Haus verlassen würde, sollte sie innerhalb von vierzehn Tagen ersetzt werden, und zwar nach den Kriterien der Bedürftigkeit, Armut, Krankheit und des Alters. Aber auch der Aufnahme von reichen Frauen, gewissermaßen als Fördermitglieder, sollte nichts im Weg stehen, vorausgesetzt, daß sie sich mit den gleichen Bedingungen begnügten, wie sie den armen geboten wurden. Am Schluß der Gründungsurkunde können wir wiederum die Abneigung des Deutschordensbruders Ulrich Bröwo gegen jegliche Abweichung von den „Gesetzen und Geboten der heiligen Christenheit" fassen; er gibt seine Abneigung hier als diejenige der Ita Isenhut aus: „Und vergich [sage] och offenlich ..., daz ich mit dirre gabe ... mines huses nit han willen ..., ze machenne deheinon [keine] samnunge ..., dü in dehein weg si oder sin müge wider Got und wider die gesetzede und dien gebotten der heiligen cristenheit, want ich wil, daz die personen, die offenlich werdent begriffen in deheinen dingen, die verdampnot sint von der heiligen cristenheit oder die von gewissen sachen argwenig werin, daz man die bi nüt emphahe in daz huse, noch die da inne behalte noch beschirme".[39]

Bei diesem Gründungsakt findet sich manches, was im Fall des Bröwenhauses in mehreren Schritten geschah, zusammengefaßt: hier wurden Erfahrungen verwertet, die man inzwischen bei der Gründung von solchen Häusern gemacht hatte. Aber noch in anderer Hinsicht ist die Gründung des Isenhuthauses als Reaktion auf Bröwen- und Jordanhaus zu verstehen: offenbar war dem Bedarf mit zwei Häusern von je dreizehn Plätzen Genüge getan, ja wahrscheinlich bestand bereits ein Überangebot, denn Bröwen- und Jordanhaus zählten nie je dreizehn Beginen und letzteres siechte neben dem ersteren sichtlich dahin.[40] Deshalb griff man mit dem Isenhuthaus eine Stufe tiefer und nahm Frauen auf, die selber bedürftig waren. Hier war das Armutsideal der Bettelorden insofern vom Kopf wieder auf die Füße gestellt, als die Frauen – von einzelnen Ausnahmen abgesehen – die Armut nicht freiwillig auf sich nahmen, sondern nur bewußter, unter von einer reichen Frau geschaffenen erleichterten Bedingungen lebten.

Am 24. April 1344 beschloß der Große Rat, daß in Zukunft keine Frau ohne seine Zustimmung ihr Gut anderen als ihren natürlichen Erben vermachen sollte.[41] Da Ita Isenhut ihr Vermächtnis im Einverständnis mit dem Schultheißen gemacht hatte, war diese Satzung wahrscheinlich nicht auf sie gemünzt. Trotzdem spricht aus ihr der Wille des Rats, solche wohltätigen Stiftungen, zu denen man offensichtlich mehr die Frauen als die Männer für fähig hielt, unter seine Kontrolle zu bringen und damit den Bedürfnissen der Stadt, wie er sie sah, anzupassen. Diese Satzung muß während des Pestjahres 1349, als sowohl die Notwendigkeit solcher Stiftungen als auch die Neigung dazu wuchs, noch an Bedeutung gewonnen haben. Jedenfalls wandelte am 29. November 1354 Anna Seiler im ausdrücklichen Einverständnis mit dem Kleinen und Großen Rat ihre Häuser in der Neuenstadt vor den Predigern in ein Spital für dreizehn bettlägerige und bedürftige Personen um. Im Unterschied zu einem Beginenhaus war das Geschlecht der Pfleglinge nicht vorgeschrieben, und diese sollten entlassen werden, sobald sie wieder zu Kräften gekommen waren[42]; und doch sieht man in Bern vielleicht besser als anderswo, daß die Übergänge zwischen Beginen- und Spitalwesen fließend waren, gerade zwischen Isenhuthaus und Seilerinspital, aber auch, auf der Ebene der aktiven Krankenpflege, zwischen Bröwenhaus und Niederem Spital. Aus der Gründungsurkunde des 1356 gestifteten Krattingerhauses, von dem wir gleich sprechen werden, läßt sich ebenfalls herauslesen, daß darin zumindest teilweise kranke Frauen Aufnahme finden konnten.

Am 1. Mai 1356 verabschiedeten Schultheiß, Kleiner und Großer Rat eine Satzung, wonach in Zukunft „nieman in unser statt sin hus und sin hofstat geben ... sol ze deheinem convent noch samnung".[43] Damit bekundete die Führung der Stadt einmal mehr ihren Willen, nach überstandener Pest die Flut der frommen Stiftungen einzudämmen und den Besitz der Toten Hand nicht ins Unendliche wachsen zu lassen. Es kann deshalb nur mit ihrer Zustimmung geschehen sein, wenn zwei Wochen später Peter Krattinger, selber Mitglied des Kleinen Rats, sein Haus an der Herrengasse oberhalb von „Michels Türli" (heutige Nr. 3) sechs Beginen vermachte, und zwar – die zweite Überraschung bei dieser Stiftung – sechs „Regelschwestern vom Dritten Orden des Barfüßerordens".[44] Offenbar war der Rat seiner Sache inzwischen so sicher geworden, daß er es sich leisten konnte, selbst die bisher verpönte franziskanische Drittordensregel wieder zuzulassen. Entsprechend waren die Bestimmungen bezüglich eines gemeinsamen Lebens und persönlicher Armut beim Krattingerhaus strenger als bei den anderen bernischen Beginenhäusern. Die Zahl von nur sechs Beginen trug der Tatsache Rechnung, daß es in Bern mittlerweilen mit dem Bröwen-, dem Jordan- und dem Isenhuthaus bereits über vierzig Plätze für arme und weniger arme Beginen gab.

Nach dem Krattingerhaus entstanden in Bern gemäß dem „Stiftungs-Stopp" von 1356 keine weiteren Beginenhäuser mehr, mit einer Ausnahme, dem Dietrichhaus, von dem wir indessen weder den Gründer noch den Zeitpunkt der Gründung kennen. Es ist lediglich zum ersten Mal im Tellbuch (Steuerbuch) von 1389 in der Neuenstadt schattenhalb (heutige Marktgasse Nr. 21) belegt[45] und scheint recht bald auf Aussterbeetat gesetzt worden zu sein[46], möglicherweise weil es gegen den Willen des Rats gegründet worden war. Als zweite „wilde" Gründung kann vielleicht das Haus der Willigen Armen vor den Predigern bezeichnet werden, welches 1337 ganz zufällig zum ersten Mal erwähnt wird[47] und welches – allerdings laut sehr viel späteren Zeugnissen – ebenfalls die franziskanische Drittordensregel befolgte[48]. Abgesehen davon hatte der bernische Rat spätestens seit 1330 stärksten Einfluß auf das Geschehen genommen, um ähnlichen Auswüchsen, wie sie beim Beginenwesen im oberrheinischen Raum festzustellen sind, vorzubeugen. Bei den meisten bernischen Beginenhäusern handelt es sich nicht um zufällige Gründungen, sondern um von oben gesteuerte, die deshalb auch sozusagen auseinander hervorgehen, indem man bei jeder Neugründung Konsequenzen aus den Erfolgen und Fehlern der vorangegangenen zog. So sind Bröwen- und Jordanhaus als Reaktion auf die Obere Samnung zu sehen, das Isenhuthaus als Reaktion auf Bröwen- und Jordanhaus. Die bernischen Beginenhäuser hatten alle von Anfang an einen städtischen Vogt, nicht selten den Schultheißen selbst[49], was doch eher außer-

gewöhnlich ist. Weiter ist nicht einfach als selbstverständlich anzusehen, daß die Beginen überhaupt in
größeren Gruppen in Häusern mit halböffentlichem
Charakter lebten; im benachbarten Freiburg sind
während des ganzen 14. Jahrhunderts weitaus mehr Beginen nachzuweisen, die einzeln oder zu zweien in Privathäusern wohnten, als solche, die sich zu einer Regel
oder einem Beginenhaus bekannten.[50]

Indem man sie sozusagen in Häuser „einsperrte",
machte man in Bern die Beginen sowie ihr Tun und Lassen kontrollierbar. Mehr noch: Es gelang, ihnen vorzu-
schreiben, *was* sie zu tun und *was* sie zu lassen hatten.
Sie hatten Kranke zu pflegen und jede Beschäftigung mit
theologischen Fragen, die bei ihrer Halbbildung leicht zu
Ketzereien führen konnte, zu unterlassen. Das Vorgehen
war von Erfolg gekrönt: Es gab zwar in der zweiten
Hälfte des 14. Jahrhunderts in bernischem Gebiet durchaus noch Fälle von Häresie, aber Beginen waren darin,
soweit wir sehen, nicht verwickelt.[51] Im Spannungsfeld
zwischen Ketzerei und Krankenpflege[52] standen die bernischen Beginen ganz auf der Seite der Krankenpflege
und entwickelten deshalb auch kaum eigene Spiritualität. Nur: ebensowenig wie von Ketzerei hören wir in
der zweiten Hälfte des 14. Jahrhunderts von Krankenpflege. Statt dessen widmeten sich die stadtbernischen
Beginenhäuser – auch diejenigen, welche für die Krankenpflege gegründet worden waren – unterschiedslos der
Begehung von Jahrzeiten.[53] Darunter sind Gedächtnis-
gottesdienste zu verstehen, die jeweils am Jahrestag eines Hinschiedes abgehalten wurden und an denen die
Beginen, ähnlich wie an der Beerdigung selbst, in der
Rolle von Trauernden teilnahmen. Dafür wurden sie
ebenso wie die Priester, welche die Jahrzeitmessen zele-
brierten, aus dem Stiftungskapital einer Jahrzeit bezahlt.

Das Kapital selbst wurde in der Regel nicht von den Beginen verwaltet, sondern von den großen Ordenshäusern der Deutschherren, Franziskaner und Dominikaner oder von den Spitälern, die allen Mitwirkenden am Jahrzeitgottesdienst den ihnen vom Verstorbenen zugedachten Zinsanteil auszurichten hatten.

Anders in Basel. Hier[54] verwalteten die Beginen, insbesondere die Franziskaner-Terziarinnen, diese Gelder in großem Umfang selber, vor allem bei den Jahrzeiten, die im Franziskanerkloster begangen wurden. Dies erlaubte den dortigen Barfüßern, sich den Schein von Besitzlosigkeit noch zu geben, als sie längst feste Einkünfte bezogen, und wurde den Basler Beginen letztlich zum Verhängnis. Es waren Angehörige der beiden anderen Bettelordensniederlassungen, der Dominikaner und der Augustinereremiten, welche den Franziskanern diesen Schein nicht gönnten und sich deshalb in den ersten Jahren des 15. Jahrhunderts vornehmlich in der Predigt gegen sie wandten. Dabei tat sich insbesondere der Dominikanerpater Johannes Mulberg[55] hervor, welcher die Beginen als „Milchkühe" der Franziskaner bezeichnete und ihnen als Laien das Recht bestritt, von kirchlichen Einkünften, Jahrzeitstiftungen und Almosen zu leben. Statt dessen sollten die kräftigen Frauen sich von ihrer Hände Arbeit ernähren. Die jahrelange Hetze sowie ein an der Kurie in Rom angestrengter Prozeß führten schließlich dazu, daß im Jahr 1411 sämtliche Beginen, etwa 400 an der Zahl, aus Basel vertrieben und ihre Häuser beschlagnahmt wurden. Das war gewiß eine extrem brutale Lösung des Beginenproblems, aber auch in den meisten anderen Städten, etwa in Zürich[56] oder Freiburg[57], verschwanden diese frommen Frauen im 15. Jahrhundert völlig von der Bildfläche, wenn auch in allmählichem Niedergang und nicht in gewaltmäßiger Vertreibung.

Und in Bern? Hier kam es im 15. Jahrhundert zu einer ganz erstaunlichen Blüte des Beginenwesens, wie wir sie sonst nirgends finden, und dies, obwohl es an der Wende vom 14. zum 15. Jahrhundert auch in Bern so etwas wie eine Beginenverfolgung gegeben hatte. Die Angaben, welche der Chronist Konrad Justinger darüber macht[58], sind um so wertvoller, als sie von einem Zeitgenossen und Augenzeugen stammen. Außerdem sind die beiden Chronikkapitel – was gar nicht recht zum Ernst der Lage passen will – ganz amüsant zu lesen und enden in einem Scherz über den Ernst, mit welchem die Beginen selber – verständlicherweise – auf ihre Verfolgung reagierten. Dies läßt sich letztlich damit erklären, daß man in Bern gar nie auf den Gedanken gekommen wäre, die Beginen in Frage zu stellen oder gar zu vertreiben, wenn man nicht – laut Justinger – aus Basel gehört hätte, daß dort ein gelehrter Dominikanerbruder namens Johannes Mulberg gegen die faulen Beginen predige. Darauf stellte man fest, daß es auch in Bern viele Häuser mit Beginen gab, die von Almosen (hier wohl als Jahrzeitzinsen zu verstehen) lebten. Dennoch war der Rat – immer laut Justinger – vorerst gar nicht sicher, ob überhaupt und wie man gegen sie vorgehen müßte, und setzte deshalb zunächst einmal eine geistliche Expertenkommission ein. Diese kam zum Schluß, daß der Beginenstand mit kirchlichen Einkünften und eigener Ordenstracht sich mit dem (kanonischen) Recht tatsächlich nicht in Einklang bringen lasse. Darauf gebot der Rat den Beginen, ihre besondere Kopfbedeckung, die im Volk „Kabiskopf" genannt wurde, abzulegen. Diesem Gebot wurde indessen kaum Folge geleistet, nicht zuletzt weil der Rat offensichtlich nichts unternahm, um ihm Nachdruck zu verschaffen. Vielmehr forderte der große Stadtbrand von 1405 seine ganze Aufmerksamkeit, und die widerspenstigen Beginen blieben nicht nur ungestraft, sondern waren zudem noch hochmütig genug (so zumindest verstehe ich Justinger), den Brand als Strafe Gottes für die Stadt zu interpretieren, welche ihnen die „Kabisköpfe" hatte verbieten wollen. Die schlagfertige Antwort, welche bei Justinger wiedergegeben wird, konnte nur sein, daß Gott in diesem Fall nicht auch drei Beginenhäuser hätte verbrennen lassen dürfen.

Die Berner Beginen„verfolgung" (Verfolgung in Anführungszeichen) zeigt sehr schön, wie sich gerade im Fall der Beginen die Polemik selbständig machen und deshalb auch auf unfruchtbaren Boden fallen konnte. Dem Argument, daß arbeitsfähige Leute von ihrer Arbeit und nicht vom Bettel leben sollten, war in der europäischen Geschichte der Neuzeit eine große Zukunft beschieden. Bei Mulberg hatte es in der Polemik gegen die Beginen zumindest teilweise den Häresieverdacht abgelöst.[59] In Bern scheint es – vorläufig noch – ungehört verhallt zu sein, vielleicht weil die Beginen hier im Spital tatsächlich Arbeit im neuzeitlichen Sinn verrichteten oder weil man auch das Begehen von Jahrzeiten als Arbeit betrachtete. Der Hauptgrund war wohl, daß gar kein echtes Bedürfnis bestand, irgend etwas gegen die Beginen zu unternehmen, und man deshalb auch keinen Vorwand dazu brauchte. Im Unterschied zu Basel hatte in Bern die Zahl der Beginen dank der ständigen Überwachung durch den Rat ein erträgliches Maß keineswegs überschritten, und diese waren zudem sozial besser in der städtischen Bevölkerung integriert als die Basler Beginen.[60] Man könnte noch weitergehen und die Hypothese wagen, daß das Beginentum in einer Stadt mit so ausgeprägtem Kirchenregiment, wie wir es bei Bern immer wieder feststellen[61], eine ideale Form weiblichen

Religiosentums darstellte, weil auf diese Weise keine mächtigen Ordensverbände die weisen Anordnungen des Städtischen Rats in Frage stellen konnten.

Es erhob denn auch niemand Einspruch dagegen, daß der Rat im Lauf des 15. Jahrhunderts die sieben Beginenhäuser, welche zu Beginn des 15. Jahrhunderts bestanden, auf vier reduzierte. Dabei kann es nicht sein Ziel gewesen sein, den Beginenstand zu schwächen, sonst wären aus der Zusammenlegung von je drei Häusern mit der gleichen Regel kaum vier Häuser gestärkt hervorgegangen.[62] Zwischen 1420 und 1435 wurde das Dietrichhaus, welches vermutlich nie die Gnade des Rates gefunden hatte, mit dessen ausdrücklicher Zustimmung mit dem Haus der Willigen Armen vor den Predigern zusammengelegt. Zwischen 1438 und 1458 verschwand das Jordanhaus, welches nie aus dem Schatten des Bröwenhauses herausgekommen war, und wurde mit dem Isenhuthaus oder allenfalls mit dem Bröwenhaus selbst vereinigt. Damit entstand, nachdem das Isenhuthaus zu einem unbestimmten Zeitpunkt von der Kramgasse (?) ebenfalls an die Junkerngasse verlegt worden war, an der letzteren ein Zentrum von Schwestern, die alle dem Niederen Spital und dem Deutschordenshaus unterstellt waren und alle nach ihrem weißen Gewand „Weiße" Schwestern genannt wurden. Die Junkerngasse aber situiert sich auch räumlich zwischen dem Niederen Spital und der vom Deutschen Orden betreuten Leutkirche. Zwischen 1459 und 1467 (allenfalls 1471) schließlich verschwand das Krattingerhaus und wurde möglicherweise mit dem Haus der Beginen an der Brügg zusammengelegt. Damit war an der Herrengasse ebenfalls ein Zentrum von Schwestern entstanden, die alle dem Franziskanerkloster und seit 1409 ausdrücklich auch der Leutkirche unterstellt waren und die alle nach dem grauen Kleid der Drittordensleute „Graue" Schwestern genannt wurden. Auch die Herrengasse situiert sich räumlich zwischen dem Barfüßerkloster und der Leutkirche, den beiden Polen, zwischen welchen die Grauen Schwestern sich bewegen durften. Auf solche Weise werden die herrschaftlichen und spirituellen Strukturen, in welche die bernischen Beginenhäuser eingebettet waren, auf dem Stadtplan entlang der Achse Herrengasse – Junkerngasse sichtbar (Abb. 1). Den Weißen Schwestern an der Junkerngasse kam auch deshalb besonderes Gewicht zu, weil sie in mehrfacher Hinsicht die Nachfolge der Deutschordensschwestern am Pfarrkirchhof angetreten hatten, deren Kloster in den Jahren 1426/1427 wegen des Münsterneubaues hatte abgebrochen werden müssen[63]. Ihre Meisterinnen, etwa Margreth Diesbachin oder Margreth Tüdingerin, waren stadtbekannte Persönlichkeiten, die in vielen Testamenten mit individuellen Legaten bedacht wurden.[64]

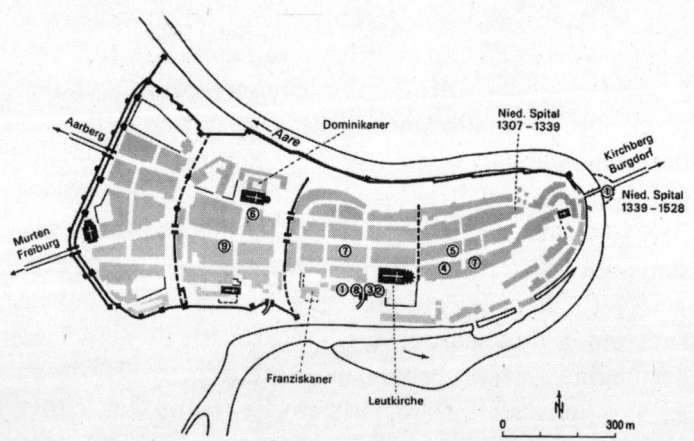

Abb. 1: Die Bernischen Beginenhäuser

Erläuterungen zu Abb. 1:

Die bernischen Beginenhäuser
(in chronologischer Reihenfolge)

1–1 *Schwestern an der Brügg oder Graue Schwestern*
(1288 [1264?]–1528)
an der Untertorbrücke – Herrengasse Nr. 9

2 *Schwestern am Pfarrkirchhof*
(1301–1342)
an der Stelle des Westflügels des heutigen Stiftsgebäudes

3 *Obere Samnung*
(1322–1331)
Herrengasse schattenhalb (?)

4 *Schwestern im Bröwenhaus oder Weiße Schwestern*
(1331–1528/1562)
Junkerngasse Nr. 49

5 *Jordanhaus*
(1331–1428/1458)
Junkerngasse Nr. 48

6 *Die willigen Armen vor den Predigern*
(1337–1528)
Zeughausgasse Nr. 25

7–7 *Isenhuthaus*
(1340–1528)
Kramgasse (?) – Junkerngasse Nr. 37

8 *Krattingerhaus*
(1356–1459/1467 [1471?])
Herrengasse Nr. 3

9 *Dietrichhaus*
(1389–1420/1435)
Marktgasse Nr. 21

Die Verteilung der Beginenhäuser in der Stadt entsprach eine Aufteilung ihrer „Arbeit" (hier noch in Anführungszeichen), wie sie sich sehr schön aus dem Testament des 1499 verstorbenen Urs Werder herauslesen läßt. Dieses ist vor allem deshalb so interessant, weil es vom Rat mit Zusätzen versehen worden war, von denen einer die vier Beginenhäuser betraf. Werder hatte ursprünglich nur die Beginen im Bröwenhaus mit jährlich 7 Schilling bedacht, damit sie an seinem Jahrzeittag sein Grab und dasjenige seiner Frau „zeichneten" und mit dem Kreuz darüber gingen. Dagegen wollte der Rat für den gleichen Dienst alle vier Beginenhäuser mit je 1 Pfund bedacht haben, und zwar sollten „die swestern vor den Predigern jerlich uff dem jarzittlichen tag ein grab zuo den Predigern, so darumb geordnet wirdt, zeichnen, dessglichen ... die swestern an der Herrengassen von Egerden ein ir grab zuo den Barfuossen und aber die wissen swestern in dem Bröuwenhus mitt hilff deren in Isenhuotts hus die zwey greber in Unnser lieben frowen bruoderschafft capellen (im Münster)"[65]. Damit erscheinen die Beginen im Bröwen- und Isenhuthaus dem Münster zugeordnet, die Beginen an der Brügg der Franziskanerkirche und die Willigen Armen vor den Predigern der Dominikanerkirche. Auf diese Weise hatten um 1500 alle vier stadtbernischen Beginenhäuser in Zuordnung zu den drei wichtigsten Kirchen der Stadt ihren dem Rat wohlgefälligen Platz gefunden.

Wenn wir abschließend auf die Frage zurückkommen wollen, welche „Arbeiten" (immer noch in Anführungszeichen) die bernischen Beginen verrichtet haben, so weil davon ganz stark ihre Bewertung durch das vorreformatorische und reformatorische Bern abhing. Die Hauptquelle für diese Fragestellung sind die Testamente, welche seit ungefähr 1400 einigermaßen vollständig in den städtischen Testamentenbüchern überliefert sind. Dabei stand an erster Stelle zweifellos das Begehen von Jahrzeiten, auch bei denjenigen Beginenhäusern, die wie das Bröwen- und Jordanhaus im Hinblick auf die Pflege der Kranken gegründet worden waren und die sich bereits in der zweiten Hälfte des 14. Jahrhunderts auch der Begehung von Jahrzeiten „mit Gebeten und guten Werken" widmeten.[66] Unter den Gebeten sind Gebete für die Verstorbenen zu verstehen, unter den guten Werken Spenden für die Armen und Opferbeiträge in den Kirchen, zu welchen den Beginen die Mittel von den Stiftern der Jahrzeiten zur Verfügung gestellt wurden. Zum Begehen einer Jahrzeit gehörten in jedem Fall der Gang über das Grab am Abend vor dem Jahrzeittag (Vigil) und am Morgen des Tages selbst sowie das sogenannte Bezeichnen (Segnen?) der Gräber mit Gras oder Tüchern und Kerzen, und ferner die Anwesenheit bei den Seelmessen, so daß die Beginen ganz von selbst zu Aufsichtspersonen über die richtige Durchführung der Jahrzeiten durch die Priester wurden; in einem Fall wird ihnen sogar aufgetragen, die Angehörigen des Verstorbenen daran zu erinnern, wann dessen Jahrzeit abgehalten wurde. Mit der Zeit scheint man auch immer mehr Wert auf die Anwesenheit der Beginen beim Begräbnis sowie bei den Messen am siebenten und dreißigsten Tag nach dem Tod gelegt zu haben, so daß diese zu eigentlichen „Leidfrauen" wurden. So kann man denn auch in den trauernden Frauen der plastischen Heiliggrabdarstellung von 1433 in der Kathedrale von Freiburg ohne weiteres Beginen sehen.

Abb. 2a: Grablegung /1422, Ausschnitt)

Heiliggrabkapelle, Kathedrale Freiburg/Schweiz
Von links nach rechts:
Nikodemus, Engel, trauernde Frau, Maria, Johannes,
trauernde Frau, Joseph von Arimathia, Maria Magdalena

Die Krankenpflegedienste, welche die Beginen der bernischen Bevölkerung leisteten, sind viel weniger aktenkundig als die bei den Jahrzeiten geleisteten Dienste. In der
Gründungsurkunde des Bröwen- und Jordanhauses werden die Beginen als „Familiaren" (mittelhochdeutsch
„Heimlicher") des Niederen Spitals bezeichnet[67], in einer
päpstlichen Bestätigung von 1415 deutlicher als „Frauen
und treue Personen, welche zeitweise den in diesem Ar-
menspital liegenden Armen und Kranken dienen und auf-
warten" (mulieres et persone fideles ministrantes et famulantes pro tempore pauperibus et infirmis in eodem
hospitali pauperum decumbentibus)[68]. Wenn abgesehen
davon das Bröwenhaus im 15. Jahrhundert kaum mehr im
Zusammenhang mit dem Niederen Spital erscheint, dann

Abb. 2b: Grablegung /1433, Ausschnitt)
Heiliggrabkapelle, Kathedrale Freiburg/Schweiz
Trauernde Frau zwischen Johannes und Maria Magdalena

mag dies auch darin begründet sein, daß das Spital seinen Charakter verändert hatte und zu einer Pfründenanstalt geworden war[69]. Das nachreformatorische Bröwenhaus-urbar von 1558 wirft den Beginen in einer historischen Einleitung vor, daß sie vor allem reichen Kranken und Sterbenden aufgewartet hätten.[70] Für individuelle Krankenpflege gibt es in der Tat einige Zeugnisse, so wenn die ehemalige Magd der wohlhabenden und frommen Frau Anna von Krauchtal, Greda zer Flü, vorübergehend aus dem Bröwenhaus entlassen wurde, um deren letzte Pflege zu übernehmen[71], oder – ein negativer Beleg – wenn sich der mächtige Stiftspropst Johannes Armbruster in seinem Testament ausdrücklich die Anwesenheit und Hilfe jeder Frau oder Begine in seiner Todesstunde verbat[72]. Die Funktion der Beginen als „Leidfrauen" geht zwanglos aus ihrer Funktion als Krankenpflegerinnen hervor. Das beste Zeugnis aber hat den Beginen – gerade auch den Grauen Schwestern – der Totentanzmaler Niklaus Manuel in seinen das Bild der Begine begleitenden Versen ausgestellt, auch wenn das Bild nachträglich übermalt und die Begine durch Anfügung von Schnauz und Bärtchen zu einem häßlichen Begarden verunstaltet worden ist:

„Der Tod spricht zu der Bägin:

Khum har, Bägin im grouwen Kleyd,
Muost tantzen, es sye dir lieb oder leyd!
Jetz muost den Wäg ouch selber gan,
Den du den Krancken zeygtest an!

Die Bägin gibt Antwort:

Den Siechen wachet ich Tag und Nacht,
Den Tod ich inen han liecht gemacht;
Jetz bin ich ouch am selben Ort
Und empfind, das nüt helfend die Wort".[73]

Abb. 3: Begine

(zu einem Begarden verunstaltet?)

Im Totentanz des Niklaus Manuel (1516/17)

Ausschnitt aus Albrecht Kauws Aquarellkopie (1649)

Bernisches Historisches Museum

193

Aufgrund der von ihnen geleisteten Arbeit (jetzt nicht mehr in Anführungszeichen) fiel die Bewertung der Beginen durch das vorreformatorische und reformatorische Bern insgesamt sehr viel positiver aus als etwa diejenige der Frauenklöster. Von ihrer Tätigkeit als „Leidfrauen" hielt man freilich nicht mehr viel und schränkte diese zusammen mit den weiteren Begräbnisfeierlichkeiten bereits fünf Jahre vor der Reformation ein.[74] Die Reformation beseitigte schließlich jeglichen „todten dienst, als vigiln, selmess, selgrät, sibend, trissgost, jarzyt, amplen, kerzen und derglichen", und nahm damit den Beginen ihr wichtigstes Betätigungsfeld und mit dem Befehl zur Rückerstattung der Jahrzeitstiftungen auch die materiellen Grundlagen weg.[75] Es war nur konsequent, wenn der Rat ihnen am 24. Juli 1528 gebot, „die Kutten abzuziehen".[76] Dagegen stimmte das Bröwenhaus zumindest in seinen Ursprüngen so sehr mit reformatorischen Vorstellungen überein, daß der Rat ganze zwanzig Jahre über die Reformation hinaus schwankte, ob er es aufheben oder weiterbestehen lassen wollte, eine Frage, die sich ihm bei keinem anderen Kloster stellte. Das Zögern läßt sich noch aus der Einleitung zum Bröwenhausurbar von 1558 herauslesen, wo es heißt, daß man solche Schwestern insbesondere in Pestzeiten gut gebrauchen könnte und deshalb auch aus öffentlichen Mitteln besolden würde, daß sich aber leider kein Nachwuchs mehr finden lasse, weil über dem Bröwenhaus wie über einem Ordenshaus der Schatten der abergläubischen päpstlichen Mißbräuche liege.[77] Aus diesem Dilemma hat den Bernern erst das von Sophie Dändliker-Wurstemberger im 19. Jahrhundert gegründete Diakonissenhaus herausgeholfen, welches hiermit im Bröwenhaus zu einem wohl eher unerwarteten mittelalterlichen Vorgänger gekommen ist.[78]

Beginen, Begarden und Terziaren im 14. und 15. Jahrhundert

Das Beispiel des Basler Beginenstreits
(1400/04–1411)[1]

Alexander Patschovsky

Im Jahre 1411 sind in Basel die letzten Konvente jener Frauen und Männer aufgehoben worden, die, sei es ohne feste Regel unter dem Namen Beginen und Begarden oder auch Begutten und Lollarden, sei es unter der Drittordensregel besonders des hl. Franz ein Leben in Armut und Keuschheit geführt hatten.[2] Vorausgegangen waren jahrelange erbitterte Auseinandersetzungen zwischen dem Bischof, dem Pfarrklerus und den Dominikanern auf der einen, den Franziskanern als den Protektoren der Beginen und der ihnen aufs engste verbundenen Terziaren auf der anderen Seite. Wortführer der beiden Lager waren der Basler Bischof Humbert von Neuenburg (Neuchâtel), der als Bußprediger bekannte und vielfach – selbst im eigenen Orden – verhaßte Dominikaner Johannes Mulberg sowie der Rektor der Domschule Johannes Pastoris; ihnen gegenüber standen der Lektor des Basler Franziskanerkonvents Rudolf Buchsmann und der Ordensprovinzial der oberdeutschen Minoritenprovinz Johannes Leonis. Entzündet hatte sich der Streit an einer öffentlichen Disputation – angeblich aus der Zeit um Allerheiligen 1400, vielleicht aber auch erst 1404 – in welcher der Franziskanerlektor Rudolf Buchsmann die Auffassung vertreten hatte, daß die hingebungsvolle Umarmung der Bettelarmut ein heilsfördernder Zustand im Sinne des Evangeliums sei.[3] Dagegen nahm der Dominikaner Johannes Mulberg am

25. Juni 1405 im Chor des Münsters vor dem gesamten Basler Klerus öffentlich Stellung:[4] Er trat dafür ein, daß sich nur die vier Mendikantenorden vom Bettel nähren dürften und außer den wahrhaft Bedürftigen nur der Klerus das biblisch verbriefte Recht besäße, auf Kosten der Gemeinschaft ohne eigener Hände Arbeit zu leben. Das aber gelte nicht für Beginen, Begarden und Terziaren, die zwar einen bestimmten, päpstlich oder bischöflich approbierten Modus vivendi besäßen, aber doch nur Laien seien und als solche selbst für ihren Lebensunterhalt zu sorgen hätten. Zu Unrecht würden sich diese Leute ordensgleich gebärden, namentlich in ihrer gleichförmigen kuttenartigen Gewandung und in ihrem angemaßten Recht, unter Übergehung des für sie zuständigen Ortspfarrers von ihren selbstgewählten Oberen Buße und Absolution zu empfangen und sich in die geistliche Obhut der Franziskaner zu begeben. Dabei sei der Beginen- und Begardenstand seit dem Vienneser Konzil verboten, und unter dieses Verdikt fielen auch die Terziaren, die in ihrer Lebensweise von den kirchenrechtlich verworfenen Beginen nicht zu unterscheiden wären; und ipso facto exkommuniziert seien folglich auch die Franziskaner, die mit ihnen unter einer Decke steckten.

In dieser Stellungnahme Mulbergs, deren Wohlbegründetheit er sich gutachterlich von Professoren der Heidelberger Universität hatte bestätigen lassen[5], spiegelt sich in nuce die gesamte Problematik der semireligiösen Lebensweise, wie sie im Laufe des 14. Jahrhunderts ins Kreuzfeuer der Kritik geraten war und wie sie noch bis weit ins 15. Jahrhundert hinein diskutiert wurde. Der von 1400/04 bis 1411 während Basler Beginenstreit ist nur eines von vielen Beispielen, wo der Streit um diese Lebensweise zur Erschütterung der öffentlichen Ordnung insbesondere in den Städten geführt hat.[6] Der Basler Beginenstreit ist jedoch der weitaus am besten dokumentierte Fall, zudem derjenige, an dem die Gegensätze am leidenschaftlichsten aufeinanderprallten und deshalb am deutlichsten zutage traten. Aus diesem Grunde und weil trotz Quellenreichtums die Behandlung in der Literatur unzulänglich blieb, überdies eine Reihe lange Zeit unbekannt gewesener Dokumente in die bisherigen Untersuchungen noch keinen Eingang gefunden hat[7], sei auf diesen Streit näher eingegangen und an ihm die Problematik der beginalen Lebensweise in der Welt des Spätmittelalters im allgemeinen aufgezeigt.

Die Problematik läßt sich am besten verdeutlichen, wenn man die Institutionen und Personengruppen betrachtet, die an diesem Streit beteiligt waren. Die Hauptantagonisten waren Kuratklerus und Bettelorden, namentlich die Franziskaner. Auf den ersten Blick untypisch erscheint in Basel die Rolle der Dominikaner, die gemeinhin im Lager der Bettelorden zu finden waren. Man wird zunächst in der Person des für die Reform der Kirche, vor allem auch des eigenen Ordens kämpfenden Johannes Mulberg die Ursache dieses atypischen Verhaltens suchen dürfen; aber er repräsentiert auch eine bestimmte Richtung innerhalb seines Ordens, und für sie ist sein Lebensweg Symbol.[8] Die Reform des Dominikanerordens ist seit dem Ende des 14. Jahrhunderts vom Ordensgeneral Raimund von Capua energisch betrieben worden, konnte aber erst im zweiten Drittel des 15. Jahrhunderts allgemein durchgesetzt werden.[9] Raimunds Parteigänger Mulberg hatte schon 1395 sein Prioramt in Würzburg infolge des Widerstands des dortigen Konvents aufgeben müssen; in seiner Heimatstadt Basel brachte er im Beginenstreit den Konvent[10] zunächst auf

seine Seite, aber auch nicht für lange: Als seine Bußpre-
digten nach der Vernichtung des Basler Beginenwesens
1411 den bis dahin mit ihm verbündet gewesenen Stadt-
basler Klerus gegen ihn aufbrachten, bot ihm der Konvent keine Rückenstütze. Mulberg wurde aus Basel ver-
bannt, starb 1414 fern von seinen Ordensbrüdern und
liegt im Zisterzienserkloster Maulbronn begraben. So
bezeichnet seine und des Basler Konvents Stellung im
Beginenstreit nicht mehr als eine temporär eingenom-
mene extreme Position der Reformrichtung innerhalb
des Dominikanerordens, eine Position, die der seit 1429
in Basel als Prior wirkende Johannes Nider († 1438) auch
theoretisch revidierte, als er sich in seinem zwischen
1434 und 1438 entstandenen, für die Beginenproblema-
tik fundamentalen und zu seiner Zeit weitverbreiteten,
von der Forschung aber so gut wie unbeachtet gelasse-
nen Traktat „De saecularium religionibus" nicht nur
für die Unantastbarkeit der unter Terziarenregel lebenden Männer und Frauen, sondern auch für die Zulässig-
keit von nichtregulierten Beginen- und Begarden-Kon-
venten aussprach.[11] Daß der Reformanhänger Nider, der
seinem Ordensbruder im übrigen ein rühmendes literarisches Gedächtnis bewahrte,[12] den Thesen Mulbergs
eine glatte Absage erteilt hat, ist Ausdruck für die Ab-
klärung der innerdominikanischen Reformdiskussion
nach mehr als einem halben Jahrhundert heftiger Auseinandersetzungen.

Niders Stellungnahme im Streit der Meinungen um
den Beginenstatus ist auch eine Rückkehr zur traditionellen Haltung des Dominikanerordens zum Beginenproblem. Herbert Grundmann hat nachdrücklich auf die
hervorragende Rolle hingewiesen, die die Dominikaner
nach den um die Wende des 12./13. Jahrhunderts zu da-
tierenden Anfängen des Beginenwesens im Laufe des 13.

und beginnenden 14. Jahrhunderts namentlich im Nieder- und Oberrheingebiet gespielt hatten.[13] Die Beziehungen zwischen Einzelbeginen und Beginenkonventen und den Dominikanern rissen auch dann nicht ab, als nach den Beschlüssen des Konzils von Vienne 1311/12, die die Aufhebung des Beginenstandes insgesamt vorsahen, sich die plötzlich verfemten Frauen- und Männergemeinschaften überwiegend unter das Protektorat der Franziskaner und deren Drittordensregel begeben hatten. Damit war freilich das Beginenproblem im 14. und 15. Jahrhundert primär ein Problem des Franziskanerordens geworden und wurde abhängig von dessen Verhältnis zu seiner kirchlichen wie laikalen Umwelt. Dieses Verhältnis war alles andere als ungetrübt. Spannungen ergaben sich vor allem auf drei Sektoren:

(1) Zum einen rivalisierten die Franziskaner mit dem Kuratklerus um die cura animarum.[14] Der Streit hierum datiert noch ins 13. Jahrhundert, fand in Bonifaz' VIII. Bulle „Super cathedram" im Jahre 1300 eine vorläufige Klärung[15] und wurde kanonisch-rechtlich dann nach dem Zwischenspiel einer Revokation der Bulle durch Benedikt XI.[16] durch Übernahme der Bestimmungen von „Super cathedram" in die Konstitutionen des Vienneser Konzils endgültig entschieden.[17] Es wurde vorgesehen, daß die Seelsorgekontrolle in den Händen des Ortsbischofs blieb, indem dieser geistliche Rechte wie Beichthören und Absolutionserteilen einzelnen Ordensgeistlichen ad personam zugestehen konnte (aber nicht mußte), und daß die mit der Sorge um das Seelenheil Verstorbener verbundenen Geldeinkünfte – wie Sepulturgebühren, Totengedächtnisse, testamentarische Verfügungen – zu einem Viertel auch dann an den Kuratklerus abgeführt werden mußten, wenn die geistli-

chen Leistungen ausschließlich von den Bettelorden, d. h. vor allem den Franziskanern, erbracht wurden. Die kanonische Entscheidung des Konzils von Vienne war freilich nicht der Endpunkt der Auseinandersetzungen zwischen Kuratklerus und Mendikantenorden, eher deren erneuter Auftakt: Die Kette erbitterter Kämpfe reißt während des ganzen 14. Jahrhunderts und auch noch im 15. Jahrhundert nicht ab. Ich nenne nur die Prager Ereignisse des Jahres 1334, als man sogar mit Knüppeln aufeinander einschlug[18], und den wiederholt (1345, 1372, 1442) aufflammenden Mendikantenstreit in der Meißener Diözese, zu dem es umfängliche, offenbar noch gar nicht untersuchte Materialien gibt.[19] Auch in Basel kam es wiederholt, zuletzt 1408, zu prozessualen Auseinandersetzungen dieser Art.[20] Wie tief der Graben zwischen Kuratklerus und Bettelorden Mitte des 14. Jahrhunderts war, zeigt Konrads von Megenberg 1364/65 entstandene, leider bisher ungedruckt gebliebene Schrift „Lacrima ecclesiae", in der er kurzerhand die Aufhebung aller Bettelorden und ihre Eingliederung in einen der älteren Orden forderte.[21]

(2) Das zweite Spannungsfeld zwischen dem Franziskanerorden, den mit ihm verbundenen Frauen und Männern und ihrer Umwelt ergab sich im sozialen Bereich. Standen unter dominikanischer Obhut überwiegend Konvente mit gutsituierten Insassen, deren Vermögensverhältnisse so geregelt waren, daß sie finanziell niemandem zur Last fielen, und die ihrer Herkunft nach eng mit den städtischen Ober- und Mittelschichten verbunden waren, so versammelten sich in den Konventen der dritten Franziskus-Regel meistens Frauen und Männer niederen Standes[22], in Basel zudem überwiegend vom flachen Lande, ohne familiären Rückhalt in der

200

städtischen Gesellschaft.[23] Diese Frauen und Männer mußten Dienstleistungen erbringen, um zu leben – Beispiele sind Krankenpflege, Totendienst –, befördert durch das Armutsethos der Franziskaner lebten diese Menschen aber auch zum guten Teil vom Bettel. Damit wurden sie in doppelter Hinsicht zum Ärgernis: Der Bettel führte zur vagierenden Lebensweise, welcher ipso facto etwas Unkontrolliertes und damit Anstößiges anhaftete. Sie führte sodann in der auf Leistung gegründeten städtischen Welt mit ihrem Arbeitsethos zum Vorwurf des Schmarotzertums: „Validi mendicantes"[24], körperlich gesunde Bettler zu sein, wurde im Basler Beginenstreit zum Hauptvorwurf gegenüber Beginen, Begarden und Terziaren; Felix Hemmerlins 1438 geschriebener, in Handschrift und Drucken weit verbreiteter Traktat „Contra validos mendicantes" verewigte dieses Bild.[25]

(3) Soweit Beginen in Basel nicht von Dienstleistungen und vom Bettel lebten, finanzierten sie ihre Lebensweise in einer Form, die ihrer moralischen Reputation ebenso abträglich sein mußte wie sie ihr Wohl und Wehe unauflöslich mit dem Geschick des Franziskanerkonvents in der Stadt verband. Bernhard Neidiger hat zeigen können, daß die Basler Franziskaner in dem für den konventualen Zweig des Ordens typischen Dilemma, Armut zu predigen und mit Reichtümern überhäuft zu werden, den Ausweg gefunden hatten, ihr Vermögen weitgehend mittels der ihnen affiliierten beginalen Terziarenkonvente, insbesondere durch deren Regelmeisterin, verwalten zu lassen.[26] Die Attacke auf die franziskanischen Beginenkonvente zielte daher mittelbar auf die Franziskaner selbst, zwang sie, die ihnen verfügbare Finanzmasse auch im eigenen Namen zu

verwalten und damit bezüglich ihres Armutsideals zum Offenbarungseid.[27]

Damit wären die am meisten ins Blickfeld tretenden Gruppen der am Basler Beginenstreit Beteiligten beschrieben: der Kuratklerus mit dem Bischof an der Spitze, der Dominikaner- und Franziskanerorden. Aber es gibt noch andere: den „Iudex et conservator iurium et privilegiorum" der oberdeutschen Franziskaner, die päpstliche Kurie und nicht zuletzt die Stadt Basel sowie die vom habsburgischen Landesherrn eingesetzten oder mit ihm politisch verbundenen adligen Herrschaftsträger. Zunächst zum Conservator apostolicus, einer in den ersten Dezennien des 13. Jahrhunderts von der päpstlichen Kurie geschaffenen Institution, die dazu bestimmt war, mögliche Verletzungen von Rechten bestimmter Personengruppen wirksam und rasch kraft Vollmacht päpstlicher Gewalt zu unterbinden, und deren Entwicklung rechtsgeschichtlich mit der päpstlichen Delegationsgerichtsbarkeit im Zusammenhang steht.[28] Wie sie im Konfliktfall funktionierte, zeigt das Basler Beispiel: Zu Beginn des Jahres 1405 setzten Angriffe auf die Beginen und Begarden der Stadt ein, zunächst vorgetragen von dem Prior des Augustiner-Eremiten-Ordens, dann – in der Fastenzeit – gefolgt von Predigten des Johannes Mulberg[29], die in dessen gleichermaßen gegen den Beginenstatus wie das mendikantische Armutsethos gerichteter Attacke vom 25. Juni 1405 im Chor des Basler Münsters gipfelten.[30] Daraufhin scheint es zu einer Inquisition unter den Beginen Basels gekommen zu sein, von deren Verhörsprotokollen Fragmente zutage getreten sind.[31] In Konsequenz der hierbei ans Licht gekommenen Fakten, die die enge Verbindung der Basler Beginen mit den Franziskanern, namentlich mit deren Lektor Rudolf Buchsmann belegen, zog Bischof Humbert die nötigen disziplinarischen Schlüsse: In vier aufeinanderfolgenden ‚Prozessen' – der erste vom 21. August 1405 – erklärte er alle Beginen und Begarden seiner Diözese, aber auch alle Terziaren, die sich in diesem Status befänden, für exkommuniziert und ihre Konvente samt deren Vermögen für konfisziert, wenn sie sich nicht ihm, dem Bischof, und seiner Strafgewalt unterwürfen.[32] Die den Dominikanern unterstehenden Konvente sowie die noch vorhandenen nicht ordensgebundenen Beginensamnungen[33] lösten sich daraufhin auf, und ihre Konvente gingen in städtischen Besitz über.[34] Anders die den Franziskanern affiliierten Konvente: Der oberdeutsche Provinzial der Franziskaner, Johannes Leonis, hatte sich auf die Angriffe Mulbergs hin, noch bevor Bischof Humbert prozessual tätig geworden war, im Namen seiner Terziaren-Schützlinge hilfesuchend an den zuständigen Konservator ihrer Rechte, den Konstanzer Bischof Marquard von Randeck gewandt, um von ihm ein Mandat zu erwirken, das Johannes Mulberg und dem Basler Kuratklerus jeglichen Angriff auf die Terziaren verbieten und den ersteren zur Verantwortung nach Konstanz vorladen sollte. Marquard befand sich in einer schwierigen Lage, denn als Diözesanbischof hatte er mit denselben Problemen zu kämpfen wie sein Basler Amtskollege und schlug sich seit dem Januar 1405 mit Reibereien zwischen seinem Kuratklerus und eben jenem Personenkreis herum[35], der ihn nun in seiner Eigenschaft als Konservator um Hilfe bat. Pflichtgemäß kam er jedoch dem Ersuchen des Franziskanerprovinzials nach und zitierte Johannes Mulberg mit Schreiben vom 1. August 1405 für den 25. August zur Verantwortung nach Konstanz.[36] Zum festgesetzten Termin erschien allerdings nur Johannes Leonis, dem der Bischof sichtlich erleichtert mitteilte, ihm sei bekannt geworden, Johannes Mulberg und die Basler Antiterziaren-Fronde hätten an den Heiligen Stuhl appelliert, und die Sache werde in Rom entschieden.[37] Für seine eigene Diözese sah er sich schon im November 1405 zu einer überaus zweideutigen Entscheidung veranlaßt: Den Beginenstatus und alles diesem ähnlich Sehende verbot er rundweg, und die Terziaren versprach er nur zu dulden, solange päpstlicherseits nichts anderes entschieden werde[38] – ein deutlicher Hinweis auf den Kurienprozeß im Basler Beginenstreit, dem man in Konstanz grundsätzliche Bedeutung beimaß. Der Konstanzer Bischof war, um unnötige Spannungen zu vermeiden, freilich klug genug, die Ausführung seiner Entscheidung in die Hände des Konstanzer Franziskanerlektors Johannes Schönbentz zu legen, der Maßnahmen traf, die die Wünsche des Kuratklerus befriedigen konnten und den Terziaren doch das Existenzminimum sicherten.[39] Doch so salomonisch Marquard urteilte[40] – sein Verhalten zeigt, wie eng begrenzt sein Handlungsspielraum im Interessenkonflikt zwischen der Wahrung der Mendikantenrechte und der Wahrnehmung seiner bischöflichen Obliegenheiten war.

Ähnlich widersprüchlich ging es an der Kurie zu, denn dem Prozeß war ein langes und für die Prozeßbeteiligten kostspieliges Leben beschieden, worüber die Finanzquellen namentlich des Basler Bischofs zu versiegen drohten. Es ist mehr als eine Arabeske, daß es die Geldknappheit war, die Humbert von Neuenburg nach der im Jahr 1409 schließlich doch gefällten kurialen Entscheidung in der Sache – die für ihn verheerend war – den Weg des Vergleichs mit seinen Gegnern suchen und ihn von erneuten Appellationen an den Papst Abstand nehmen ließ.[41] Doch bis zu diesem Ende des Prozesses an der Kurie, deren Urteilsspruch dem Bischof und seinem Anhang die Revokation sämtlicher gegen die Terziaren und Franziskaner angeordneten Maßnahmen auferlegte, waren vier Jahre vergangen, hatten dreimal die in Basel anerkannten Träger der Tiara gewechselt, ebensooft die von den jeweiligen Päpsten mit der Führung des Prozesses beauftragten Kommissare; und dieser Wechsel der Personen war gleichbedeutend mit dem Steigen oder Sinken der Prozeßaussichten für die eine oder andere Partei gewesen. Zunächst hatte es für den Basler Bischof, Johannes Mulberg und deren Anhang schlecht ausgesehen, denn Innocenz VII. war den Mendikanten wohlgesonnen. Er beauftragte Odo Colonna, den späteren Martin V., mit der Führung des Prozesses, und dieser gab zunächst einmal der bei ihm zuerst eingegangenen Klage der Basler Franziskaner und Terziaren[42] Gehör. Er verfügte noch im November 1405 die öffentliche Revozierung aller gegen die Terziaren gerichteten Äußerungen und Maßnahmen und zitierte Bischof Humbert, Johannes Mulberg und deren Anhang in eigener Person bzw. vertreten durch ihre Prokuratoren zur Verantwortung vor seinen Richterstuhl.[43] Diese Stimmung hielt noch im Jahre 1406 an, denn am 7. Mai dieses Jahres ließ Innocenz VII. Mandate an Humbert von Neuenburg und die Stadt Basel ergehen[44], die die Revozierung der Prozesse Bischof Humberts gegen die Franziskaner und ihre Schutzbefohlenen zum Inhalt hatten sowie die Restituierung der vertriebenen Terziaren in ihren früheren Besitz, obwohl inzwischen die Protestappellation der Terziaren-Gegner gegen Kardinal Odos Zitation in Rom eingetroffen war.[45] Doch im November 1406 starb der Papst, und sein Nachfolger Gregor XII. sah die Dinge anders. Triumphierend konnte Johannes Mulberg nach Basel berichten, er habe in persönlicher Audienz dem Papst sein Anliegen vortragen können und ihn ganz für sich eingenommen.[46] Das wirkte sich zunächst so aus, daß Odo Colonna am 16. Juni 1407 auch der Klage der bischöflichen Seite Gehör schenkte und die Gegenpartei nach Rom beschied[47], die Sache dann aber bald aus der Hand genommen bekam und durch den Kardinaldiakon von S. Maria Nuova, Jacopino da Udine, in der Prozeßführung ersetzt wurde.[48] Das signalisiert freilich nicht unbedingt einen Richtungswechsel, denn beide Kardinäle hatten umfangreiche Beweiserhebungen mittels von ihnen, und d. h. mit päpstlicher Autorität eingesetzter Kommissare aus den Basler Nachbardiözesen Konstanz und Straßburg veranlaßt.[49] Daß diese Maßnahmen indessen zu einem Prozeßergebnis führten, ist nicht zu erkennen. Mitte des Jahres 1408 erfolgte, wie bekannt, der Abfall der Kardinäle von Gregor XII., es kam auf dem Pisaner Konzil zur Absetzung Gregors und seines avignonesischen Gegenspielers Benedikt XIII. sowie zur Wahl Alexanders V., wodurch nunmehr drei statt vorher zwei Päpste den Anspruch erhoben, das Haupt der Christenheit zu sein. Das Unglück für den Basler Bischof bestand nun darin, sich für den Pisaner Konzilspapst entschieden zu haben, denn dieser war ein Franziskaner. Die Minoritenpartei nutzte diesen Umstand sehr rasch aus, trug vor dem neuen Papst erneut ihre Klage vor, fand williges Gehör, und der neue Prozeßbeauftragte, Landolfo Marramauro, Kardinaldiakon von S. Niccolà in Carcere Tulliano, fällte binnen kurzem das für den Basler Bischof und seine Partei so vernichtende Urteil.[50] Es ist vom Prozeßverlauf her erstaunlich, daß Humbert von Neuenburg dieses Urteil hinnahm, denn kurz nach dessen Verkündung starb Alexander V., und mit Johannes XXIII. wäre wohl eine neue Wendung der Dinge möglich gewesen. Aber der Basler Bischof muß zur Einsicht gelangt sein, daß das Prozessieren an der Kurie reine Geldverschwendung war, jedenfalls revozierte er all seine ‚Prozesse', so daß in der Folge die Terziaren in die meisten ihrer Konvente zurückkehren konnten und der Besitz der aufgehoben bleibenden franziskanischen Terziaren-Konvente dem Orden übertragen wurde.[51] Das verschaffte den Terziaren eine Atempause von zwei Jahren, wo neue Vorkommnisse Humbert von Neuenburg und den Rat der Stadt Basel erneut gegen die Terziaren vorgehen und ihre Konvente endgültig aufheben ließen.[52] Die Franziskaner haben dann nicht noch einmal den Weg an die Kurie beschritten. Offenbar hatten auch sie begriffen, daß von der päpstlichen Zentrale zu diesem Zeitpunkt ihr Anliegen nach Gesichtspunkten entschieden worden wäre – wenn überhaupt –, auf die sie wenig Einfluß hatten und die mit der Sache selbst nicht viel zu tun hatten.

Es bleiben als letzte Personengruppen und Institutionen die Stadt Basel und der österreichische Herzog bzw. dessen Vertreter zu betrachten. Die Beteiligung der habsburgischen Herrschaftsträger bzw. adligen Parteigänger wird an zwei Stellen in den Dokumenten sichtbar: Einmal in der Appellation der Prozeßpartei des Basler Bischofs (1405 Dez. 20), die Franziskaner zögen die Landvögte (balivi) des Herzogs von Österreich auf ihre Seite und veranlaßten sie, Druck auf den Basler Klerus auszuüben, eine franziskanerfreundliche Haltung einzunehmen[53]; zum anderen in dem ostentativen Meßbesuch Annas, der Gattin Markgraf Rudolfs von Hochberg, und zahlreicher Adliger in der Franziskanerkirche, wo trotz Interdikt anläßlich des Eintritts zweier Töchter des Markgrafen in das Klarissenkloster St. Clara zu

Kleinbasel das Hochamt in aller Öffentlichkeit stattfand. Der Basler Chronist des endenden 16. Jahrhunderts, Christian Wurstisen, der uns diesen Vorgang berichtet[54], erkannte bereits den Zusammenhang dieser Parteinahme der habsburgischen Seite mit der am Ende negativen Einstellung der Stadt Basel gegenüber den Franziskanern: Man demütigte die Bettelmönche als habsburgische Klientel, nicht als Beginenfreunde.[55] Denn die Haltung der Stadt war keineswegs durchgehend antifranziskanisch: Die Minoriten konnten in ihrer Klageschrift an der päpstlichen Kurie 1405 darauf verweisen, daß sie Gönner im Stadtregiment hatten, auf deren Frauen predigend einzuwirken Johannes Mulberg viel Mühe verwandt zu haben scheint; jedenfalls wird ihm dies von seinen Gegnern vorgehalten[56], und die Fürsprache mächtiger Ratsherren läßt sich auch sonst belegen.[57] Aber im Stadtregiment war 1409 ein Wechsel eingetreten, der franziskanerfeindliche Kräfte ans Ruder gebracht hatte[58], die Übereignung der Beginen- und Terziarenkonvente an das städtische Spital konnte der Stadt kaum ungelegen sein, und – für die Haltung der Stadt wohl letztlich entscheidend – eigene Stadtkinder fanden sich kaum unter den betroffenen Frauen, und wenn überhaupt, dann nicht aus den politisch bestimmenden Schichten.[59]

Die Beteiligung der in den Basler Beginenstreit verstrickten Gruppen zeigt deutlich: Es ging nur sekundär um die spezifischen Probleme der beginalen Lebensweise, die sich aus der Tatsache ergaben, daß fromme Frauen und Männer ihr Leben in ordensartiger Form und doch mitten in der Welt führen wollten, als sorores – bzw. ‚fratres‘ – in saeculo, wie Elisabeth von Thüringen dieses Idealbild vorgelebt hatte.[60] Aus diesem Zwischenstand zwischen Laientum und Klerus ergaben sich in der korporativ gegliederten mittelalterlichen Welt zwangsläufig Spannungen, Mißverständnisse und Mißverhältnisse. Aber entscheidend für die Stellung der Beginen, Begarden und Terziaren in ihrer sozialen Umwelt wurde, daß sie mit ihren Problemen in das Spannungsfeld anderer, einander widerstreitender Mächte und Gruppierungen gerieten, die auf ihrem Rücken die eigenen Konflikte austrugen. Wie es ihnen erging: ob sie sich unbehelligt entfalten konnten oder ob sie verfolgt wurden, hing nur zum geringen Teil von ihrem eigenen Tun und Lassen ab, war vielmehr in ausschlaggebendem Maße eine Frage der jeweiligen Konstellation im Kräftespiel jener Gruppen, von denen ihr Wohl und Wehe abhing. Die Geschichte der Beginen, Begarden und Terziaren kann daher im 14. und 15. Jahrhundert nicht als die Entwicklung einer eigenständigen religiösen Lebensform geschrieben, sondern nur im komplexen Zusammenhang der mit ihrem Geschick verbundenen Gruppen und Institutionen untersucht werden, deren Spielball und Prügelknaben sie in einem für ihr Leben bestimmenden Maße waren.

Anmerkungen

Vorwort

[1] Die Beiträge von Patschovsky, Röckelein, Utz-Tremp und Wehrli-Johns wurden bereits früher an anderer Stelle erstmals publiziert; der Beitrag von Benvenuti ist die Übersetzung eines Kapitels ihres 1990 in italienischer Sprache erschienenen Buches „In castro poenitentiae. Santitá e societa femminile nell'Italia medievale". Die Aufsätze von Spies und Koorn sind Originalbeiträge.

Einleitung:
„Fromme Frauen oder Ketzerinnen?"

[1] Humbert de Romanis, De eruditione praedicatorum II, Maxima bibliotheca vet.patrum. Lyon (1677) Bd. 25, 483.
[2] Diese Polemik verfolgt Jean-Claude Schmitt, Mort d'une hérésie. L'Eglise et les clercs face aux béguines et aux béghards du Rhin supérieur du XIVe au XVe siècle. Paris (1978) (Civilisations et Sociétés 56).
[3] Zu den Beginenverfolgungen und dem Prozeß gegen Marguerite Porete s. Winfried Trusen, Der Prozeß gegen Meister Eckhart. Vorgeschichte, Verlauf und Folgen. Paderborn (1988) (Rechts- und staatswissenschaftliche Veröffentlichungen der Görres-Gesellschaft; N. F. 54) 19–61 (mit Angabe der älteren Literatur). 1949 gelang es Romana Guarnieri, den anonym überlieferten Text des „Miroir" als Werk der verurteilten Marguerite Porete zu identifizieren, s. die kritische Edition des altfranzösischen und lateinischen Textes von Romana Guarnieri und Paul Verdeyen, Marguerite Porete, Le mirouer des simples ames, Corpus Christianorvm, Continuatio Mediaevalis 69. Turnholt (1986) und Margareta Porete, Der Spiegel der einfachen Seelen. Wege der Frauenmystik. Aus dem Altfranzösischen übertragen und mit einem

Nachwort und Anmerkungen von Louise Gnädinger. Zürich (1987).

4 Nicole Bériou, La prédication au béguinage de Paris pendant l'année liturgique 1272–1273. In: Recherches Augustiniennes 13 (1978). 105–229, hier 162. Der von Bériou erschlossene Predigtzyklus darf als repräsentativ für die offizielle Beginenspiritualität gelten.

5 Alexander Patschovsky, Straßburger Beginenverfolgungen im 14. Jahrhundert. In: Deutsches Archiv zur Erforschung des Mittelalters 30 (1974) 56–198, hier 134.

6 Diese Forschungsrichtung wird u. a. vertreten von Ute Weinmann, Mittelalterliche Frauenbewegungen. Ihre Beziehungen zur Orthodoxie und Häresie. Pfaffenweiler (1990).

7 Vgl. Herbert Grundmann, Religiöse Bewegungen im Mittelalter, unveränderter Nachdruck der 1. Auflage 1935 mit einem Anhang, Neue Beiträge zur Geschichte der Religiösen Bewegungen im Mittelalter. Darmstadt (³1970) 319 ff. S. dazu auch meine Studie, Voraussetzungen und Perspektiven mittelalterlicher Laienfrömmigkeit seit Innozenz III. Eine Auseinandersetzung mit Herbert Grundmanns „Religiösen Bewegungen". In: Mitteilungen des Instituts für Österreichische Geschichtsforschung 104 (1996) 286–309.

8 Für diese Konflikte boten sich in jeder Stadt andere Lösungen an, vgl. M. Lauwers und W. Simons, Béguins et Beguines à Tournai au Bas Moyen Age, Tornacvm 3. Tournai (1988) 28 f. und den Beitrag von Hedwig Röckelein in diesem Band.

9 Vgl. dazu den Beitrag von Alexander Patschovsky in diesem Band.

10 Vgl. in bezug auf die Beginenhöfe Walter Simons, The Beguine Movement in the Southern Low Countries: A Reassessment. In: Bulletin de l'Institut Historique de Rome 59 (1989) 63–105.

11 In einer Untersuchung zur sogenannten „Häresie des freien Geistes" werde ich diesen Zusammenhängen nachgehen.

12 S. Lauwers/Simons, Béguins (wie Anm. 8), 35. Gilles li Muisis, Abt der Benediktinerabtei St. Martin in Tournai (1272–1352), ist als Verfasser von Gedichten über die Beginenbewegung in altfranzösischer Sprache hervorgetreten. Eines der Gedichte wird in der Handschrift Bruxelles, Bibliothèque Royale, IV 119, f.84r (14. Jh.) mit einer Miniatur illustriert, die den Abt in gebieterischer Haltung vor einer Anzahl Beginen zeigt. Ihr ist unser Umschlagmotiv entnommen. Die Miniatur ist abgebildet bei Lauwers/Simon, 24, und zählt zu den frühesten ikonographischen Zeugnissen der Beginen.

[13] S. dazu meinen Beitrag in diesem Band.

[14] Simons, Beguine Movement (wie Anm. 10), S. 97 ff. und Johanna E. Ziegler, The „curtis" beguinages in the Southern Low Countries and art patronage: interpretation and historiography. In: Bulletin de l'Institut Historique Belge de Rome 57 (1987) 31–70.

[15] Andreas Wilts, Beginen im Bodenseeraum. Sigmaringen (1994).

[16] Jetzt gesammelt in Anna Benvenuti Papi, „In castro poenitentiae. Santità e società femminile nell'Italia medievale", Roma (1990) (Italia Sacra 45), aus dem auch der hier in deutscher Sprache abgedruckte Beitrag stammt.

[17] F. W. J. Koorn, Begijnhoven in Holland en Zeeland gedurende de middeleeuven. Assen (1981).

[18] Simons, Beguine Movement (wie Anm. 10), 85 ff.

[19] R. Hoornaert, La plus ancienne règle du Béguinage de Bruges. Bruges (1930), 75.

[20] Für Köln erschlossen durch die Untersuchungen von Johannes Asen, Die Beginen von Köln. In: Annalen des Historischen Vereins für den Niederrhein 111 (1927), 81–180, 112 (1928) 71–148, 113 (1929), 13–96, vgl. dazu Christine Ruhrberg, Einleitung zu Johannes Asen, Die Beginen in Köln, mit einem Reprint der Einleitung von Asen. In: Peter Modler und Georg Mölich (Hrsg.), „Zahlreich wie die Sterne des Himmels". Beginen am Niederrhein zwischen Mythos und Wirklichkeit. Bensberger Protokolle 70 (1992) 123–116; Christine Ruhrberg, Der literarische Körper der Heiligen. Leben und Viten der Christina von Stommeln (1242–1312). Tübingen (1995). Zu Mainz: Eva Gertrud Neumann, Rheinisches Beginen- und Begardenwesen. Meisenheim am Glan (1960). Zu Straßburg: Dayton Phillips, Beguines in medieval Strasburg. Standford (1941).

[21] Helvetia Sacra, Abt. IX,2, Die Beginen und Begarden in der Schweiz, redigiert von Cécile Sommer-Ramer, bearbeitet von mehreren Verfassern und Verfasserinnen. Basel (1995). Die Schweiz gehört seit dem Erscheinen dieses Bandes zu den am besten erforschten Beginenregionen. Er ist vor allem eine Fundgrube für das ländliche Beginentum, auf das auch Wilts aufmerksam gemacht hat (s.o. Anm. 15).

[22] S. oben Anm. 5 und Alexander Patschovsky, Der Passauer Anonymus. Ein Sammelwerk über Ketzer, Juden, Antichrist aus der Mitte des 13. Jahrhunderts. Stuttgart (1968) (Schriften der Momumenta Germaniae historica 22).

212

„Das mittelalterliche Beginentum –
Religiöse Frauenbewegung oder Sozialidee der Scholastik?"

[1] Herbert Grundmann, Zur Geschichte der Beginen im 13. Jahrhundert. In: Archiv zur Kulturgeschichte 21 (1931) 296–320. Neuabdruck in: Ders., Ausgewählte Aufsätze. Teil 1 (1976) (Schriften der MGH 25, 1) 201–221. Ders., Die geschichtlichen Grundlagen der deutschen Mystik. In: Deutsche Vierteljahresschrift 12 (1934) 400–429. Neuabdruck in: Altdeutsche und altniederländische Mystik. Hrsg. von Kurt Ruh (1964) (Wege der Forschung 23) 72–99. Ders., Religiöse Bewegungen im Mittelalter. Untersuchungen über die geschichtlichen Zusammenhänge zwischen der Ketzerei, den Bettelorden und der religiösen Frauenbewegung im 12. und 13. Jahrhundert und über die geschichtlichen Grundlagen der deutschen Mystik (1935). Anhang. Neue Beiträge zur Geschichte der religiösen Bewegungen im Mittelalter (⁴1977).

[2] So wird vielfach der zu Mißverständnissen Anlaß gebende Begriff überhaupt vermieden und die Einbindung der Beginen in die allgemeine Armutsbewegung betont, vgl. Kaspar Elm, Beg(h)inen. In: Lexikon des Mittelalters, Bd. I, Sp. 1799–1803, und ders., Die Stellung der Frau in Ordenswesen, Semireligiosentum und Häresie zur Zeit der heiligen Elisabeth. In: Sankt Elisabeth. Fürstin Dienerin Heilige. Hrsg. von der Philipps-Universität Marburg in Verbindung mit dem Hessischen Landesamt für geschichtliche Landeskunde. (1981) 7–28. Brigitte Degler-Spengler, Die religiöse Frauenbewegung des Mittelalters. Konversen – Nonnen – Beginen. In: Rottenburger Jahrbuch für Kirchengeschichte 3 (1984) 75–88, bes. 86.

[3] Am deutlichsten von seiten der marxistischen Forschung. Dazu zuletzt mit einem wichtigen Neuansatz, der die Beginen als städtische Institution für unverheiratete Frauen und nicht als religiöse Sonderform vorstellt, Sabine Heimann, „Gode to synem Denste". Urkundliche Nachrichten über die Beginenkonvente im spätmittelalterlichen Wismar. In: Der „frowen buoch". Versuche zu einer feministischen Mediävistik. (1989) (Göppinger Arbeiten zur Germanistik 517) 265–289.

[4] Dazu Peter Dinzelbacher, Rollenverweigerung, religiöser Aufbruch und mystisches Erleben mittelalterlicher Frauen. In: Religiöse Frauenbewegung und mystische Frömmigkeit im Mittelalter. Hrsg. von Peter Dinzelbacher und Dieter Bauer. (1988) (Beihefte zum Archiv für Kulturgeschichte 28) 1–58, bes. 37 ff.

[5] Dazu Dinzelbacher, Rollenverweigerung 37–54, der sich zwar abgrenzt von diesbezüglichen Tendenzen, gleichwohl aber an der „Lebenswirklichkeit mystischer Erfahrung religiös begnadeter Frauen" (31) festhält und die religiöse Frauenbewegung im wesentlichen als eine Geschichte weiblichen Charismatikertums auffaßt (3). Daß die phänomenologische Aufarbeitung „weiblicher Spiritualität" sehr ergiebig sein kann, zeigt die Arbeit von Caroline Walker Bynum, Holy Feast und Holy Fast. The religious significance of food to medieval women. Berkeley/Los Angeles/London (1987). Um so mehr stellt sich jedoch die Frage nach dem zeit- und theologiegeschichtlichen Kontext solcher Konzeptionen.

[6] Ursula Peters, Religiöse Erfahrung als literarisches Faktum. Zur Vorgeschichte und Genese frauenmystischer Texte des 13. und 14. Jahrhunderts. Tübingen (1988) (Hermaea; N. F. 56). Einige Einwände zu dieser wichtigen und anregenden Arbeit in meiner Besprechung, in: Beiträge zur Geschichte der deutschen Sprache und Literatur 112 (1990) 326–332.

[7] Dazu Franz-Josef Schmale, Funktion und Formen mittelalterlicher Geschichtsschreibung. Darmstadt (1985) 62 ff.

[8] Judith H. Oliver, Gothic Manuscript Illumination in the Diocese of Liege (c.1250–c.1330). 2 Bde. Leuven (1988) (Corpus of illuminated Manuscripts from the Low Countries 2,3) Bd. I, 109–112. Ferner Jean Goossens, De kwestie Lambertus ‚li Beges' († 1177). Brussel (1984) (Verhandelingen van de Koninklijke Academie voor Wetenschappen, Letteren en schone Kunsten van Belgie. Klasse der Letteren 46, 110). Die Arbeiten von Goossens und Oliver ergänzen die älteren Forschungen von Greven, der sich ebenfalls schon kritisch zur Lambert-Frage geäußert hatte, vgl. Joseph Greven, Die Anfänge der Beginen. Ein Beitrag zur Geschichte der Volksfrömmigkeit und des Ordenswesens im Hochmittelalter. Münster (1912) (Vorreformationsgeschichtliche Forschungen 8) 158–196; ders., Der Ursprung des Beginenwesens. In: Historisches Jahrbuch 35 (1914) 26–58 u. 291–318.

[9] Oliver 100 ff. und 203 ff. Goossens, De Kwestie, a. a. O. 131 ff., hat außerdem den Beweis erbracht, daß Lambert auch nicht das sogenannte „Antigraphum Petri", eine polemische Kirchenkritik aus dem 12. Jahrhundert, zugeschrieben werden kann. So bleibt zur Zeit von Lambert nur das sogenannte „Briefdossier von Glasgow" mit einigen Briefen Lamberts an den Gegenpapst Kallixt III. (1168–78), in denen er sich gegen seine Verurteilung als häretischer Kleriker zur Wehr setzt und dabei auch seine Predigt und seine Übersetzertätigkeit für einfache Laien rechtfertigt, vgl.

Goossens, a. a. O. 49 ff. und die Edition von A. Fayen, L'Antigraphum Petri et les lettres concernant Lambert-Le Bègue conservées dans le manuscrit de Glasgow. In: Bulletin de la Commission royale d'Histoire de Belgique, Série 5,9 (1899) Ep. I-VI 323–356, bes. Ep. VI 343–345. Der Begriff „Lambert-Le Bègue Psalter" geht zurück auf Paul Meyer, Le psautier de Lambert-Le Bègue. In: Romania 29 (1900) 528–545.

10 Ich übergehe hier die in der altfranzösischen Beginenregel „des fins amans" enthaltenen Nachrichten von „Jehans li beguins" aus Lüttich, den Greven später mit dem Lütticher Magister Johannes von Nivelles gleichgesetzt hat. Vgl. Karl Christ, La Règle des fins amans. Eine Beginenregel aus dem Ende des XIII. Jahrhunderts. In: Philologische Studien aus dem romanisch-germanischen Kulturkreis. Karl Voretzsch zum 60. Geburtstag. Hrsg. von B. Schädel und W. Mulertt. (1927) 173–211, bes. 188 ff.

11 Edition der drei flämischen Fassungen aus dem Beginenhof zu Diest sowie der vermutlich älteren lateinischen Fassung bei C. Lecoutere, Eene Legende over den oorsprong der Begijnen. In: Verslagen en Mededeelingen der Koninklijke Vlaamsche Academie voor Taal- en Letterkunde (1907) 94–143. Dazu auch Greven, Die Anfänge 5 ff. und L. J. M. Philippen, De begijnhoven. Oorsprong, geschiedenis, inrichting. Antwerpen (1918) 148 ff.

12 Vgl. Philippen, Oorsprong 149 ff.

13 Dazu Greven, Anfänge, 8–16; Philippen, Oorsprong, 155 ff. Werken en Kerken. 750 Jaar Begijnhofleven te Gent. Ausstellungskatalog, hrsg. von der Stadt Gent. Gent (1984) 25–28.

14 Kerken und Werken, a. a. O. 26. Vgl. auch Philippen, Oorsprong 140 ff.

15 Johann Lorenz Mosheim, De Beghardis et Beguinabus commentarius. Hrsg. von G. H. Martini (1790). Vgl. auch Greven, Anfänge 16 ff. und Philippen, Oorsprong 5 ff. Zu Mosheim als Kirchenhistoriker neuerdings Klaus Wetzel, Theologische Kirchengeschichtsschreibung im deutschen Protestantismus 1660–1760. Mainz (1983) 371–381.

16 Sie ist für das 13. Jahrhundert immer noch unersetzlich. Die Dokumente zu den Verfolgungen der Beginen und Begarden wurden neu ediert von Alexander Patschovsky, Straßburger Beginenverfolgungen im 14. Jahrhundert. In: Deutsches Archiv 30 (1974) 56–125.

17 Mosheim 55: „Primo ergo omnium mulieres, tam virgines, quam viduae, quae medium inter sacras et profanas locum tenebant, quae hominum quidem consuetudini et vitae negotiis minime renuntiabant, neque, sanctimonialium more, paupertatem,

215

perennem castitatem et absolutam obedientiam vovebant, at in privatis tamen, aut publicis aedibus, inter preces, sacras meditationes, et labores vitam ducebant, contemtis saeculi moribus et voluptatibus, Beghinae nominantur." Vgl. dazu die Definition des Beginentums in einem Schreiben Kardinal Thomas Philippus d'Alsace an Clemens XII. aus dem Jahr 1730: „De instelling der begijnen is een specifiek Belgische instelling. Het begijnhof is eene wijk gelegen te midden der stad, doch afgesloten van de woningen der overige burgers ... standregels en statuten worden er getrouw onderhouden, zoodanig dat deze instelling veel nut oplevert voor kerk en staat omdat zij de mogelijkheid aanbiedt een leben te leiden dat het midden houdt tusschen dit der leeken en dit der klosterlingen. De leeken van beider kunne hebben gedurende den dag vrijen toegang tot het begijnhof ... Deze leken mogen ook met hen handel drijven of anderszins ommgaan ... (zitiert aus Philippen, Oorsprong 157 ff.).

[18] Zum Begriff „status medius" zuletzt Kaspar Elm, Die Bruderschaft vom Gemeinsamen Leben. Eine geistliche Lebensform zwischen Kloster und Welt, Mittelalter und Neuzeit. In: Ons Geestelijk Erf 59 (1985) 470–496, bes. 476 ff. Im Gegensatz zu Elm ist m. E. die „via media" begrifflich nicht ohne weiteres gleichzusetzen mit dem „status tertius" der Büßer, zu dem die Beginen spätestens seit dem Konzil von Vienne kirchenrechtlich gerechnet wurden. Der „status medius" ist abgeleitet von der kirchlichen Dreiteilung der „coniugati/continentes/rectores bzw. virgines" (s. unten) und kann im 12. Jahrhundert sowohl den Stand der Büßer wie auch den Stand der Mönche bezeichnen. Mit der Ausdehnung des Bußstatus auf verheiratete Laien wurden im 13. Jahrhundert alle Büßer, d. h. auch die in Hospizen lebenden „continentes", kirchenrechtlich dem laikalen „Dritten Stand" zugeordnet Als religiöse Lebensform für Laien hat die „via media" also nur in Form der „Dritten Orden" Anerkennung gefunden. Zum Status der Büßer am Ausgang des 13. Jahrhunderts G. G. Meersseman, Dossier de l'ordre de la pénitence au XIIIe siècle. Fribourg (Suisse ²1982) (Spicilegium Friburgense 7) 255.

[19] Vgl. die Literaturangaben bei Hermann Haupt, Beginen und Begarden. In: Realencyklopädie f. protestantische Theologie und Kirche II (1897) 518.

[20] Dazu Alfred Kall, Katholische Frauenbewegung in Deutschland. Eine Untersuchung zur Gründung katholischer Frauenvereine im 19. Jahrhundert. Paderborn (1983) (Beiträge zur Katholizismusforschung, Reihe B: Abhandlungen) 148–154.

216

21 Paul Norrenberg, Frauen = Arbeiterinnen = Erziehung in deutscher Vorzeit. (1880) (Vereinsschriften der Görresgesellschaft) 52.
22 Mosheim, commentarius, a. a. O. 134. Greven, Anfänge 125.
23 Georg Liebe, Das Beginenwesen der sächsisch-thüringischen Lande in seiner sozialen Bedeutung. In: Archiv für Kulturgeschichte 1 (1903) 35–49, bes. 35: „Auch bei dem Beginenwesen pflegt dem religiösen Element ein unverhältnismäßiges Gewicht beigemessen zu werden: in der Tat hat es keine größere Rolle dabei gespielt als bei allen genossenschaftlichen Bildungen der Zeit wie den Bruderschaften der Handwerker. Ist es doch ein reines Erzeugnis der städtischen Kultur, die aus der Wurzel antikirchlich gewesen ist. Der Ausgangspunkt ... war ein Notstand, der nur auf dem Boden der Kultur, besonders der städtischen, zu wuchern pflegt: die Unmöglichkeit, die weiblichen Mitglieder der Gesellschaft in der Ehe zu versorgen." Auf dieser Linie bewegte sich auch das Werk des Nationalökonomen Karl Büchcr, Die Frauenfrage im Mittelalter. (1882), das 1910 in zweiter Auflage erschien.
24 In: Realencyklopädie für protestantische Theologie und Kirche II, 517. Ähnlich Albert Hauck, Kirchengeschichte Deutschlands. 4,1 (1902) 894. Dazu auch Greven, Anfänge 23.
25 Haupt a. a. O. 517: „Lambert-Le Bègues Wirksamkeit ..., läßt in einer Reihe von Zügen die engste Verwandtschaft mit dem Auftreten seiner jüngeren Zeitgenossen Petrus Waldes und Franz von Assisi erkennen. Gleich diesen beiden entäußert er sich seines Besitzes, um damit das Hospital von St. Christoph zu Lüttich und den von ihm begründeten Beginenhof zu begaben. Seinen Beruf findet er in der Bußpredigt, mit der er sich mit Vorliebe an die unteren Schichten wendet, die ihn aber auch, als er die Simonie und die Laster der Lütticher Geistlichkeit verurteilte, in ernste Konflikte mit den kirchlichen Behörden verstrickt hat."
26 S. oben Anm. 11.
27 Karl Müller, Die Waldenser und ihre einzelnen Gruppen bis zum Anfang des 14. Jahrhunderts. (1886) 7. Ders., Die Anfänge des Minoritenordens und der Bußbruderschaften. (1885) 39. Dazu auch Klaus Reblin, Freund und Feind. Franziskus von Assisi im Spiegel der protestantischen Theologiegeschichte (1988) (Kirche und Konfession 27).
28 Greven, Anfänge 208.
29 Greven, Der Ursprung 303.
30 Philipp Funk, Jakob von Vitry. Leben und Werke (1909) (Beiträge zur Kulturgeschichte des Mittelalters und der Renaissance 3) 25–26.
31 Vgl. Greven, Anfänge 23 u. 89ff.

[32] In: Zeitfragen des christlichen Volkslebens 23, H. 5 (1898) 31. Vgl. auch Dietlinde Peters, Mütterlichkeit im Kaiserreich. Bielefeld (1984) (Wissenschaftliche Reihe 29) 194 ff.

[33] Greven, Anfänge 206.

[34] Grundmann, Religiöse Bewegungen 185, 321 ff. u. 534 ff. Gestützt auf Grundmann ist diese Etymologie auch übernommen worden in: Mittellateinisches Wörterbuch. Bd. I (1959) Sp. 1407.

[35] H. Grundmann, Movimenti religiosi nel Medioevo, ed. it. con introduzione di R. Manselli, Bologna (1974).

[36] Grundmann, Religiöse Bewegungen. Anhang, 519–538.

[37] Vgl. dazu Lorenzo Paolini, Gli eretici e il lavoro: fra ideologia ed esistenzialità. In: Lavorare nel medio evo. Todi (1983) (Convegni del Centro di studi sulla spiritualità medievale 21) 119–167, bes. 113 ff. mit einem Überblick über den Forschungsstand.

[38] Gottfried Koch, Frauenfrage und Ketzertum im Mittelalter. (1962) (Forschungen zur mittelalterlichen Geschichte 9) 31 ff. Ferner Martin Erbstösser/Ernst Werner, Ideologische Probleme des mittelalterlichen Plebejertums (1960).

[39] Bernd Thum, Aufbruch und Verweigerung. (1980) XVIff., 293 ff. Karl Bosl, Europa im Aufbruch. (1980) 300 ff.

[40] Vgl. oben Anm. 4.

[41] Claudia Opitz, Die Anfänge der Beginen am Oberrhein (1250–1350). Eine Untersuchung der Ursachen und Hintergründe. Magisterarbeit Konstanz (1979) (ungedruckt) 61.

[42] Rebekka Habermas, Die Konzeption von Weiblichkeit in den religiösen Bewegungen des Hochmittelalters – am Beispiel der Beginen. Zulassungsarbeit zur wissenschaftlichen Prüfung für das Lehramt an Gymnasien. Konstanz (1984) (ungedruckt) 179. Dazu dies., Die Beginen – eine andere Konzeption von Weiblichkeit? In: Die ungeschriebene Geschichte. Historische Frauenforschung. Dokumentation des 5. Historikerinnentreffens. Hrsg. von Wiener Historikerinnen. (1984) 199–207.

[43] Grundmann, Religiöse Bewegungen 71.

[44] Vgl. Michele Maccarrone, Studi su Innocenzo III. Padova (1972) (Italia Sacra 17). Bes. III. Reforme e innovazioni di Innocenzo III nella vita religiosa, 223 ff. u. IV. Innocenzo III teologo dell'Eucaristia, 341 ff.; Helmuth G. Walther, Haeretica pravitas und Ekklesiologie. Zum Verhältnis von kirchlichem Ketzerbegriff und päpstlicher Ketzerpolitik von der zweiten Hälfte des XII. bis ins erste Drittel des XIII. Jahrhunderts. In: Die Mächte des Guten und Bösen. Vorstellungen über ihr Wirken in der Heilsgeschichte, Miscellanea Mediaevalia 11 (1977) 268–314, bes. 307 ff.; Wilhelm Imkamp, Das Kirchenbild Innozenz' III. (1198–1216)

(1983) (Päpste und Papsttum 22) 26 ff. (Petrus Cantor) 46 ff. (Eucharistielehre) 64 ff. (Bußlehre).

45 Vgl. John Frederick Hinnebusch, O. P., The Historia occidentalis of Jacques de Vitry. A critical Edition. Fribourg/Switzerland (1972) (Spicilegium Friburgense 17), Kap. VIII und IX über den Kreis des Petrus Cantor, 94 ff. Jean Longère, Oeuvres oratoires de maîtres parisiens au XIIe siècle. Paris (1975) I 420 ff.

46 Christine Thouzellier, Catharisme et valdéisme en Languedoc. A la fin du XIIe et au début du XIIIe siècle. Paris (1966) (Publications de la Faculté des Lettres et Sciences humaines de Paris, Série „Recherches" 28) 139 ff. u. 183 ff. Walther, Haeretica pravitas 308 ff.

47 Rolf Zerfaß, Der Streit um die Laienpredigt. (1974) (Untersuchungen zur praktischen Theologie 2) 203 ff. u. 204 ff. Inwieweit die Gruppen um Durandus von Osca und Bernardus Prim wenigstens zeitweise auch mit der „Praedicatio" beauftragt wurden, ist zwischen Zerfaß, Thouzellier (a. a. O., 219) und Maccarrone (Studi, 298) umstritten. Entscheidend ist aber m. E. die Tatsache, daß ein solches Predigt- oder Disputationsrecht nur den „doctioribus fratribus in fide catholica comprobatis et instructis" verliehen wird und in jedem Fall der Aufsicht der Bischöfe untersteht (vgl. G. G. Meersseman, Dossier de l'ordre de la pénitence au XIIIe siècle. (²1982), Propositum der Armen Katholiken von 1208, 282 ff. u. Zerfaß, 217), denn damit waren die Kriterien des Papstes, die er in seiner grundsätzlichen Stellungnahme im Schreiben an den Bischof von Metz (1199) gegen die unerlaubte Laienpredigt festgehalten hatte, erfüllt. Vgl. Zerfaß, 51, und den Text bei Friedberg II, 784 ff. (c. 12 X V.7 „Cum ex iniuncto").

48 Die Armutsformel im Propositum der Armen Katholiken von 1208 war dem „Propositum vitae" des Waldes aus dem Jahre 1180 entnommen, vgl. Grundmann, 109. Dieses Propositum wurde jedoch vom päpstlichen Legaten verfaßt und reflektiert insofern bereits die orthodoxe Haltung der Kirche und nicht die Meinung der später in Verona (1184) und Narbonne (1190) verurteilten Waldenser. Vgl. dazu Thouzellier 30 ff., 45 ff., 79 ff. Den rekonziliierten Waldensern wird also lediglich das zugestanden, was Waldes von der Kirche schon 1180 zugebilligt worden war.

49 Meersseman, 284. Die Bußgemeinschaft von Elne, die sich 1212 den Katholischen Armen unterstellte und ein Spital betrieb, bildet eine Zwischenstufe zwischen den Laien „in domibus propriis" und den Katholischen Armen. Sie verpflichteten sich zum gemeinschaftlichen Besitz und zur Keuschheit, ohne die evangelischen Räte, vgl. Meersseman, 286.

[50] Meersseman, Dossier 276 ff. (Propositum der Humiliaten von 1201) und 284 ff. u. 288 ff. (Propositum der Armen Lombarden von 1210, resp. 1212).

[51] Zur kirchlichen Ständelehre Antonio Volpato, „Corona aurea" e „Corona aureola": ordini e meriti nella ecclesiologia medioevale". In: Bullettino dell'Istituto Storico Italiano per il Medio Evo 91 (1984) 115–181, bes. 141. Zur Bezeichnung „adiutores Christi familie" für den Dritten Orden der Humiliaten, vgl. die Bestimmungen in der Regel des 1. und 2. Zweiges, zit. bei Grundmann, 86, Anm. 31.

[52] Dazu Maccarrone, Studi 278–306. Die Akzente werden hier etwas anders gesetzt. Während Maccarrone (S. 300) die Generallinie Innozenz' III. in der juristischen Unterscheidung zwischen „propositum conversationis" und „regolare propositum" sieht, scheint mir der ekklesiologische Aspekt der Dreiteilung von grundsätzlicherer Bedeutung zu sein. An ihr wurde nämlich auch in der Approbation der Waldenser festgehalten, obwohl diese als Büßer noch kein „regulare propositum" erhielten, wie es die ekklesiologische Systematik eigentlich erforderlich gemacht hätte.

[53] Dies wurde erstmals von Meersseman erkannt, vgl. ders., Dossier, Introduction, und 276–289.

[54] Dazu Volpato, „Corona aurea" 149 ff.; Walther, Haeretica pravitas 310; Gilles Gérard Meersseman, Ordo Fraternitatis. Confraternite e pietà' dei laici nel medioevo. Vol. I, Roma (1977) (Italia Sacra 24): „Ordo laicorum" nel secolo XI 217–240.

[55] Dazu Imkamp. Kirchenbild 156–174, bes. 166.

[56] Sermo XXII de tempore in ascensione Domini (PL 217, 414 C–D): „Has tres solemnitates (= Ostern, Himmelfahrt u. Pfingsten), celebrant tres ordines fidelium in Ecclesia: Incipientes, qui resurgent per humilem poenitentiam; proficientes, qui ascendunt per abundantem justitiam; perficientes, qui consolantur per finalem perseverantiam." Hier zit. nach Imkamp 166, Anm. 393.

[57] Zur Entwicklung des Bußbegriffes in der Frühscholastik Cyril Vogel, Le pécheur et la pénitence au moyen âge. Paris (1969), Introduction. Ders. u. L. Hödl, Buße. In: Lexikon d. Mittelalters II Sp. 1130–1142. Meersseman, Ordo fraternitatis I, I penitenti nei secoli XI e XII 265 ff.

[58] Raymunde Foreville, Lateran I–IV. (1970) (Geschichte der ökumenischen Konzilien 6) 401.

[59] Meersseman, Dossier 88 ff.

[60] Dazu Alfonso Pompei, Il movimento penitenziale nei secoli XII–XIII. In: L'ordine della penitenza di San Francesco d'Assisi. Atti del Convegno di studi francescani 1972. Collectanea Franciscana 43 (1973) 9–40.

[61] Hinnebusch, Historia occidentalis, 165–166: „Non solum hos qui seculo renunciant et transeunt ad religionem regulares iudicamus, sed et omnes Christi fideles, sub evangelica regula domino famulantes et ordinate sub uno summo et supremo abbate viventes, possumus dicere regulares. Habent enim clerici et sacerdotes in seculo commorantes regulam suam et proprias ordinis sui observantias et institutiones. Pari modo proprius est ordo coniugatorum, alius autem viduarum et alius virginum. Sed et milites, mercatores et agricole et artifices et alia hominum multiformia genera proprias et a se invicem differentes habent regulas et institutiones secundum diversa talentorum genera a domino sibi commendata, ut, ex personis diversarum facierum et quasi ex variis membris a se invicem propriis officiis multipharie differentibus, sub Christo capite unum corpus ecclesie compingatur ...".

[62] PL 194 Sp. 1300–1302, zitiert bei Volpato, „Corona aurea" 139: „Coniugati, judices, milites non carebunt regula. Si permanere voluerint in Christi doctrina ... Habet enim omnis ordo et omnino omnis professio in fide catholica et doctrina apostolica suae..aptam regulam, sub qua legitime certando poterit pervenire ad coronam."

[63] Da die „Historia occidentalis" unvollendet geblieben ist, fehlt das Kapitel über die Laien und ihre Regeln (vgl. Hinnebusch 22). Jakob von Vitry hatte aber auf jeden Fall Kenntnis vom dritten Orden der Humiliaten (vgl. Hinnebusch 145).

[64] Dazu Otto Gerhard Oexle, Die funktionale Dreiteilung der „Gesellschaft bei Adalbero von Laon". In: Frühmittelalterliche Studien 12 (1978) 1–54; Georges Duby, Les trois ordres ou l'imaginaire du féodalisme. (1978) Dt. Ausgabe 1986. Vgl. dort 451, auch zur Stelle bei J. von Vitry.

[65] Marie-Thérèse d'Alverny, Les mystères de l'église, d'après Pierre de Roissy. In: Mélanges offerts à René Crozet. Vol. II Poitiers (1966) 1085–1104, bes. 1097. Dieser Aufriß, der später für die Kathedrale der Hochgotik zur Regel wurde, wurde erstmals beim Neubau der Kathedrale von Chartres unter Peter von Roissy verwirklicht, vgl. Otto von Simson, Die gotische Kathedrale. (1968) 273 ff. Peter von Roissy gehörte wie Jakob von Vitry und Innozenz III. ebenfalls zum Schülerkreis des Petrus Cantor, vgl. V. L. Kennedy, The Handbook of Master Peter Chancellor of Chartres. In: Medieval Studies 5 (1943) 1–38, bes. 1 ff.

[66] Dazu Alberto Forni, Giacomo da Vitry, predicatore e sociologo. In: La Cultura 18 (1980) 34–89. Bes. 35 ff. u. 44 ff. mit etwas anderer Akzentsetzung, denn Forni zufolge erfüllen diese älteren

Ordnungssysteme nunmehr nur noch die Funktion einer metaindividuellen Moralordnung, um die divergierenden Kräfte der Gesellschaft zusammenzuhalten. Die Trifunktionalität der ekklesiologischen Dreiteilung hat für ihn deshalb auch keine hierarchische, sondern nur noch organologische Bedeutung („L'idea di organismo supera quella di gerarchia" 45). Dagegen spricht aber sowohl die institutionelle Realität der beiden Status-Modelle wie auch die starke Betonung der Unterordnung des jeweiligen dritten Standes der „conjugati" und der nach Berufssparten differenzierten „laboratores", wie sie etwa in der Ständepredigt Bertholds von Regensburg klar hervortritt (vgl. Ausgabe seiner Predigten von Franz Pfeiffer, I (1862) Predigt 10 „von zehen koeren der engele und der kristenheit" u. Pfeiffer/Strobel, II (1880) Predigt 55 „Von den drîen fürstenamten", die hier bereits mit der Bußbewegung in Verbindung gebracht werden. Daß Innozenz III. die Idee einer horizontalen und einer dem Papst direkt unterstellten vertikalen Strukturierung der Gesellschaft durchaus nahe lag, zeigt Andrea Boni, L'ordine dei frati minori nella clericalità delle sue origini. In: Antonianum 64 (1989) 540–586 im Zusammenhang mit der Einführung der „ordines apostolici" (bes. 565).

[67] Vgl. Gerd Tellenbach, Irdischer Stand und Heilserwartung im Denken des Mittelalters. In: Festschrift für Hermann Heimpel zum 70. Geburtstag. Bd. 2 (1972) (Veröffentlichungen des Max-Planck-Instituts für Geschichte 36/II) 1–16, bes. 4.

[68] Vgl. Meersseman, Ordo fraternitatis I 277–282.

[69] Hinnebusch, Historia occidentalis 117.

[70] Vgl. Maccarrone, Studi 272 ff.; PL 214, Ep. 198 Sp. 173–174 (1198). Eine zusammenfassende Untersuchung der päpstlichen Maßnahmen gegenüber dem weiblichen Religiosentum fehlt.

[71] Meersseman, Dossier 5, zitiert die erste Vita der hl. Klara: „Mulieres, virgines et viduae ad eorum (fratrum) praedicationem compunctae ... recludebant se ad poenitentiam faciendam."

[72] Vgl. Imkamp, Kirchenbild 203 ff. und Urban Küsters, Der verschlossene Garten. Volkssprachliche Hohelied-Auslegung und monastische Lebensform im 12. Jahrhundert. (1985) (Studia humanoira 2) 266 ff.

[73] Zuletzt Degler-Spengler, Die Religiöse Frauenbewegung (wie Anm. 2) 81 ff.

[74] Greven, Anfänge 202, unter Berufung auf die zitierte Stelle aus der „Historia occidentalis" Jakobs von Vitry.

[75] Martina Wehrli-Johns, Haushälterin Gottes. Zur Mariennachfolge der Beginen. In: Maria Abbild oder Vorbild. Zur Sozialge-

schichte mittelalterlicher Marienverehrung. Hrsg. von Hedwig Röckelein, Claudia Opitz u. Dieter R. Bauer (1990) 147–167. Für die Entwicklung der Beginenhöfe verweise ich auf meine vergleichende Geschichte des weiblichen Büßertums in Europa (in Bearbeitung).

[76] Dies., Voraussetzungen und Perspektiven mittelalterlicher Laienfrömmigkeit seit Innozenz III. Eine Auseinandersetzung mit Herbert Grundmanns „Religiösen Bewegungen". In: Mitteilungen des Instituts für Österreichische Geschichtsforschung 104 (1996) 286–309.

„Religiöse Frauen im Florenz des 13. und 14. Jahrhunderts"

[1] Übers.: „Ein gemauertes Haus errichtet werden sollte für drei Einsiedler oder Einsiedlerinnen, die Gott lobpreisen und für die Seele des Stifters beten sollten."

[2] Domenico Moreni, Notizie istoriche dei contorni di Firenze. Bd. IV. Florenz (1795), 219. Das Phänomen der weiblichen Religiosität ist äußerst umfassend und für Florenz bisher noch wenig erforscht. Zu den wenigen neueren Untersuchungen zu diesem Thema zählt etwa das ausschließlich bevölkerungsstatistisch orientierte Werk von R. C. Trexler, Le célibat à la fin du Moyen Age. Les religieuses de Florence. In: „Annales ESC" 27 (1972) 1329–1350. Für diese notwendige, aber noch am Anfang stehende Historiographie erweisen sich die Gelehrten des 18. und 19. Jahrhunderts, auch wenn sie oft ungenaue Angaben machen, als wertvolle Hüter einer vernachlässigten, aber grundsätzlich in dieses Gebiet einführenden Urkunden-Überlieferung.

[3] Wolfram von Eschenbach, Parzival. Turin (1981) IX, 435–440.

[4] Übers.: „Zur Aufnahme irgendwelcher guter Frauen, Reklusen oder Eremitinnen, die dort eingeschlossen leben sollten".

[5] Archivio di stato di Firenze (ASF), Provvisioni, 59, Cod. 124v, 10. März 1371. Ich danke Dr. Paul Pirillo für diese Information. Das Häuschen, das von der Witwe Giovanna für die Beherbergung von „recluse" bestimmt wurde, war ungefähr zwanzig Jahre zuvor erworben worden; vgl. Giuseppe Richa, Notizie storiche delle chiese fiorentine divisene suoi quartieri, Tom. 1–10. Florenz (1754–1762), hier Bd. IX, 128.

[6] Vgl. Anna Benvenuti Papi, „In castro poenitentiae". Santità e società femminile nell' Italia medievale. Rom (1990) 305–414.

[7] Ebd., 351–361.

223

[8] ASF, Notarile antecosimiano, 0.3 (Opizzo da Pontremoli) Cod. 51r, 26. Juli 1298, Testament von Moltobella del fu Chiaro de'-Macci.

[9] ASF, Notarile antecosimiano, Opizzo da Pontremoli, III, Cod. 53v.

[10] Ebd., Cod. 56v, 27. September 1298, Testament der Bandeccha, Witwe von Pepe di Bindo Alamanni.

[11] Vgl. Benvenuti Papi, „In castro poenitentiae", 269, 366–368.

[12] Robert Davidsohn, Forschungen zur älteren Geschichte von Florenz, Bd. IV. Berlin (1908) 422. ASF, Notarile antecosimiano, I.41.1. (Jacopo di Geri), Cod. 89v. Übers.: „beschloß ein religiöses Leben zu führen in einer Klause in der Pfarrei des heiligen Remigius, gelegen auf der Ribocon-Brücke".

[13] Vgl. Benvenuti Papi, „In castro poenitentiae", 544, 545, 575–578.

[14] Richa, Notizie storiche, III, 151. Niccolosa di Ruggeri di Dionigi und Margherita di Giovanni da Mangona stifteten den Vallombrosanern von Santa Trinità das Oratorium von San Michele Arcangelo, neben dem sich die kleine Einsiedlerinnengemeinschaft zusammengefunden haben mußte. Wenige Jahre später, im Jahre 1328, stoßen wir hier auf ein Kloster, das nach Santa Trinità in der via Guelfa benannt war und aus einer Gebäudestiftung des Kanonikers Stefano di Broye hervorging (Robert Davidsohn, Storia di Firenze, Tom. IV.3, Florenz 1965, 17 und 81). Dieses Kloster hatte sich vielleicht aus dem ursprünglichen Kern der Reklusen weiterentwickelt, die von der wegen der Hochwasser des Arno immer unsicherer werdenden Brücke weggezogen waren (1333 hatte eine gewaltige Überschwemmung alle Brücken der Stadt zerstört). Doch schließt diese Erklärung nicht aus, daß es sich vielleicht auch um den Umzug eines alten Benediktinerinnenklosters (Santa Trinita in Alpe) vom Pratomagno in einen Neubau in der via Guelfa handelt, was im Rahmen der allgemeinen Tendenz von Klöstern in peripherer Lage, am Ende des 13. Jahrhunderts in die Städte zu ziehen, gesehen werden muß.

[15] Giuseppe Raspini, Gli eremi nella diocesi di Fiesole. Fiesole (1981), und ders., Il movimento eremitico, monastico, conventuale e religioso nella diocesi die Fiesole. Fiesole (1981). Zu der Legende um Brigida innerhalb der eremitischen Tradition vgl. Benvenuti Papi, „In castro poenitentiae", 326–328.

[16] ASF, Diplomatico Santa Maria a Fonteviva, 8. Oktober 1311. Raspini, Eremi, 28 und ders. I monasteri nella diocesi di Fiesole. Fiesole (1982) 249.

[17] Ebd.

[18] Aufgrund der Veränderungen sowie der verschiedenen Niederlassungen, die im Lauf der Zeit auftraten, wechselt ihre Bezeichnung. Unter folgenden Namen werden sie erwähnt: „Eremitinnen von Fiesole", „von Santa Maria del Fiore", „von Santa Maria del Fiore a Lapo", „von Chiara Fontana". Vgl. Raspini, Monasteri, 63–72, ID., Eremi, 14 (Bibliographie auf den Seiten 36–37, Anm. 84). Siehe dazu auch Moreni, Notizie istoriche, VI, 214; Davidsohn, Forschungen, IV, S. 422; B. Dei, Santa Maria del fiore sui colli di Fiesole ora San Francesco, Florenz, 1907; G. Raspini, Santa Maria del Fiore a Lapo, „L'osservatore Toscano", Ausgabe Fiesole v. 18. Dezember 1955.

[19] Raspini, Eremi, 16.

[20] Zu den reichhaltigen Untersuchungen, die er der älteren Geschichte von Fiesole widmet, wird auf den dritten Teil der bereits zitierten Untersuchungen ‚Monasteri und Eremi' verwiesen.

[21] Raspini, Eremi, 6.

[22] Ebd., 29. Auch die Eremitage von Troghi, die zweckmäßigkeitshalber wiederbesiedelt wurde, wurde später in ein Kloster umgewandelt.

[23] Raspini, Monasteri, 214.

[24] Ebd., 228.

[25] Diese letzteren werden im bereits erwähnten Testament von Moltobella del fu Chiaro de'Macci unter dem Namen „Domine de Fighino" aufgeführt (vgl. Anm. 6).

[26] Ich weiß nicht, inwieweit es trotzdem zulässig ist, dieser sich als äußerst variabel erweisenden Nomenklatur fachspezifische Bedeutung beizufügen. Der dem Ortsnamen vorausgeschickte Terminus „dominae", weist nur auf religiöse Niederlassungen von Frauen hin, egal welcher Natur sie auch sein mögen.

[27] Raspini, Monasteri, 228. ASF Carte strozziane, III, 233, c.206v.

[28] 1311 bestätigte der Bischof Tedice degli Aliotti die Wahl der Äbtissin durch die Mönche, was einen Anhaltspunkt für eine relative Autonomie der Einrichtung sowohl gegenüber den weltlichen wie auch klerikalen Schutzherren darstellt. Deshalb wurde diese Gemeinschaft während des gesamten 14. Jahrhunderts aufmerksam vom Episkopat von Fiesole beobachtet. Noch einmal in einem Visitationsprotokoll von 1439 erwähnt, verlieren sich dann die Spuren des Klosters im fortgeschrittenen 15. Jahrhundert. Raspini, Monasteri, 230.

[29] A. Bossini, Storia di Figline e del Valdarno superiore, Firenze (1970) 209. Raspini, Monasteri, 233, meinte, daß die Benediktinergemeinschaft von Santa Maria in Castelvecchio di Figline

mit der Zerstörung der Burg verschwunden sei. Zu jenen Frauen, die er „rinchiuse" von Figline nennt, siehe 220–230.

[30] Moreni, Notizie istoriche, VI, 85. Davidsohn, Storia III, 400.

[31] ASF, Notarile antecosimiano, 0.3 (Opizzo da Pontremoli, c.46v, 8. April 1300), Testament der Tessa, Witwe des Banco Bonatti da Campi, Tochter von Uguccione dell'Orco. Banco, von Beruf Notar, gehörte zu den Büßermönchen von San Paolo. Vgl. Benvenuti Papi, „In castro poenitentiae", 28.

[32] Moreni, Notizie istoriche, VI, 94. Der Verfasser, der nur die Benediktinerinnen kennt und die Anwesenheit der „moniales ordinis sancti augustini" in Maiano im Jahre 1462 nicht erklären kann, folgert, daß „der Notar vermutlich einem Irrtum verfallen war, da er sich über die Ordensregeln und -zugehörigkeiten keinen Überblick zu schaffen wußte".

[33] Richa, Notizie storiche, II, 44. Das auch unter dem Namen San Bartolomeo a Trespiano erwähnte Hospital existierte sicherlich bis 1276. Da nämlich wurde es im Testament von Beatrice di Capraia erwähnt. Siehe dazu Trespiano in Repetti, Dizionario, V, 597.

[34] Richa, Notizie storiche, II, 45, führt unter anderem ein Dokument aus dem Jahre 1349 an, aus dem sich ergibt, daß zu diesem Zeitpunkt im Hospiz der Macci die „moniales S.cti Justi de ordine S. Clare, aretine diocesis, hodie degentes in hospitale de Maccis" anwesend waren.

[35] Raspini, Monasteri, 93–94. Gegen Ende des 14. Jahrhunderts kamen zu genau diesem Kloster die vom Florentiner Bischof Bartolomeo Uliari einverleibten Benediktinerinnen von Santa Maria Madre. Richa, Notizie storiche, II. 45. Aus dieser ganzen Reihe von aufeinanderfolgenden Bewohnerinnen ging letztendlich ein Klarissenkloster hervor.

[36] Richa, Notizie storiche, VIII, 355, Moreni, Notizie istoriche, V, 108. Die Frauen von Sant'Agnese aus dem Borgo San Lorenzo siedelten zwischen 1285 und 1286 nach Santa Lucia in der Via San Gallo um.

[37] Der langandauernde Streit von Sant'Ellero – wo die Nachfolgerinnen jener Äbtissin Itta lebten, der 1039 der heilige Giovanni Gualberto das Gebiet, auf dem ihr Kloster erbaut worden war, geschenkt hatte – war entstanden, als 1253, auf ein von Kardinal Ottaviano aus dem Haus der Ubaldini wärmstens unterstütztes Gesuch von Tesoro, dem Abt von Vallombrosa, Papst Alexander IV. eben dieser Kongregation jenes alte Benediktinerinnenkloster zuwies. Die Nonnen waren in den Augen des Papstes vom spirituellen Gesichtspunkt aus betrachtet bereits unwiederbringlich

verloren. Die Nachricht von der Übereignung mißfiel nicht nur den frommen Frauen von Sant'Ellero, sondern auch in besonderem Maße der Stadt Florenz. Denn diese witterte darin ein Manöver eben jenes expansiven Kardinals Ottaviano, um den von Sant'Ellero beherrschten Durchgang in Richtung der Ländereien seiner Familie in Casentino, offen zu halten. Ein päpstlicher Bote wurde beauftragt, die Nonnen aus ihrer mit Türmen bewehrten Ansiedlung auszuweisen, aber diese widersetzten sich so lange mit Gewalt, bis der Papst die Florentiner in einem Schreiben dazu aufforderte, sich dafür einzusetzen, daß seine Anordnungen ausgeführt werden. Florenz seinerseits, weit davon entfernt, den Wünschen des Papstes nachzukommen, traf Maßnahmen gegen die Vallombrosaner, indem es ihnen das Recht auf Inbesitznahme des Klosters abstritt, was strategisch in dieser politischen Lage sehr bedeutsam war. Angesichts dieser sich ausdehnenden allgemeinen Rebellion drohte der Papst der Stadt mit dem Interdikt. In den Verhandlungen, die folgten, akzeptierte er die von seiten der Florentiner nur als Vorwand aufgefaßte Verteidigung der Nonnen, indem er ihnen im Austausch für die vallombrosanische Besitzergreifung ihres Wohnortes den Aufenthalt im alten florentinischen Kloster San Pancrazio als Kompromiß anbot, wo sie bei den Nachfolgern von San Giovanni Gualberto hätten weiterleben können. Diese Regelung zur Beilegung des Konfliktes, die nicht im mindesten gegen die wahren Interessen von Florenz verstieß, wurde jedoch von der Stadt abgelehnt. Dies bewirkte für die Nonnen die Exkommunikation und das Interdikt für die Stadt, die die Nonnen unterstützte. Die kommunalen Autoritäten steckten den Geistlichen aus Bologna, der nach Florenz abgesandt worden war, um das Urteil öffentlich bekanntzugeben, ins Gefängnis und benutzten diese feindselige Situation dazu, um Anordnungen gegen die kirchlichen Pfründe zu erlassen, was besonders die Interessen der Vallombrosaner traf. Das Interdikt wurde am 17. September 1257 aufgehoben, aber die Situation blieb für Sant'Ellero unverändert. Während die Nonnen überall Verbündete suchten, widersetzten sie sich weiterhin der verhaßten Einverleibung. In diesem Zusammenhang schließlich leisteten sie 1267 zusammen mit den ghibellinischen Flüchtlingen erbitterten Widerstand. Bei dieser Gelegenheit wurde ihr Kloster schließlich zum Schauplatz eines Blutbades, das von den französischen Rittern im Gefolge Karls von Anjou verübt wurde. „Sie wurden besiegt", so Davidsohn, Storia, III, 11, „400 wurden lebend geviertelt, die anderen wurden gefangengenommen, und der Blutdurst war so groß, daß sogar die Frauen, die sich in

Sant'Ellero befanden, egal ob Nonnen oder Mägde oder Verwandte der ghibellinischen Flüchtlinge, zum Opfer der Sieger wurden." Das Kloster wurde dem Erdboden gleichgemacht. Und durch den Umstand, daß auch all ihr Hab und Gut geplündert bzw. zerstört worden war, waren die Nonnen gezwungen, in die Unterwerfung unter den Orden von Vallombrosa einzuwilligen und den alten päpstlichen Vorschlag der Umsiedlung nach San Pancrazio in Florenz zu akzeptieren, wo dann ihre blutbefleckte Geschichte endete.

[38] Richa, Notizie storiche, V, 357; Davidsohn, Forschungen, IV, 418. Der Prior von San Lorenzo bewilligte den vertriebenen Frauen aus Faenza am 27. Oktober 1281 die Errichtung eines Klosters auf seinem Pfarrgebiet. Im darauffolgenden Jahr erwarb Schwester Umiltà von den Büßern von San Paolo das Grundstück in der Nähe von Mugnone, auf dem dann das Kloster gebaut wurde.

[39] Repetti, E., Dizionario geografico, fisico, storico della Toscana, Bd. III Florenz 1835, S. 79, siehe Stichwort Marignolle.

[40] Zu den Urkunden über die Streitigkeiten siehe Moreni, Notizie istoriche, IV, S. 128. Die Humiliaten klagten am 24. Februar 1289 bei dem Richter und Notar Azzo gegen die Einmischung des Klosters, da sie ihre Pfarrechte verletzt sahen. Aber die Nonnen wurden von ihren mächtigen, als ihre Beschützer auftretenden Blutsverwandten entschieden unterstützt und fuhren unbeirrt mit den Bauarbeiten fort, worauf im März 1289 die Fratres von Ognissanti ihren Protest vor Bischof Andrea dei Mozzi wiederholten. Nachdem auch dies keinen Erfolg brachte, richteten sie sich direkt an Papst Nikolaus IV., der am 10. Juni desselben Jahres seine Sachverständigen mit der Klärung des Falles beauftragte und schließlich durch die Unterwerfung der religiösen Frauen unter die Pfarrgerichtsbarkeit von Santa Lucia dieses Kapitel endgültig abschloß.

[41] Moreni, Notizie istoriche, IV, 126; Davidsohn, Forschungen, IV, 417; Richa, Notizie storiche, 210.

[42] Richa, Notizie storiche, II, 164; Davidsohn, Forschungen, IV, 421.

[43] Richa, Notizie storiche, V, 322.

[44] ASF, Diplomatico ospedale di Bonifazio, 26. Oktober 1292; Davidsohn, Forschungen, IV, 419.

[45] Unter dem Namen „Recluse di San Jacopo inter foveas" werden sie 1293 sowie auch 1300 erwähnt. V. Fineschi, Memorie istoriche degli uomini illustri del convento di Santa Maria Novella, Bd. I. Florenz (1790) 263. (Testament von Schiatta degli Abati)

46 Davidsohn, Forschungen, IV, 421. Testament des Apothekers Bindo di Corbizo.

47 Kapitulararchiv von San Lorenzo, 21. April 1327. Davidsohn, Forschungen, IV, 421. Nicht zu verwechseln mit den Nonnen von Borgo San Lorenzo. Auch sie hatten sich in einem Teil der Croce di Via in der via San Gallo angesiedelt.

48 ASF, Diplomatico di Santa Maria Novella, 12. Februar 1291, Testament des Filippo di Cisti de'Carini aus der Gemeinde Santa Trinita, der in seinen Vermächtnissen auch die „dominus de Bibbiena" in der Via San Gallo bedacht hat. Im Jahre 1300 tauchten sie auch in den bereits erwähnten Vermächtnissen von „Schiatti degli Abati" auf. Fineschi, Memorie, 263.

49 Richa will das Kloster Sant'Agata in Florenz genauso wie dasjenige von Sant'Andrea in Bibbiena mit Hilfe einer wenig klaren Beweisführung unter die einstigen Klostergründungen für Frauen des seligen Kamaldulensers Rodolfo einordnen; siehe dazu ders: Notizie storiche, V, 265. Jedenfalls aber bleibt die weitaus üblichere zusammengesetzte Bezeichnung für diese Einrichtung: „domine di Bibiena seu moniales S. Agate de Via S. Galli" (Richa, Notizie storiche, V, 267). Dieses Element läßt vermuten, daß die Frauen von Bibiena zeitlich später auf das alte, schon vorher existierende Kloster Sant'Agata folgten, wie es eine Urkunde aus dem Jahre 1303 bestätigt, in der die „moniales S. Agathe de v. S. Galli et S. Andree de Bibiena, in eodem monasterio commorantes" erwähnt werden (Richa, Notizie storiche ,V, 269). 1328 gelangten diese Frauen zu den üblichen Vereinbarungen, gemäß den Pfarreirechten der alten Florentiner Kathedrale mit dem Kapitel von San Lorenzo. Aufgrund der allzusehr zersplitterten Klosterwelt von Florenz wurden von Eugen IV. im 15. Jahrhundert Rationalisierungen angeordnet, und in diesem Zusammenhang wurden im Konvent von Sant'Agata eine ganze Reihe von Einrichtungen, in denen mittlerweile schon nicht mehr die Einhaltung der offiziellen Ordensregeln befolgt wurde oder in denen die spärliche Anzahl der Nonnen nicht den Unterhalt der Einrichtung rechtfertigte, zusammengelegt. Dies waren die Klöster von San Francesco di Vicchio di Montemassi, sowie von Santa Trinita, dem schon die Frauen von San Paolo di Rio Secco angeschlossen worden waren, sowie San Silvestro und Santa Maria della Neve, dem der Konvent von Gherardo zugeordnet wurde sowie schließlich Sant'Orsola, das die aufgelösten Benediktinerinnen-Einrichtungen von Santa Maria Madre und Santa Maria Urbana miteinschloß. Richa zufolge wurden diesen Klöstern auch der Konvent von San Gerolamo alla Costa hinzugefügt, in dem

Vallombrosanerinnen lebten und der schon mit Santa Maria della Neve zusammengeschlossen worden war, sowie außerdem das Kloster der Kamaldulenserinnen von Santa Maria a Querceto, das bereits zu Sant'Orsola gehörte. In Sant'Agata kamen auf diese Weise im 15. Jahrhundert alle Frauen zusammen, die aus der alten Klostertradition der Benediktinerinnen stammten, oder die über Klosterauflösungen übriggeblieben waren, oder die sogar von schon tatsächlich ausgestorbenen, nicht patrimonialen Einrichtungen herrührten. (Richa, Notizie storiche, V, 274).

[50] P. N. Cianfogni, Memorie istoriche della ambrosiana reale basilica di San Lorenzo, I. Florenz (1804) 138. Das Kloster von Querceto wurde 1385 dem alten Kamaldulenser-Konvent von San Giovanni Battista, genannt „Boldrone" zugeordnet. Dieser war um eine Einsiedelei herum entstanden, welche von einem gleichnamigen französischen Pilger gegen Ende des 12. Jahrhunderts gegründet worden war. Das mit Sicherheit im 13. Jahrhundert aus Frauen bestehende Kloster hatte auch die Gerichtsbarkeit über San Michele Arcangelo alla Ginestra in der Nähe von Montevarch inne. Der Äbtissin von Boldrone oblag neben dem Inspektions- und Revisionsrecht über diese zwei untergeordneten Klöster auch die Entscheidungsbefugnis über die Versetzung der Klosterfrauen dieser kleinen Kongregation nach ihrem Gutdünken (Moreni, Notizie istoriche, I, S. 73). Gegen Ende des 14. Jahrhunderts zogen dann die Nonnen von Boldrone nach Santa Trinita in der Gemeinde von San Lorenzo um. Die Frauen von Santa Maria a Querceto kamen in die Via San Gallo. (Richa, Notizie storiche, V, 316.).

[51] Moreni, Notizie istoriche, V, 104.

[52] Zu den Urkunden siehe ebenda, 102.

[53] In den ersten Jahren des 15. Jahrhunderts nahmen diese dann den Namen „Santa Maria della Neve". Ebd., 112. Ursprünglich entstand dieses Kloster in der Nähe des Benediktinerklosters von Fabroro bei Montepulciano, dessen Äbten die Ernennung der Äbtissin der „Scalze" oblag. Ihr Kloster wurde zu Anfang der zwanziger Jahre des 15. Jahrhunderts dem Kloster „Paradiso" untergeordnet.

[54] Cianfogni, Memorie, I. 123, Dok., 218. Richa, Notizie storiche, VIII, 355. Davidsohn, Forschungen, IV, 419. Zwei Jahre später stellte die Stadt Florenz, wie in den Statuten vorgesehen, den „dominabus de Burgo Sancti Laurentii" ein Grundstück zur Verfügung „pro edificanda ecclesia Salvatoris, qua edificatur in loco qui dicitur Croce di Via" (Ebd., IV, 419). Die Kirche dieser „dominae", welche aufgrund einer Bulle von Johannes XXII. aus dem

Jahre 1329 zu Angehörigen des „ordinis sancti Augustini" wurden, (Ebd., 419), erhielt dann den Namen „Santa Lucia" statt „San Salvatore", wie sich aus den ursprünglichen Anordnungen ergibt. 1436 wurde der Konvent von Eugen IV. aufgelöst. Er ließ die übriggebliebenen Nonnen, die mittlerweile schon zu „religionis opprobrium, scandalum et perniciosum exemplum" geworden waren, nach Santa Caterina umsiedeln; in ihre Gebäude zogen nach einem kurzen Aufenthalt der Karmelitinnen schließlich die Dominikaner-Tertiarinnen. Richa, Notizie storiche, VIII, 359. Moreni, Notizie istoriche, V, 108.

55 Vermächtnisse für „dominabus de Montelupo", die den Protokollen von Opizzo da Pontremoli beigefügt sind, treten in den Testamenten der Betbrüder und -schwestern von Santa Croce häufig auf.

56 BF, VI, 475, n. 1190.

57 Richa, Notizia storiche, II, 290.

58 Ebd.

59 Diese Eremitinnen wurden 1252 von Bischof Idebrando aus Fiesole reguliert, der am 17. April des Jahres den ersten Stein der Kirche von Fontedomini in der Pfarrei von San Miniato a Rubbiana segnete. 1267 stellte Clemens IV. die Pfarrei zusammen mit dem nahegelegenen Kloster von Poggio alla Croce der Gemeinde San Bartolomeo a Musignano unter den Schutz des Heiligen Stuhls. (Raspini, Monasteri, 285; Repetti, Dizionario, IV, 840). Diese, vermutlich mit der Augustinerregel versehene Einrichtung wird auch 1268 in den Testamenten von Odarrigo dei Cerchi erwähnt (Davidsohn, Forschungen, III, 67). Gegen Ende des 13. Jahrhunderts muß sie in sehr heruntergekommenem Zustand gewesen sein. Zumindest suggeriert das der Auszug einiger Nonnen, die ins Kloster „delle Mura" an der unmittelbaren Stadtgrenze von Florenz zogen, wenn man bedenkt, daß dieser Umzug aus nebensächlichen, schließlich überholten Gründen durchgeführt werden mußte und endgültig war. 1313 ließen sich einige Nonnen wieder in Fontedomini nieder, wo sie Anlaß zu mehreren Skandalen gaben, die noch im selben Jahr für eine drastische Intervention des Fiesolanischen Bischofs Tedice degli Aliotti sorgte; die Situation des Klosters dürfte sich nicht mehr verbessert haben, wie das die nachfolgenden Interventionen des Bischofs von Fuligno aus dem Jahre 1343, sowie die Eingriffe Andrea Corsinis im Jahre 1354 vermuten lassen. Dieser letztere gliederte das Kloster 1354 dem Konvent von Poggio alla Croce di San Bartolomeo a Musignano ein, worauf alle beide Einrichtungen später in Vergessenheit gerieten.

[60] Zu der neugierigen Aufmerksamkeit der Gelehrten und Altertumsforscher gegenüber diesem Ortsnamen, vgl. Moreni, Notizie storiche, VI, 16.

[61] G. Lami, Sanctae ecclesiae florentinae monumenta, Florenz 1759, I, 75; Davidsohn, Forschungen, IV, 418.

[62] Jacopo Sigoli, Ritter aus Florenz, schloß sich mit seinen zwei Söhnen dem Dominikanerorden an, während zwei seiner Töchter in San Jacopo di Ripoli eintraten. Vgl. Fineschi, Memorie, 355. Necrologio, sub voce.

[63] Übers.: „als Äbtissin und Leiterin des Klosters, das de Muro genannt wird".

[64] Moreni, Notizie istoriche, VI, 15; Davidsohn, Forschungen, IV, 418.

[65] Davidsohn, Forschungen, IV, 418. Sie hatten sich der Vermittlung eines Florentiner Kaufmanns in Lione bedient, der beim Kapitel der Kathedrale dieser Stadt um die Reliquie gebeten hatte.

[66] Moreni, Notizie istoriche, IV, 30. Der Ursprung dieser Einrichtung ist mir nicht bekannt. 1297 war die Wahl der Äbtissin dem Florentiner Bischof Francesco Monaldeschi anvertraut; dies läßt eine Gemeinschaftsform einer jüngeren Einrichtung vermuten, die durch bischöfliche Intervention in ein Kloster mit Ordensregeln umgewandelt wurde.

[67] Ihr Konvent, der auf einem Grundstück zwischen den Mauern des Stadttores nach San Frediano und dem Fluß Arno gebaut worden war, wurde während des Baus der dritten Stadtmauer umgewandelt. Aus diesem Grund – um nämlich nicht mit den Augustinerinnen von Sant'Anna in Verzaia vermischt zu werden – richteten sich die Frauen von San Barnaba in den vierziger Jahren des 14. Jahrhunderts an den Bischof von Florenz, Angelo Acciaioli mit der Bitte, in das bequemere Kloster San Pietro a Monticelli umziehen zu dürfen, welches sie 1345 von den Mönchen der Kongregation von San Guglielmo erworben hatten. (Die Urkunden sind veröffentlicht in Moreni, Notizie istoriche, IV, 171–174.) Nach dem Umzug übernahmen die Nonnen die Ordensregeln von San Guglielmo und wurden so zu Mitgliedern dieser Einrichtung, wodurch sie nun auch von der bischöflichen Gerichtsbarkeit befreit und direkt dem Abt von Sant'Antimo unterstellt waren. Eugen IV. hob dieses Privileg im Jahre 1439 wieder auf. Die Nonnen von „della Mura" waren wie jene von San Barnaba für ihre filigranen Stickarbeiten berühmt, die eine ihrer bedeutendsten Erwerbsquellen darstellten. Ihr Archiv wurde nach der Auflösung des Klosters in jenes von San Piero a Monticelli überführt und blieb so erhalten.

[68] Davidsohn, Forschungen, IV, 414. Belege zu den Dominikanerinnen von Ripoli sind enthalten in Fineschi, Memorie. Die Dominikanerinnengemeinschaft in der via della Scala unterhielt im späten 15. Jahrhundert eine florierende Buchdruckerei. Vgl. E. Nesi, Il diario della stamperia di Ripoli. Florenz (1903).

[69] Vgl. Z. Lazzeri, Il monastero di Piccarda. In: La verna 10 (1912–1913) 169–181; ders., Memorie del monastero di Monticelli. In: La verna 9 (1911–1912) 478–486; L. Di Stolfi, Le prime clarisse a Firenze. Il monastero di Monticelli, „Frate Francesco", 13 (1940), 81–87; R. Rusconi, L'espansione del francescanesimo femminile nel secolo XIII. In: Movimento religioso femminile e francescanesimo nel secolo XIII. Assisi (1980) 263–313.

[70] Viel später, nämlich 1376, wird ihr Konvent mit demjenigen von Sant'Orsola zusammengeschlossen. Richa, Notizie istoriche, VII, 42.; Cianfogni, Memorie, I. 136; Davidsohn, Forschungen, IV. 420.

[71] Davidsohn, Forschungen, IV, 416; Moreni, Notizie istoriche, I, 26.

[72] Moreni, Notizie istoriche, VI, 186. Äußerst eindrucksvoll gestaltete sich die Gründung des Konventes von San Donato in Polverosa, der der Legende zufolge von einer ungläubigen Fürstin erbaut worden sein soll. Diese ließ, da sie sich bekehren lassen wollte, die Bäume in diesem damals noch bewaldeten Gebiet fällen, um dort ein religiösen Zwecken dienendes Gebäude zu errichten. (Moreni, Notizie istoriche, I, S. 27). Die ersten Urkunden darüber siehe Davidsohn, Forschungen, IV, 409.

[73] Fineschi, Memorie, 147; Davidsohn, Forschungen, IV, 415. 1322 wurden sie Zisterzienserinnen.

[74] Richa, Notizie storiche, VIII, 302.

[75] Ihr Konvent wurde 1351 aufgrund einer testamentarischen Stiftung von Bartolo di Cino Benvenuti, welcher einige Güter für den Bau einer klerikalen Regeln folgenden Einrichtung bestimmt hatte, gegründet. Hier standen dann später zwölf Nonnen unter der Verwaltung der Leiter der „Compagnia della Misericordia" und unter der spirituellen Obhut der Dominikaner von Santa Maria Novella.

[76] Den Nonnen von Santa Trinità waren die Klöster von Santa Maria Madre und Santa Maria Urbana angeschlossen worden. Alle wurden in das Kloster Sant'Orsola überführt und schließlich Sant'Agata angeschlossen (Richa, Notizie storiche, IV, 194). Diese unübersichtlichen und schnell aufeinanderfolgenden Bewegungen innerhalb der Frauenklöster im späten 14. Jahrhundert

233

machen es äußerst schwierig, den Wechsel einer jeden einzelnen Einrichtung und ihrer jeweiligen Archive zu verfolgen.

[77] Richa, Notizie storiche, III, 331.

[78] Davidsohn, Forschungen, IV, 415; Richa, V, 192. Sie wurden 1370 den Nonnen von Regina Coeli del Chiarito angegliedert.

[79] Davidsohn, Forschungen, IV, 415. Sie werden ab 1255 erwähnt.

[80] Ebenda, 416; Moreni, Notizie istoriche,VI, 207.

[81] Der neue Konvent war am 29. März 1345 errichtet worden, und auch er blühte durch das angeregte spirituelle Klima im Umfeld der Frauen von Simone da Cascia auf. Eine ihrer Anhängerinnen, Monna Nera di Lapo Manerii, kaufte 1344 einige Güter von San Cajo (San Gaggio) auf und errichtete, durch die Unterstützung des einflußreichen Familienklans der Corsini, ein Kloster, in dem Frauen und Töchter einiger Gaudenzritter der Gegend Unterschlupf fanden und dann bekehrt wurden. Die Nonnen legten 1345 ihr Gelübde ab. Ihr Bezug zum spirituellen Klima der Zeit wird durch die Verbindungen zu Katherina von Siena bestätigt. Moreni, Notizie istoriche, I, 85. Vgl. Benvenuti Papi, „In castro poenitentiae", 223–225.

[82] Moreni, Notizie istoriche, VI, 207 und II, 103.

[83] Ebd., IV, 122.

[84] Richa, Notizie storiche,V, 219, behauptet ohne unterstützendes Beweismaterial, daß religiöse Frauengemeinschaften seit dem Ende des 10. Jahrhunderts auf dem Berg existiert und der Anbetung von San Miniato gedient hätten. Die Frauen, die in der zweiten Hälfte des 14. Jahrhunderts Ordensregeln angenommen hatten, wurden „de' Baroncelli" genannt. Bei Moreni, Notizie istoriche, V, 92, sind einige Urkunden, die diese Frauen betreffen, enthalten.

[85] Davidsohn, Storia, VII, 42. Für die darauffolgenden wechselvollen Schicksale des Klosters, das sich zu Beginn des 14. Jahrhunderts rühmen konnte, ungefähr 50 Nonnen und Konvertitinnen zu beherbergen, vgl. Moreni, Notizie istoriche, II, 50. Davidsohn, Forschungen, IV, 416.

[86] Cianfogni, Memorie, I, 136; Davidsohn, Forschungen, IV, 421.

[87] Richa, Notizie storiche, VII, 43.

[88] Davidsohn, Forschungen, IV, 421. ASF, Diplomatico di Santa Maria Novella, 15. Juni 1312. Testament des Rinuccio di Puccio.

[89] Davidsohn, Storie, VII, 81. Es waren Benediktiner-Nonnen, die dann in Sant'Agata aufgingen.

[90] ASF, Notarile antecosimiano, 0.3 (Opizzo da Pontremoli), c. 110. Testament von Lapa di Riccomanno di Carro de' Carri. Davidsohn, Forschungen, IV, 421.

91 Richa, Notizie storiche, VII, 95. 1435 siedelte Papst Eugen IV. die Nonnen von Chiarito und von Santa Lucia ins Kloster Santa Caterina um. Die Einrichtung, die von der Observanz vollständig abfiel, wurde im 15. Jahrhundert aufgelöst.

92 Richa, Notizie storiche, IV, 220; Moreni, Notizie istoriche, V, 19–20: die Genehmigung für die Errichtung erteilte Antonio degli Orsi. Bonaccorso Pitti selbst erwähnt die Gründung dieses Klosters in seiner Cronaca. Dank dieses repräsentativen Patronats sowie des Namens Sant'Anna erhielt der Konvent seit 1359 die Ehrerbietung und Huldigung durch die Republik, was jedes Jahr am 26. Juli zum Andenken an die Vertreibung des Herzogs von Atene gefeiert wurde. Moreni, Notizie istoriche, IV, 24.

93 Richa, Notizie storiche, VII, 34.

94 Richa, Notizie storiche, II, 144. Dieses Kloster wurde dann in der Mitte des Jahrhunderts von den Klarissen von San Giusto di Arezzo belegt.

95 Richa, Notizie storiche, VIII, 298. In der zweiten Hälfte des 14. Jahrhunderts wurde dem Florentiner Kloster Sant'Appolonia das fiesolanische Kloster Fontedomini, von dem wir schon einige Nonnen in jenem von San Giusto alle Mura kennengelernt haben, eingegliedert. Im 15. Jahrhundert hatte Sant'Appolonia dank einer aus der Familie der Donati stammenden Äbtissin auch das Patronat über das alte Hospital von Pinti, das zum Besitz dieser Familie gehörte. Im Rahmen der Klosterpolitik Papst Eugens IV. wurde der alte Benediktinerinnen-Konvent von Mantignano, der floriert und sich in sozialer Hinsicht bewährt haben muß, mitsamt seinem riesigen Besitz an Grund und Boden annektiert. Diese Einrichtung, die von der Familie der Cadolingi gegründet worden war (Repetti, Dizionario, III, 48–49), und die außerhalb der episkopalen Gerichtsbarkeit stand, – eine Freiheit, die durch langanhaltende Streitigkeiten mit den Florentiner Bischöfen zu Anfang des 12. Jahrhunderts verteidigt worden war – verschwand mit diesem päpstlichen Eingriff, indem die alte Abtswürde aufgehoben wurde. Die noch in geringer Anzahl vorhandenen Nonnen leisteten zwar Widerstand, waren aber unfähig, sich gegen den jüngeren und qualifizierteren Florentiner Konvent durchzusetzen und mußten sich schließlich fügen. Die Äbtissin weigerte sich jedoch, mit den Ordensschwestern von Sant' Appolonia zusammenzuleben. Ihr wurde ein Haus zugeteilt, in dem sie ihre restlichen Tage verbringen konnte. Was das päpstliche Breve über den Anschluß des Konvents von Mantignano an Sant'Apollonia betrifft, vgl. Richa, Notizie storiche, VIII, 306–308.

96 Richa, Notizie storiche, IX, 79.

[97] Sacchetti, Lettere sopra le dipinture dei Beati.

[98] Richa, Notizie storiche, IX, 79; VIII, 331.

[99] Ich habe keine Informationen über den ursprünglichen Kern der Frauen, die sich in San Donato in Ognissanti zusammen mit der Gemeinschaft der Humiliaten niederließen. Als sie nach Ognissanti umsiedelten, hatten sie kein Doppelkloster mehr. Zu den Schwestern von Santa Marta vgl. Moreni, Notizie istoriche, III, 138.

[100] Diese Ordensschwestern besetzten 1378 ein Gebäude, aus dem die konvertierten Frauen von Fiesole ausgezogen waren, am Ende der Via San Gallo. Sie lebten nach der Benediktinerregel, und ihr Eintritt in die Pfarrei von San Lorenzo schuf die üblichen Probleme mit den Kanonikern hinsichtlich der Unterordnung unter die Pfarreigesetze. Nach wechselvollen Ereignissen wurden sie im 15. Jahrhundert zusammen mit dem Kloster der „Scalze" dem Kloster Sant'Agata angeschlossen. Richa, Notizie storiche, V, 241.

[101] Richa, Notizie storiche, II, 221. In dem Kloster wurde die vallombrosanische Ordensregel infolge der bestehenden Vereinbarungen mit dem Ordensgeneral, der der Besitzer jener Grundstücke war, auf denen das neue Klostergebäude errichtet werden sollte, eingeführt. Die Gesamtübersicht über die vallombrosanische Präsenz in Florenz muß erst noch erforscht werden, und es wäre nützlich, im Detail nachzuprüfen, inwieweit die Gründungen von Frauenklöstern ein Instrument der städtischen „reconquista" von seiten des Ordens von Giovanni Gualberto waren.

[102] Richa, Notizie storiche, V, 274. Von den Nonnen von San Girolamo waren 1383 acht Frauen übriggeblieben. Das Archiv von Sant'Agata, wohin alle wichtigen Schriftstücke und Unterlagen jener nach und nach annektierten Klöster zusammengebracht worden waren, bewahrt auch die Urkunde über die Vereinigung vom 3. Dezember 1383, die bei Richa veröffentlicht ist, auf.

[103] Übers.: „Im Haus der Brigitten oder Witwen".

[104] Vgl. Benvenuti Papi, „In castro poenitentiae", 583–584. Übers.: „wo die Äbtissinnen und die Pinzochere ihre Zusammenkünfte abhalten konnten".

[105] Ebd.

[106] Zur Darstellung der Büßerinnenbewegung unter dem Einfluß der Bettelorden und zum sozialen Rahmen, der sie hervorbrachte, vgl. Benvenuti Papi, „In castro poenitentiae", 88–98, 119–140.

[107] Zu den „recluse" der „ponte alle Grazie" und ihrer monastischen Entwicklung vgl. ebd., 575–578.

[108] G. G. Meersseman, Ordo fraternitatis. Confraternità et pietà dei laici nel medioero, in coll. cong. P. Pacini, Bd. 3, Rom (1977) und Benvenuti Papi, „In castro poenitentiae", 17–49.

[109] Zu den Dominikaner-Terziarinnen und ihren Schutzheiligen vgl. Orlandi, La beata Villana terziara dominicana fiorentina del sec. XIV. Florenz (1955), und Benvenuti Papi, „In castro poenitentiae", 171–203.

[110] Der Konvent von Santa Lucia hatte, wie bereits geschildert, die Einsiedlerinnen von Borgo San Lorenzo – die 1293 nach Florenz gezogen und von Eugen IV. 1436 abgeschafft worden waren – beherbergt, als die verbliebenen Klosterschwestern nach Santa Caterina umzogen. Das Kloster wurde nach einem kurzen Aufenthalt der Karmeliterinnen den Bußschwestern von San Domenico übergeben. Während einige der römischen Bußschwestern in Santa Lucia durch die Anregung von Manfredi da Vercelli zusammengekommen waren, strömten andere Florentiner Mantellate zum Kapitel von „Gualfonda", wo sich eine Gruppe dominikanischer Bußschwestern befand, sowie zu anderen privaten, in der Stadt verstreuten Häusern. Auch die Nonnen der aufgelösten Einrichtung von Santa Maria della Neve, die bereits zum Pulsaneser Barfüßerorden gehörten und „Scalze" genannt wurden, kamen nach Santa Lucia, das vom hl. Anton mehr als Unterkunft denn als Konvent organisiert worden war. Santa Lucia lag Fra Girolamo Savonarola sehr am Herzen. Auf eben diese frommen Frauen lenkte er den wohltätigen, heiligen Eifer vieler seiner adligen Anhängerinnen, die dazu beitrugen, daß die Anzahl religiöser Gebäude in die Höhe schnellte. Fra Girolamo bemühte sich deshalb darum, Santa Lucia in ein klausuriertes Kloster mit vorbildhafter, strenggläubiger Einhaltung der Dominikaner-Regel zu verwandeln. Dieser Wunsch wurde von Papst Alexander VI. erfüllt. Die Nonnen von Santa Lucia waren eines der Zentren der „Klagebewegung" der Anhänger Savonarolas, denn am Vorabend des Todes ihres Propheten sollen sie der Überlieferung zufolge in der Vorausahnung dieses Ereignisses in ein unbeschreibliches Jammergeschrei innerhalb der Konventsmauern ausgebrochen sein. Richa, Notizie storiche, VIII, 347.

[111] Annalena di Galeotto Malatesta, Witwe des Hauptmanns der Florentiner Streitkräfte, Baldaccio da Anghiari, Graf von Anguillara, versammelte nach dem Tode ihres einzigen Sohnes zwölf Frauen der Florentiner Aristokratie um sich, die im August 1445 aus den Händen des hl. Antonin von Florenz die Einkleidung in den Dominikaner-Büßerorden erhalten hatten. 1450 erlaubte ihr Nikolaus V. die Gründung eines Konvents in ihrem Haus, wo

rund 20 Frauen, Jungfrauen und Witwen, untergebracht werden sollten. (Zu dem päpstlichen Breve vgl. Richa, Notizie storiche, X, S. 136–137). Fünf Jahre später gestand Calixtus III. ihr und ihren Mitschwestern des Dritten Ordens der Dominikaner die Errichtung eines Oratoriums und den Gebrauch der Glocken für die Liturgiefeier zu. Dies rief, trotz der auf dieses päpstliche Breve folgenden Androhung der Deposition des Bischofes, den üblichen Einspruch seitens der Inhaber der Pfarreirechte, den Kamaldulensern von San Felice in Piazza, hervor. Annalena löste jedoch dank ihrer einflußreichen Beziehungen schnell die Frage der Unterordnung unter die Pfarrgemeinde und verwies zu ihrer Verteidigung erfolgreich auf die Unabhängigkeit ihrer Einrichtung von der Regel, Visitation und Leitung durch die Dominikanermönche von Santa Maria Novella. Pius II. gestattete ihr 1461 sogar weitere Gründungen, die sowohl der klerikalen als auch der weltlichen Führung ihrer Wahl unterstellt sein konnten (Richa, Notizie storiche, X, 139–140), und befreite damit ihre Stiftung vollständig von der Bevormundung durch die Prediger-Brüder.

[112] Davidsohn, Storia, VII, 78; Richa, Notizie storiche, VIII, 82; A. Dal Pino, I frati servi di Santa Maria dall origine all approvazzione (1233 – ca. 1304). Louvain (1972), Bd. 3, 38–39, 238, 444, 446.

[113] Übers.: „Konvent religöser Jungfrauen, Witwen, Beginen und Mantellate unter dem Patronat der Heiligen Maria vom Berg Karmel".

[114] Aus einem im Archiv der Karmeliter aufbewahrten Breve Nikolaus V., das bei Richa, Notizie storiche, IX, 116. veröffentlicht ist. Zu weiteren Informationen über dieses Kloster siehe ebd., I, S. 308.

[115] Richa, Notizie storiche, II, 296. Schwester Alessandra Bandinelli und Schwester Simona Gallerani waren die ersten gegen 1373 nach Florenz ausgesandten Botschafterinnen, die der Jesuatinnen-Kongregation der Colombini den Weg bahnten.Vgl. Benvenuti Papi, „In castro poenitentiae", 523.

[116] Die Erlaubnis, einige Servitinnen einzukleiden, bekamen die Silvestriner-Mönche am 14. September 1308. (Richa, Notizie storiche, VII, S. 116 und II, S. 307). Diese Frauen erhielten vom Volk den Namen „santucce", kleine Heilige. Später sollte eine andere Gemeinschaft des gleichen Namens von Niccolosa, der Witwe von Gianni di Noferi degli Alfani, in der Gemeinde San Pier Maggiore gegründet werden. In der Bulle von Sixtus IV., in der die Errichtung dieses Klosters bewilligt wird, werden sie als „eremite di San Giovanni Laterano" des Augustiner-Ordens bezeichnet

(Richa, Notizie storiche , I, S. 139). Hier hatten die Kloster-schwestern die üblichen pfarreirechtlichen Probleme mit den Nonnen von San Pier Maggiore, welche bereits im Niedergang be-griffen waren. Nach jahrelangen Streitigkeiten wurde dann der Zwist durch eine Fusion der beiden Klöster im Jahre 1495 beige-legt. Aber wir wissen nicht, welcher Zusammenhang zwischen diesen beiden als „santucce" bezeichneten Gemeinschaften (wo-bei die ältere bei den Silvestrinern und die neue in San Pier Mag-giore existierte) und der Bewegung der „Santucce" bestand, an de-ren Ursprung der Name der seligen Sperandea steht. Zu dieser siehe G. Penco, Storia del monachesimo in Italia, delle origine alle fine del Medioevo. Mailand (1983) 292 und L. Novelli, Due documenti inediti relativialle monache benedettive delle „San-tucce". In: Benedictina 22 (1975) 189–253.

[117] Vgl. Benvenuti Papi, „In castro poenitentiae", 272–273.

[118] Für Santa Elisabetta delle Convertite vgl. S. Cohen, Conver-tite e malmaritate. Donne „irregolari" e ordini religiosi nella Fi-renze rinascimentale. In: Memoria 5 (1982) 46–63; dazu auch Richa, Notizie storiche, IX, 89; L. Passerini, Storia degli stabili-menti di beneficienza e di istrezione elementare gratuita della citta di Firenze. Florenz (1985) 120. Zur Prostitution in Florenz und ihren sozialen Aspekten siehe R. C. Trexler, La prostitution médiévale florentine au XIVe siècle: patronages et clientèles. In: „Annales ESC" 36 (1981) 983–1015; und die neuere Untersu-chung von M. S. Mazzi, Il mondo della prostituzione nella Fi-renze tardomedievale. In: „Ricerche storiche" 14 (1984) 336–363. Die karitativen und sozialdienstlichen Seiten zur Wiedereinglie-derung und Fürsorge von ehemaligen Prostituierten müssen erst noch erforscht werden. Ich bin über die Bedeutung dieses Aspek-tes durch die Untersuchung von Cohen unterrichtet, deren Ar-beit zu diesem Thema demnächst erscheint.

[119] Vgl. Benvenuti Papi, „In castro poenitentiae", 578–579.

[120] Ebd., und Richa, Notizie storiche, I, 300. Siehe dazu auch Da-vidsohn, Forschungen, IV, 416–417. Während der Auflösung von Santa Maria Maddalena di Pinti wiederholte sich 1319 eine nicht endenwollende Auseinandersetzung zwischen Florenz und der Vallombrosaner-Kongregation, welche sich der Republik schon oft, wie wir im Fall von Sant' Ellero gesehen haben, aus strate-gisch-politischen Gründen widersetzte. Als Bischof Antonio degli Orsi anordnete, den Besitz der aufgelösten Einrichtung Santa Maria Maddalena den Vallombrosanern von Santa Maria di Crispino in der Diözese von Faenza zukommen zu lassen (1319), mußten natürlich Schwierigkeiten mit Florenz entstehen. Denn

die Republik stellte sich, um dies zu verhindern, über die episko-
pale Autorität und sprach ihrerseits jene Einrichtung den Zister-
ziensern von San Salvatore di Settimo zu, die sie wiederum an die
Reklusen von Montisoni abtraten (1322). Währenddessen hatten
die Mönche von Crespino den Besitz der „Convertite di Pinti" an
die Nonnen von San Donato a Torri weitergegeben. 1323 wurde
endlich eine Vereinbarung zwischen diesen beiden Frauengemeinschaften, deren beider Aufenthalt in Borgo Pinti angefochten war, erzielt, indem die Nonnen von San Donato auf den Besitz verzichteten und dafür im Austausch, „quando contigerit,
quod propter guerras non posserint secure morari in monasterio
Sancti Donati de Turri" Aufnahme und Zuflucht im Florentiner
Sitz bekamen (Richa, Notizie storiche, I, 305). Diese Überschnei-
dungen zwischen religiösen Einrichtungen, deren territoriale Zugehörigkeit und Zuständigkeit sich mit der kommunalen Gerichtsbarkeit überkreuzte, konnte innerhalb der komplexen
politischen Situation jener Zeit zu allen möglichen strategischen
und militärischen Konsequenzen führen. Dieser Aspekt ver-
diente eine genauere Erforschung, in welcher auch das oszillie-
rende Verhalten der Bischöfe und Päpste mit untersucht werden
müßte.

[121] Auch diese, aus ehemaligen Prostituierten bestehende Einrichtung muß in der ersten Hälfte des 14. Jahrhunderts entstanden sein (ASF, Carte Strozziane, III, 233, cc.17–18; Raspini, Monasteri, 43). Von den Mitgliedern der „Compagnia della Pietà di
Fiesole" unterstützt, gingen die Frauen 1377 nach Florenz. Hier
zogen die Büßerinnen ins Hospital von San Gerardo ein, das seit
seiner Gründung im Jahre 1345 von der „Compagnia di Orsan-
michele" verwaltet wurde, während das Patronat in den Händen
der Gründerfamilie Bonsi lag. Und es war eine Frau aus eben dieser Familie, die das Hospital den „dominabus convertitis de Fesu-
lis" und den Männern der „Compagnia della Pietà" stiftete.
(Richa, Notizie storiche, V, 241, ist im „Archivio delle Riforma-
gioni" auf die an die Obrigkeit gerichtete Bittschrift der Büßerinnen, nach Florenz ziehen zu dürfen, gestoßen.) Die Gesellschaft
löste sich im folgenden Jahr auf, wodurch es den bekehrten
Frauen unmöglich wurde, weiter zu bestehen. So verließen sie
das Hospital von San Gherardo, in das nun die Benediktinerinnen
einzogen.

[122] Richa, Notizie storiche, V, 186. Am 19. August 1343 verzichteten Francesca, Tochter des verstorbenen Francesco da Rimini,
Andrea di Leonardo aus Florenz, Giovanna, Tochter des verstorbenen Gotto aus Florenz, Francesca, genannt Agata, Tochter des

240

verstorbenen Piero, Bruna, genannt Nofria, Tochter des verstorbenen Bernardo aus Florenz, „existentes in domo que dicitur de convertitis de S. Michele de la Croce in via S. Galli, et in domibus que erant Matthei Guerratii de Marignillis", auf jedes Recht auf das Kloster und seine Gebäude, da sie dort nicht mehr wohnen konnten. Denn sie wußten nicht mehr, wovon sie leben sollten. Nachdem die ehemaligen Prostituierten also wieder unter die Verwaltung von Or San Michele zurückgekehrt waren, wurde ihr Wohnsitz den von Chiarito del Voglia zusammengesammelten Mädchen zugewiesen, die ihren Aufenthaltsort ab diesem Zeitpunkt als Kloster mit dem Namen „Regina Coeli" bezeichneten. Eine weitere Wiedereingliederung von Prostituierten wurde in den Anfangsjahren des 14. Jahrhunderts von einem Mönch aus Badia, Enrico di Niccolo da Calenzano, durchgeführt. Ihm hatten die Büßer von San Paolo bereits die spirituelle Führung der Konvertitinnen von Santa Maria Maddalena di Pinti anvertraut. Dieser beabsichtigte, einige Frauen, die die Prostitution in einem abgetrennten Teil der Häuser in Via San Gallo ausübten, wieder zur Sittlichkeit zurückzuführen, und so setzte er sich dafür ein, im ehemaligen Freudenhaus ein Oratorium (Betsaal) unter der Schutzherrschaft der hl. Maria Magdalena einzurichten. Zwei Spender, Cambio di Cambi und Donna Sapia, Witwe von Gello de' Sacchetti, erhielten 1321 vom Kapitel von San Lorenzo die Erlaubnis, in Camporeggi, neben dem Hospital der „Congrega maggiore dei Preti", ein Oratorium für die Frauen zu errichten, welche sich in den angrenzenden Häusern reumütig bekehrt und sich zur Buße bereit erklärt hatten. Ferner war die Benutzung der Kirchenglocken sowie des Friedhofes gestattet (Richa, Notizie storiche, VIII, 333). All das wurde der Florentiner Abtei gestiftet, die dort das Patronat bis 1329 ausübte, bis zu jenem Jahr, in welchem die Einrichtung auf Wunsch von Kardinal Gaetano Orsini den Zölestinermönchen übergeben wurde (Übereignungsbulle siehe in Richa, Notizie storiche, VIII, 334–335).

[123] Richa, Notizie storiche, V, S. 174–176. Chiarito del Voglia hatte schon 1340 in Fiesole eine Frauenkongregation mit Namen Santa Croce eingerichtet. Diese aus Einsiedlerinnen bestehende Augustinerinnen-Gemeinschaft bestand in Fiesole bis 1370. Dann wurde sie mit den Einsiedlerinnen von Gignoro zusammengelegt (Moreni, Notizie istoriche, III, 203; Raspini, Monasteri, 43). Drei Jahre später, als sie von den Leitern von Or San Michele leerstehende Häuser und Grundstücke, die von den ehemaligen Prostituierten von San Michele alla Croce zurückgelassen worden waren, erhielten, dehnten sie ihre Aktivitäten so-

mit auch nach Florenz aus. Die neue Einrichtung, die unter der Leitung der Frau von Chiarito stand – diese hatte religiöse Erfahrungen als Eremitin im Gebiet von Fiesole gesammelt –, hatte die Konstitutionen von Bischof Angelo Acciaioli erhalten, der den Konvent 1343 weihte, ihm den Namen Maria Regina Coeli verlieh und die Augustinus-Regel zuwies. 1370 gliederten die Nonnen, die gewöhnlich als Schwestern des Klosters von Chiarito bezeichnet wurden, zusammen mit den Fiesolanischen Schwestern ihrem Besitz auch noch denjenigen der Klausnerinnen von Gignoro an. Trotzdem sollte sogar diese Einrichtung die Phase der Klosterauflösungen durch Papst Eugen IV. überstehen: Nachdem das Kloster mit den Nonnen von Santa Caterina zusammengeschlossen war, ging es 1435 an die Augustiner über, aber das Drängen der alten Schutzherren auf Widerruf der Aufhebung brachte die Nonnen zur Zeit des hl. Antons zurück. Siehe dazu Richa, Notizie storiche, V, 195.

[124] R. C. Trexler, A widow's asylum of the Renaissance. The Orbatello of Florence. In: Old age in pre-industrial society, hrsg. von P. Stearns, New-York/London (1982) 119–149. Passerini, Storia, 641. Richa, Notizie storiche, V, 174. Zum sozialen Problem der Witwen in Florenz siehe D. Herlihy/C. Klapisch-Zuber, Les Toscans et leurs familles. Paris (1978) S. 610 und passim. J. Kirshner, Wives claims against insolvent husbands in late medieval Italy. In: Women of Medieval World. Essays in honor of J. H. Mundi, von J. Kirshner und F. S. Wemple. Oxford (1985), 256–303. Eine spezifische Untersuchung der Situation von Witwen in Florenz im Hoch- und Spätmittelalter steht noch aus. Allerdings beschäftigt sich Isabelle Chabot im Rahmen einer Doktorarbeit mit dieser Frage.

[125] Passerini, Storia, 14.

[126] Ebd., 89.

[127] Ebd., 89.

[128] Ebd., 112–113.

[129] Dieses Witwenheim war von der 75jährigen Lisa di Ranieri Paganelli, Witwe des Edelmannes Vanni degli Albizzi, dem die Familie der Ciompi 1378 das Haus niederbrannte, gegründet und der Zunft der Ärzte und Apotheker übergeben worden. Es war für die Unterbringung von vier ehrbaren Witwen vorgesehen, die nicht jünger als 35 Jahre alt sein durften, und lag an der Piazza Santa Maria Novella. Dann wurde es von der Zunft gegen eine andere Einrichtung in der Via Chiara eingetauscht. Passerini, Storia, 115–116. Manchmal konnte es auch vorkommen, wie etwa im Fall der nach Florenz gezogenen Nonnen von Mantignano,

daß ein Konvent Gebäude leerstehen ließ, die dann im Auftrag der religiösen Institution, welcher das Gebäude gehörte, zu Unterkünften für Frauen wurden. Richa, Notizie storiche, VIII, 303.

[130] Laienschwestern und Oblatinnen in Hospitälern begegnet man in den handschriftlichen Zeugnissen vieler hospitalähnlicher Einrichtungen, die von Bruderschaften oder privaten Personen geführt wurden. So hatte das Hospital von Fontemanzina seit den Anfängen der zwanziger Jahre des 13. Jahrhunderts Laienschwestern für die Pflege und Versorgung von Kranken und Pilgern. (G. Meersseman, Dossier de l'ordre de la pénitence au XIIIème siècle. Fribourg [²1982] 226). Oblatinnen in Santa Maria Novella findet man kurz nach der Gründung des Hospitals, in dessen Nähe sie ein Haus besaßen (Richa, Notizie storiche, VIII, 192; Passerini, Storia, 292. Zu den Laienschwestern des Hospitals von Bonifazio siehe Passerini, Storia, 225 und zu jenen von „Innocenti" ders., 694.) Oft tauchten zwischen der Leitung der Vereinigung und den im Hospital tätigen Laienschwestern und -brüdern Probleme auf, wie etwa bei den Laienschwestern und Frauen für die niederen Dienste von San Martino al Mugnone, die mit den Nonnen, welche das Patronat über das Hospital ausübten, im Jahre 1408 im Streit lagen. Richa, Notizie storiche, III, 331.

[131] Richa, Notizie storiche, III, 126.

[132] Richa, Notizie storiche, V, 167.

[133] Le célibat, 1332.

[134] Passerini, Storia, 414.

[135] Das Beispiel der Benediktinerinnen von San Martino a Mensola, deren Ursprung sich in dem irischen Mythos von Andreas Scotus und seiner Schwester Brigida verliert, steht stellvertretend für alle diese Einrichtungen. Das Kloster, das zu den Schenkungen des Markgrafen Ugo di Toscana für die Florentiner Abtei gehörte, war von der Gerichtsbarkeit des Florentiner Episkopats befreit, und es war den Bischöfen der Stadt bis zur von Papst Eugen IV. angeordneten Aufhebung nie möglich gewesen, diese alteingesessene, altehrwürdige Einrichtung der Jurisdiktion den Äbten von Badia zu entreißen, obwohl sie dies mehrfach versuchten. Diese wiederum übten ihr Recht über die Nonnen despotisch aus, welche weder die eine noch die andere Gerichtsbarkeit dulden wollten. Um ihre Autonomie zu sichern, probierten die Nonnen öfters, Äbtissinnen ihrer Wahl durchzusetzen, was aber nur zu harten Strafmaßnahmen gegen sie führte (Raspini, Monasteri, 79).

[136] Für das Schicksal anderer Einrichtungen, die mit berühmten Familien der Stadt verbunden waren, sind die Vorgänge um das

Kloster „Brigidino del Paradiso" geradezu symptomatisch. Das am Anfang unzureichend ausgestattete Kloster wurde 1394 von Antonio di Niccolo in der Nähe seiner gleichnamigen berühmten Villa gegründet und schließlich aufgrund der drohenden Verbannung des Stifters im politischen Strudel der Zeit mitgerissen. Der Konvent, der, wie es die Ordenstradition vorsah, gemischt war, wurde vermutlich nur durch die Zähigkeit des Konservators der Kongregation wiedergewonnen, denn dieser erhob Anspruch auf die Rückgabe bei der Signoria, welche das Kloster zusammen mit allen Gütern und Vermögen der Alberti konfisziert hatte. Nachdem das Patronat des Klosters von den Bischöfen auf die auf Seiten der Guelfen stehenden Ordensoberen übergegangen war, sollte das Kloster aufblühen und für lange Zeit erfolgreich existieren. Es gliederte die alten Besitztümer des Pulsaneser Ordens in der Toskana, von Fabroro bis hin nach San Michele in Orticaia, an. Dieses Kloster „del Paradiso" wurde zum Nutzießer einer ganzen Reihe von Inkorporationen, die es zu einem der reichsten Klöster des 15. Jahrhunderts in Florenz machte. Moreni, Notizie storiche, V, 128.

[137] Schon Martin V. hatte den Portugiesen Gomezio, Abt der Florentiner Abtei, mit einer Untersuchung über die Situation der Klöster in der Stadt im Hinblick auf eine Reform beauftragt. Die Ergebnisse dieser Untersuchung bewirkten später die Klosterauflösungen durch Eugen IV. Vgl. P. Puccinelli, Istoria dell'eroiche attioni de' bb. Gometio porthogese abate di Badia e di Tuzzone romito con la serie delle badesse dell' insigne monastero delle Murate di Firenze. Mailand (1645).

[138] Vgl. Benvenuti Papi, „In castro poenitentiae", 247–259.

„Von der Peripherie ins Zentrum.
Beginen und Schwestern vom Gemeinsamen Leben
in den nördlichen Niederlanden"

[1] Grundlegend zu den Ursprüngen der Beginen ist immer noch Alcantara Mens, Oorsprong en betekenis van de Nederlandse begijnen- en begardenbeweging. Vergelijkende studie: XIIde-XIIIde eeuw. Antwerpen (1947); s. dazu auch das monumentale Werk von Ernest W. McDonnell, The Beguines and Beghards in Medieval Culture. With Special Emphasis on the Belgian Scene (1954), repr. New York (1969). Für eine neuere Darstellung der sozialen Bedeutung der Beginengemeinschaften in den südlichen Niederlanden s. Walter Simons, Een zeker bestaan: De Zuid-nederland-

ste begijnen en de Frauenfrage, 13de–18de eeuw. In: Tijdschrift voor sociale geschiedenis 17 (1991) 125–146.

[2] L. J. M. Philippen, De Begijnhoven, Oorsprong, Geschiedenis, Inrichting. Antwerpen (1918).

[3] Otto Nübel, Mittelalterliche Beginen- und Sozialsiedlungen in den Niederlanden. Ein Beitrag zur Vorgeschichte der Fuggerei. Tübingen (1970).

[4] Wim F. Denslagen, Begijnhoven in Noord-Nederlandse steden. In: Bulletin van de Koninklijke Nederlandse Oudheidkundige Bond 77 (1978) 205–224.

[5] Florence W. J. Koorn, Begijnhoven in Holland en Zeeland gedurende de middeleeuwen. Assen (1981).

[6] J. Grooten, Niet aan kloostergeloften en regel gebonden gemeenschappen van devote vrouwen te Kampen (Utrechtse Historische Cahiers 2 (1981) Nr. 3), und F. J. Bakker, Bedelorden en Begijnen in de stad Groningen tot 1594. Assen/Maastricht (1988).

[7] B. A. M. Vaske, De handschriften van het Haarlemse Begijnhof. In: Ons Geestelijk Erf 62 (1988) 311–348; ders., „Het Boekenlijstje van de Haarlemse begijnen". In: Ons Geestelijk Erf 67 (1993) 131–146.

[8] Philippen, Begijnhoven, 40–126; dies wird sehr anschaulich zusammengefaßt von McDonell, Beguines and Beghards, 5–6.

[9] W. Simons, The Beguine Movement in the Southern Low Countries. A Reassessment. In: Bulletin de l'Institut Historique Belge de Rome 69 (1989) 63–105, hier: 84.

[10] Vgl. dazu Koorn, Begijnhoven, 142.

[11] Vgl. dazu Eva Gertrud Neumann, Rheinisches Beginen- und Begardenwesen. Ein Mainzer Beitrag zur religiösen Bewegung am Rhein. Meisenheim (1960) 87.

[12] Bakker, Bedelorden, 120.

[13] Die zitierte und die früheren Statuten sind ediert bei G. Dumbar, Het kerkelyk en wereldlyk Deventer, 2 Bde. Deventer (1788), Bd. I, 488–491.

[14] Philippen, Begijnhoven, 294–297; Koorn, Begijnhoven, 54–58.

[15] Koorn, Begijnhoven, 6–7 u. 159–160.

[16] Ebd. 155–156.

[17] Zu diesen Beginengemeinschaften s. Denslagen, Begijnhoven. Der Beginenhof von Bergen of Zoom, eine relativ späte Gründung, war tatsächlich eine Kopie eines Beginenhofes aus dem Süden (ebd. 210). Zu Breda s. auch Florence Koorn, Michel van der Eycken, Begijnen in Brabant. De begijnhoven van Breda en Diest, Breda/Antwerpen (1987).

[18] Genannt der „Alte Konvent" und „Het Rondeel", s. dazu M. M. Doornink-Hoogenraad, Adamanshuis, een zusterhuis van de moderne devotie in Zutphen. Zutphen (1983), 9–10, wobei die Verfasserin die Einrichtungen nicht als Beginengemeinschaften bezeichnet.

[19] Grooten, Niet aan kloostergeloften en regel gebonden gemeenschappen, 27.

[20] Bakker, Bedelorden, 108–111. Die Situation in Groningen ist nicht ganz klar, aber zumindest die folgenden vier Gemeinschaften lassen sich identifizieren: der Vrow Menoldisconvent, mindestens ein früherer Konvent, der sog. „Alte Konvent", der „vrouw Siwenconvent" und der „Neue" oder „Verclarenconvent".

[21] Nicole Bériou, La prédication au béguinage de Paris pendant l'année liturgique 1272–1273. In: Recherches Augustiniennes 13 (1978) 105–229, bes. 162, wo die Verfasserin zeigt, daß von 56 Predigten, die in der Kirche der Beginen gehalten wurden, 20 von Dominikanern und 15 von Franziskanern gehalten wurden.

[22] Vgl. dazu etwa McDonnell, Beguines and Beghards, 344–361; Walter Simons, Stad en apostolaat. De vestiging van de bedelorden in het graafschap Vlaanderen (ca. 1225–ca.1350). Brüssel (1987), 218–222.

[23] Brigitte Degler-Spengler, Die Beginen in Basel. In: Basler Zeitschrift für Geschichte und Altertumskunde 69 (1969) 5–83 u. 22–23; Martina Wehrli-Johns, Geschichte des Zürcher Predigerkonvents (1230–1524). Mendikantentum zwischen Kirche, Adel und Stadt. Zürich (1980), 104–132; Dayton Phillips, Beguines in Medieval Strassburg. A Study of the Social Aspects of Beguine Life, Stanford 1941, bes. Kap. IV.

[24] McDonnell, Beguines and Beghards, 524. Zu dem flämischen Beispiel s. Simons, Stad en apostolaat, 221.

[25] McDonenll, Beguines and Beghards, 529.

[26] Koorn, Begijnhoven, 22.

[27] D. van Heel O. F. M., Het klooster van de zusters der 3e orde van St. Franciscus, genaamd St. Catharinendal te Geertruidenberg. In: Taxandria 44 (1937) 217–230. Die Gemeinschaft wurde erstmals 1321 als Terziarinnen bezeichnet, und gleichzeitig wird ihnen der Besitz ihres Hauses bestätigt, was den Schluß nahelegt, daß sie Beginen gewesen sein könnten und als solche verfolgt worden waren. Später wurden sie dann wieder Beginen genannt, aber sie blieben Angehörige des Dritten Ordens, wie aus den Statuten des Konvents hervorgeht, der im Algemeen Rijksarchief 's-Gravenhage, Archiv „Nassause Domeinraad" aufbewahrt wird.

[28] Koorn, Begijnhoven, 29.

[29] Ebd., 144–145.

[30] Bakker, Bedelorden, 158.

[31] M. Schoengen (Hrsg.), Jacobus Traiecti, alias de Voecht. Narratio de inchoatione domus clericum in Zwollis. Met akten en bescheiden betreffende dit fraterhuis. Amsterdam (1908) (Werken Historisch Genootschap, derde serie nr. 13), 14–15.

[32] Die Statuten sind ediert in: B. J. van Hattum, Beschryvinge der stad Zwolle, 5 Bde., Zwolle (1756–1776), Bd. V, 220–224.

[33] A. G. Weiler, „Geert Grote en de begijnen in de begintijd van de Moderne Devotie". In: Ons Geestelijk Erf 69 (1995) 114–132, bes. 117–120.

[34] Grooten, Niet aan kloostergeloften en regel gebonden gemeenschappen, 14.

[35] D. h. genauer, im Jahr 1442; in späteren Statuten ist die Aufsicht der Franziskaner nicht mehr erwähnt; s. dazu Dumbar, Het kerkelyk en wereldlyk Deventer, Bd I, 490.

[36] Doornink-Hoogenraat, Adamanshuis, 9.

[37] Koorn, Begijnhoven, 144.

[38] Ebd. 9.

[39] Ebd. 145.

[40] Ebd. 99–106.

[41] S. dazu Jean-Claude Schmitt, Mort d'une hérésie. L'Eglise et les clercs face aux béguines et aux béghards du Rhin supérieur du XIVe au XVe siècle. Paris/La Haye/New York (1978), bes. 42–43.

[42] Koorn, Begijnhoven, 104.

[43] Mens, Oorsprong, 276.

[44] Simons, The Beguine Movement, 78.

[45] Vita Venerabilis Virginis Gertrudis ab Oosten Beghinae Delphensis in Belgio. Ed. in: Acta Sanctorum I, Januarius I, Antwerpen (1643) 348–353. Über ihre nicht gelungene Kanonisierung s. A. H. Bredero, De Delftse begijn Gertrui van Oosten (ca. 1320–1358) en haar niet-erkende heiligheid. In: D. E. H. de Boer und J. W. Marsilje (ed.), De Nederlanden in de late middeleeuwen, Utrecht (1987) 83–97.

[46] S. dazu Koorn, Begijnhoven, S. 11–12, und dies., De graven van Holland en Zeeland en de begijnenbeweging. In: Spiegel Historiael 18 (1983) 438–443.

[47] S. dazu P. A. Henderikx, De oudste bedelordekloosters in het graafschap Holland en Zeeland. Het ontstaan van bedelordekloosters voor ca. 1310 te Dordrecht, Middelburg, Zierikzee en Haarlem ... Dordrecht (1977) (Hollandse Studien 10) 86–95.

247

⁴⁸ S. dazu McDonnell, Beguines and begards, 205. Freundlicher Hinweis von Martina Wehrli-Johns, die dazu eine Studie vorbereitet.
⁴⁹ Simons, The Beguine Movement, 87–92.
⁵⁰ S.dazu Philippen, Begijnhoven, 72–74 u. 286–294.
⁵¹ Koorn, Begijnhoven, 53–54.
⁵² S. dazu Henderikx, De oudste bedelordekloosters, Kap. I.
⁵³ Koorn, De graven van Holland en Zeeland, 443.
⁵⁴ S. dazu etwa Schmitt, Mort d'une hérésie.
⁵⁵ Der Hagiograph der Marie d'Oignies, Jakob von Vitry, war sich dieser Ähnlichkeiten zwischen Norden und Süden bewußt, s. dazu auch Mens, Oorsprong, 273 f. Über die „bizzoche" in Rom s. Joyce Pennings, Semi-Religious bizzoche in 15th century Rome. In: Mededelingen van het Nederlands Instituut te Rome, Nr. 12, vol.47 (1987) 115–146; Katherine Gill, Open Monasteries for Women in Late Medieval and Early Modern Italy: Two Roman Examples. In: Craig A. Monson (Hrsg.), The Crannied Wall. Women, Religion and the Arts in Early Modern Europa. Ann Arbor (1992) 15–47. Über „beatas" s.z.B. Mary Elizabeth Perry, Gender and Disorder in Early Modern Seville. Princeton (1990). Eine excellente Studie über „klopjes" bietet Marit Monteiro, Geestelijke Maagden. Leven tussen klooster en wereld in Noord-Nederland gedurende de zeventiende eeuw. Hilversum (1996).
⁵⁶ Die zentrale Arbeit hierzu ist noch immer R. R. Post, The Modern Devotion. Confrontation with Reformation and Humanism. Leiden (1968). Ein Beispiel für die neue Fokussierung der weiblichen Semireligiosen ist Pauline Hagemeijer, Devote vrouwen in Holland omstreeks 1400. In: N. Lettinck / J. J. van Moolenbroek (Hrsg.), In de Schaduw van de Eeuwigheid. Tien studies over religie en samenleving in laat-middeleeuws Nederland aangeboden aan prof. dr. A. H. Bredero. Utrecht (1986) 224–241 u. 299–302. Das Folgende basiert im wesentlichen auf meinen eigenen Forschungen: F. W. J. Koorn, Ongebonden vrouwen. Overeenkomsten en verschillen tussen begijnen en zusters des Gemenen Levens. In: J. Andriessen/P. Bange/A.G. Weiler (Hrsg.), Geert Grote & Moderne Devotie. Nijmegen (1985) (= Ons Geestelijk Erf 59) 393–402; dies., Women without vows. The case of the beguines and the Sisters of the Common Life in the Northern Netherlands. In: Elisja Schulte van Kessel (Hrsg.), Women and Men in spiritual culture, XIV–XVII centuries. A meeting of South and North. 's-Gravenhage (1986) 135–147; dies., Hollandse nuchterheid? De houding van de Moderne Devoten tegenover vrowenmystiek en –ascese. In: Ons Geestelijk Erf 66 (1992) 97–114. Eine gute

Überblicksdarstellung über die niederländische Entwicklung, die der Studie von Gerhard Rehm vergleichbar wäre (Die Schwestern vom gemeinsamen Leben im nordwestlichen Deutschland. Untersuchungen zur Geschichte der Devotio moderna und des weiblichen Religiosentums, Berlin 1985), fehlt aber weiterhin.

57 Koorn, Ongebonden vrouwen, 400.

58 Koorn, Hollandse nuchterheid?, 103.

59 Es existieren zwei Versionen der Statuten des Meister Geerthaus, die beide auf 1379 datiert sind, die sog. „kurze Version" und die „lange Version". In der langen Version wird auf häretische Beginen Bezug genommen. Bis vor kurzem wurde die lange Version als Fälschung betrachtet, die von 1393 oder später stammen sollte, also aus der Zeit nach Grotes Tod. Diese Hypothese habe ich an anderer Stelle in Zweifel gezogen (vgl. Koorn, Hollandse nuchterheid, 106). Daß Grote selbst für die lange Version verantwortlich gewesen ist, bestätigt auch Weiler, Geert Grote en de begijnen, 130. Er datiert die kurze Version übrigens nicht auf 1379, sondern auf 1374 und die lange Version auf 1379.

60 P. Fredericq, Corpus documentorum inquisitionis haereticae pravitatis Neerlandica, 5 Bde. Gent (1889–1906), hier: Bd. II, Nr. 106 u. 114.

61 Zu diesen Begriffen s. Schmitt, Mort d'une hérésie, 100–104.

62 S. zu diesem Ritual auch Schmitt, Mort d'une hérésie, passim.

63 F. W. J. Koorn, Het Kapittel van Utrecht. In: Windesheim 1395–1995 kloosters – teksten – invloeden. Nijmegen (1996) 131–142; s. dazu auch D. van Heel, De tertiarissen van het Utrechtsche kapittel. In: Archief voor de Geschiedenis van het Aartsbisdom Utrecht 93 (1993) 1–343.

„Hamburger Beginen im Spätmittelalter – ‚autonome‘ oder ‚fremdbestimmte‘ Frauengemeinschaft?"

1 Der Begriff fand Eingang in die wissenschaftliche Debatte durch Herbert Grundmann, Religiöse Bewegungen im Mittelalter. Untersuchungen über die geschichtlichen Zusammenhänge zwischen der Ketzerei, den Bettelorden und der religiösen Frauenbewegung im 12. und 13. Jahrhundert und über die geschichtlichen Grundlagen der deutschen Mystik. Berlin (1935) (Historische Studien 267). (Neudruck Darmstadt 1970 mit einem Anhang: Neue Beiträge zur Geschichte der religiösen Bewegungen im Mittelalter) 170. Martina Wehrli-Johns, Das mittelalterliche Beginentum – religiöse Frauenbewegung oder Sozialidee der

Scholastik? Ein Beitrag zur Revision des Begriffes „religiöse Bewegungen". Vgl. im vorliegenden Band 25-51, zuerst in: „Zahlreich wie die Sterne des Himmels". Beginen am Niederrhein zwischen Mythos und Wirklichkeit. Dokumentation einer Studienkonferenz Bensberg (1992) (Bensberger Protokolle 70) 9–40, hier 18, konnte überzeugend darlegen, daß der Begriff der „religiösen Frauenbewegung" einen Mythos benennt, der „dem wilhelminischen Bündnis von Thron und Altar entsprungen" ist. Gegen den Begriff der „Frauenmystik" sind ähnliche Vorbehalte anzumelden.

[2] Ute Weinmann, Mittelalterliche Frauenbewegungen. Ihre Beziehungen zur Orthodoxie und Häresie. Pfaffenweiler (1990) (Frauen in Geschichte und Gesellschaft 9) 4. So auch Rebekka Habermas, Die Beginen – eine „andere" Konzeption von Weiblichkeit? In: Wiener Historikerinnen (Hrsg.), Die ungeschriebene Geschichte. Historische Frauenforschung. Wien (1984) Dokumentation des 5. Historikerinnentreffens 1984, 199–207, hier 203 ff. Kritische Anmerkungen dazu bei Wehrli-Johns (Anm. 1), 21.

[3] Habermas (Anm. 2), 200. Sie kritisierte, daß die Beginenbewegung in der wissenschaftlichen Forschung nur als „Abweichung von der [männlichen] Norm ..., als Devianz" beschrieben wird.

[4] Habermas (Anm. 2), 200 überträgt damit die in der feministischen Forschung geführte Differenzdebatte auf die Beginenthematik. Andreas Wilts, Beginen im Bodenseeraum. Sigmaringen (1994) (Bodenseebibliothek 37) weist die Differenzthese zurück und rechnet 19 f. mit den Vertreterinnen der Emanzipationsthese (Habermas, Weinmann) ab. Zu den problematischen Prämissen von Wilts vgl. meine Rezension in: Mittellateinisches Jahrbuch 31,2 (1996) 32–36. Zur Differenzdebatte in den feministischen Wissenschaften vgl. Carol Gilligan, In a Different Voice. Cambridge (1982) (dt.: Die andere Stimme. Lebenskonflikte und Moral der Frau. München-Zürich 1984); vgl. dazu Kathy Davis, Die Rhetorik des Feminismus. Ein neuer Blick auf die Gilligan-Debatte. (1991) (Feministische Studien 9/2) (Themenheft „Kulturelle und sexuelle Differenz"), 79–97, und Claudia Pinl, Vom kleinen zum großen Unterschied. Geschlechterdifferenz und konservative Wende im Feminismus. Hamburg (1993).

[5] Peter Dinzelbacher, Rollenverweigerung, religiöser Aufbruch und mystisches Erleben mittelalterlicher Frauen. In: Peter Dinzelbacher und Dieter R. Bauer (Hrsg.), Religiöse Frauenbewegung und mystische Frömmigkeit im Mittelalter. Köln/Wien (1988) (Archiv für Kulturgeschichte, Beiheft 28) 1–58, hier 38 f. u. 51 be-

zweifelt, daß die Beginen jemals eigene, geschlechtsbezogene Konzeptionen entwickelten.

⁶ Eine Beurteilung dieser Thesen für den gesamtdeutschen Raum ist nicht möglich, da entsprechende Forschungsgrundlagen fehlen. Zu Hamburg vgl. C(ipriano) F(rancisco) Gaedechens, Der Konvent der Beginen in Hamburg und seine Umwandlung in ein Jungfrauenstift. Hamburg (1868); Günter Peters, Norddeutsches Beginen- und Begardenwesen im Mittelalter. Niedersächsisches Jahrbuch für Landesgeschichte 41/42 (1969/70) 50–118, berücksichtigt nur die gedruckten Quellen zu Hamburg; Christa Möller, Vom Dienen und (Mit-) Verdienen. Heft 1: 500 Jahre Leben und Arbeit von Frauen in Hamburg. Vom Spätmittelalter bis zur Industrialisierung. Hamburg (1985) 15, zu den Hamburger Beginen weitgehend unzutreffend und auf überholter stadtgeschichtlicher Literatur (Johann Gustav Gallois, Geschichte der Stadt Hamburg. Hamburg 1867, 110f.) sowie den pauschalisierenden Interpretationen von Peter Ketsch, Frauen im Mittelalter. Bd. 2: Frauenbild und Frauenrechte in Kirche und Gesellschaft. Quellen und Materialien. Düsseldorf (1983) (Geschichtsdidaktik 19) 216, beruhend. Vgl. Monika Boese / Kathrin Tiemann, Der Beginenkonvent im spätmittelalterlichen Hamburg. In: Zeitschrift des Vereins für Hamburgische Geschichte 82 (1996) 1–28.

⁷ Brigitte Hotz, Beginen und willige Arme im spätmittelalterlichen Hildesheim. Hildesheim (1988) (Schriftenreihe des Stadtarchivs und der Stadtbibliothek Hildesheim 17).

⁸ Sabine Heimann, „Gode to synem denste". Urkundliche Nachrichten über Beginenkonvente im spätmittelalterlichen Wismar. In: Ingrid Bennewitz (Hrsg.), Der frauwen buoch. Versuche zu einer feministischen Mediävistik. Göppingen (1989) (Göppinger Arbeiten zur Germanistik 517) 265–289.

⁹ Olaf Mußmann, Beginen – „Kommunardinnen" des Mittelalters? Die „via media" in Hannover. In: Angela Dinghaus (Hrsg.), Frauenwelten. Hildesheim (1993) 19–32, transportiert unhaltbare Klischees über die Rechts- und Machtverhältnisse in spätmittelalterlichen Städten.

¹⁰ Die Beginensammlungen dieser norddeutschen Städte zählen zwar nicht zu den größten, dafür aber zu den frühen Gründungen im deutschsprachigen Raum. Die rheinischen Städte weisen eine wesentlich höhere Dichte an Beginenkonventen auf, vgl. Gerhard Rehm, Beginen am Niederrhein. In: „Zahlreich wie die Sterne des Himmels". Beginen am Niederrhein zwischen Mythos und Wirklichkeit. Dokumentation einer Studienkonferenz. Bensberg (1992) (Bensberger Protokolle 70) 57–84, hier 64. Quantitäten für

den Bodenseeraum bei Wilts (Anm. 4), bes. S. 43 f. u. Tabelle 1 u. 2 S. 275. In Norddeutschland bieten Braunschweig mit 15 und Lübeck mit fünf Beginenhäusern die höchsten Konzentrationen. In Köln werden Beginen 1223 erstmals erwähnt. Der Chronist Matthaeus Parisiensis schätzt 1243 die Zahl der in Köln und Umgebung lebenden Beginen auf 2000 (vgl. Rehm, ebd., 59). Mit Ausnahme von Köln verbreitete sich das Beginentum im Rheinland während des 13. Jahrhunderts allerdings nur langsam (im 13. Jahrhundert sind nur in 19 Orten Beginen nachweisbar), auch in Nordrhein-Westfalen kam es erst seit den 1270er Jahren zu vermehrten Gründungen (Rehm, ebd., 62 f.). Der ältere der beiden Hamburger Konvente entstand um 1255, die erste Niederlassung in Wismar 1272?, in Hildesheim 1281. Der Konvent in Hannover wurde 1311 gegründet (in der älteren Forschungsliteratur wird fälschlicherweise 1251 als Gründungsjahr angegeben, jetzt korrigiert bei Mußmann (Anm. 9), 23). Zu ganz ähnlichen Ergebnissen in bezug auf die Struktur und Stellung der Beginenkonvente in der Stadt gelangt Günter Peters, Die Bremer Beginen im Mittelalter. Entstehung und Struktur einer städtischen Frauengemeinschaft. In: Niedersächsisches Jahrbuch für Landesgeschichte 64 (1992) 131–181.

[11] Dieser Aspekt bleibt einer eigenen Untersuchung vorbehalten.
[12] Silke Urbanski, Hamburg, Frauental in Harvestehude. In: Germania Benedictina XII (1994) 133–148; Silke Urbanski, Geschichte des Klosters Harvestehude „In valle virginum". Wirtschaftliche, soziale und politische Entwicklung eines Nonnenklosters bei Hamburg 1245–1530. Münster (1996) (Geschichte 1).
[13] Silke Urbanski, „Der Begevenen Kinder Frunde". Soziale und politische Gründe für das Scheitern eines Reformversuchs am Kloster Harvestehude 1482. In: Silke Urbanski / Christian Lamschus / Jürgen Ellermeyer (Hrsg.), Recht und Alltag im Hanseraum. Gerhard Theuerkauf zum 60. Geburtstag. Lüneburg (1993) (De Sult 4) 411–428. In Hildesheim war das einzige Frauenkloster (Maria Magdalena, Reuerinnen) dem Adel vorbehalten (Hotz [Anm. 7]). Die unterschiedliche soziale Herkunft von Beginen und Nonnen ist für Köln untersucht von Frederik M. Stein, The Religious Women of Cologne: 1120–1320. Diss. theol. Yale University (1977) 281 ff. Während zwischen 1220 und 1320 Kölner Patrizierinnen, die ein religiöses Leben führen wollten, zu 65 Prozent ins Kloster eintraten, wurden nur 35 Prozent Beginen; umgekehrt entschieden sich 62 Prozent der Frauen aus der Mittelschicht für Beginenkonvente und 38 Prozent für das Kloster.

[14] Stiftungsurkunde von 1255 (Hamburgisches Urkundenbuch. Hrsg. von J. M. Lappenberg. Bd. I. Hamburg 1907, Nr. 589).

[15] 1303 hinterließ Nikolaus von Reindesberg den Beginen am Pferdemarkt zur Vergrößerung ihres Hauses sein kleines Haus und das zwischen beiden gelegene Grundstück (Hamburg, Staatsarchiv, Liber hereditatis s. Jacobi, fol. 31^r, anno 1303). 1317 verkaufte ihnen Johannes Britzerdorpe einen neben dem Konvent gelegenen Bauplatz (Liber hereditatis s. Jacobi, fol. 47^r). 1352 bestand der Konvent am Pferdemarkt nicht mehr, denn in diesem Jahr wird Heyne Vinke als neuer Besitzer der Gebäude genannt (Hamburg, Staatsarchiv, Liber reddituum s. Jacobi fol. 38^r). Vgl. Peters (Anm. 6), S. 54; Gaedechens (Anm. 6), 6 f.

[16] 1343 werden einzeln lebende, bedürftige Beginen und Begarden im Testament des Grafen Dietrich von Stade bedacht (1343 Juli 12, Hamburgisches Urkundenbuch, Bd. IV, S. 152 Nr. 181).

[17] Rat und Domkapitel von Hamburg um die Mitte des 14. Jahrhunderts. Teil 2: Das Prozeß-Schriftgut aus den Streitigkeiten des Hamburger Rates und einzelner Bürger mit dem Domkapitel 1336 bis 1356. Bearb. v. Jürgen Reetz (Veröffentlichungen aus dem Staatsarchiv der Freien und Hansestadt Hamburg IX,2). Hamburg (1975), Nr. 1d, 11. Ob Hamburger Beginen im 13. und 14. Jahrhundert auch in Klerikerhaushalten als Dienstmägde arbeiteten und lebten, wie dies für Koblenz, Straßburg, Basel, Münster und Bern belegt ist, läßt sich nicht sagen. Zu dieser besonderen Lebensgemeinschaft der „Haushälterinnen Gottes" vgl. Gabriela Signori, „wann ein fruntschafft die andere bringt". Kleriker und ihre Mägde in spätmittelalterlichen Testamenten (13.–15. Jahrhundert). In: Eva Labouvie (Hrsg.), Das ungleiche Paar. Zur Kulturgeschichte menschlicher Beziehungen. München (1997) 11–32.

[18] Das mittelalterliche Hauptgebäude („Alter Konvent") wurde 1850/51 abgerissen, die restlichen Gebäude und das Grundstück 1866 verkauft (Gaedechens [Anm. 6], 26/27), nachdem der Konvent nach Wandsbek übergesiedelt war. Noch für die Jahre 1940, 1944 und 1949 liegen Nachrichten über das Konventsvermögen vor (vgl. Hamburg, Staatsarchiv, 111–1 Senat, Cl. VII Lit. Q^b Nr. 1 Vol. 18).

[19] Statuten erlassen am 6. Juli 1360 (Hamburg, Staatsarchiv, 710–1 I Threse I Ddd 1a-b; ediert bei Nicolaus Staphorst, Historia ecclesiae Hamburgensis diplomatica. Hamburgische Kirchengeschichte. Teil 1 Bd. 2. Hamburg 1725, 640–644).

[20] Urkunde vom 27. April 1360 (Staphorst [Anm. 19], 640).

[21] Werner Miles war Magister und Kleriker, später Domherr und Vikar der Kirche zu Bardowick (vgl. Hamburgisches Urkunden-

buch, Bd. II [1301–1336], Nr. 720, 749, 808, 833, 957, 1005, 1008; Hamburgisches Urkundenbuch, Bd. IV [1337–1350], Nr. 201, 341, 406).

[22] Daß die Beginen auf den Schutz der städtischen oder lokalen kirchlichen Gewalten angewiesen waren, zeigt das Schicksal der Rostocker Beginen. Aufgrund der mangelnden Unterstützung durch den Rat wurden sie 1368–70 und nochmals 1402/03 schwer verfolgt, vgl. Peters (Anm. 6), 106 ff. u. 111 f.

[23] Zu den Maßnahmen und ihren Auswirkungen im einzelnen vgl. den Überblick bei Hotz (Anm. 7), 26 ff.

[24] Mecklenburgisches Urkundenbuch. Bd. X (1346–1350). Hrsg. vom Verein für Mecklenburgische Geschichte und Altertumskunde. Schwerin (1877) Nr. 7314.

[25] Nur aus 14 von 169 Kölner Konventen sind Statuten überliefert, lediglich drei Ordnungen datieren aus der Zeit vor 1400, darunter eine aus dem Jahr 1298 (vgl. Rehm (Anm. 10), 66, der die Angaben von Asen ergänzt).

[26] Dazu ausführlicher Wehrli-Johns (Anm. 1), 23 ff.

[27] Iris Geyer, Maria von Oignies. Eine hochmittelalterliche Mystikerin zwischen Ketzerei und Rechtgläubigkeit. Frankfurt am Main/Berlin/Bern/New York/Paris/Wien (1992) (Europäische Hochschulschriften, Reihe 23, Bd. 454).

[28] Ähnlich schwer fällt die Zuordnung der Texte, die sich in den Hamburger Beginenhandschriften erhalten haben.

[29] 1440 von Dekan Nicolaus (Nicolaus Staphorst, Historia ecclesiae Hamburgensis diplomatica. Hamburgische Kirchengeschichte. Teil 1, Bd. 4. Hamburg 1731, 123–125), 1443 von Johannes Bennyn (1443–1467) (Staphorst, ebd., S. 148–149) und 1490 von Albert Gheverdes (Staphorst, ebd., 160–161).

[30] Hamburg, Staatsarchiv, 111–1 Senat, Cl. VII Lit. Q^b Nr. 1 Vol. 1: Raymund, Kardinal von Gurk, bestätigt 1503 die Stiftungsurkunde von 1255 sowie die Ordnung von 1360 und fügt eine Bestimmung über den Ausgang während des Interdikts hinzu. Hamburg, Staatsarchiv, 710–1 I Threse I Ddd 16: Am 9. Dezember 1516 ergänzt Johannes Angelus Arcimboldus, als Nuntius Papst Leos X. besonders für den Bau der Peterskirche zuständig, die Sonderbestimmungen für die Zeit des Interdikts (Gottesdienst, Begräbnis u. a.).

[31] Die Heterogenität der Bewegung und die daraus resultierenden Einordnungsprobleme der zeitgenössischen Kritiker wie der modernen Forschung betont Wilts (Anm. 4), 12 f.

[32] Zur Konkurrenz zwischen Rat, Domkapitel, den holsteinischen Grafen und dem Bremer Erzbischof vgl. Rolf Sprandel, Zur

statistischen Auswertung der ältesten Hamburger Stadtbücher. Zeitschrift des Hamburgischen Geschichtsvereins 56 (1970) 1–24, bes. 2–3.

[33] Statuten 1360, cap. 1, Staphorst (Anm. 19), 642. Den weltlichen Gewalten drohte für den Fall, daß sie die Immunität der Beginen verletzten, die Exkommunikation (ebd., cap. 3, S. 643).

[34] Statuten 1360 cap. 2, ebd., S. 642; Statuten 1443, Staphorst (Anm. 29), 148. Mit der engen Bindung an das Domkapitel erwarben sie größere Unabhängigkeit von städtischen Institutionen, während die im Hl. Geist-Spital lebenden Beginen bzw. „religiösen Frauen" seit 1338 allein der städtischen Kontrolle unterstanden.

[35] Schwere Regelverstöße wurden nicht von der Meisterin, sondern vom Dekan bestraft (Statuten 1360 cap. 19, Staphorst [Anm. 19], S. 643).

[36] Statuten 1440, Staphorst (Anm. 29), 124.

[37] Thomas Schwickert, Das Gedicht von dem Beginchen von Paris. Jahrbuch des Kölnischen Geschichtsvereins 16 (1934) 78–107, hier 89.

[38] Statuten 1360, cap. 4, Staphorst (Anm. 19), 642. Den Wismarer Beginen war es verwehrt, ihre Meisterin selbst zu wählen; sie wurde von den städtischen Vorstehern bestellt (Statuten Wismar 1480, vgl. Heimann (Anm. 8), 275).

[39] Statuten 1360, cap. 4, Staphorst (Anm. 19), 642.

[40] Statuten 1360, cap. 6, ebd., 643.

[41] Statuten 1360, cap. 8, ebd., 643. Die Hildesheimer Konvente konnten die Entscheidung über die Neuaufnahme einer Begine selbständig treffen, vgl. Hotz (Anm. 7), 48.

[42] Vgl. dazu Hotz (Anm. 7), 67 ff.

[43] Statuten 1443, Staphorst (Anm. 29), 148.

[44] Ebd.

[45] Schlüsselgewalt: Statuten 1360, cap. 4, Staphorst (Anm. 19), 642, Strafgewalt: cap. 19, ebd., 643. Diese Kompetenz besitzt die Meisterin auch in Wismar (Ordnung von 1480, vgl. Heimann [Anm. 8], 275).

[46] Statuten 1443, Staphorst (Anm. 29), 148.

[47] Ebd.

[48] Statuten 1360, cap. 7, Staphorst (Anm. 19), 643. Diese Sanktion wurde auch in Wismar bei Verhöhnung und Verachtung der Meisterin verhängt (Statuten Wismar 1480, vgl. Heimann [Anm. 8] 274).

[49] Statuten 1360, cap. 4, Staphorst (Anm. 19), 642.

[50] Statuten 1443, Staphorst (Anm. 29), 148. Der Rentenkauf, den die Meisterin Katrine Alstervagedes am 26. Juni 1532 in Verbin-

dung mit den Gärten des Konvents tätigte, wurde gemeinsam beschlossen (Hamburg, Staatsarchiv, 710–1 I Threse I Ddd 19).

[51] Statuten 1443, Staphorst (Anm. 29), 149.

[52] Eine endgültige Klärung dieser Frage wird erst die vollständige prosopographische Untersuchung der Beginen und der Meisterinnen des Konvents ermöglichen.

[53] In Köln gab es mehrere Konvente, die als Familienstiftungen den Angehörigen der Gründerfamilie vorbehalten waren (vgl. Rehm [Anm. 10], 67). Die Herkunft spielte dort sowohl bei der Aufnahme wie bei der Stellung einer Begine im Konvent eine maßgebliche Rolle. In den Lübecker Konventen, die durch wohlhabende und angesehene Bürger gestiftet worden waren, nahmen die Angehörigen der Stifterfamilie eine bevorzugte Stellung ein.

[54] Mußmann (Anm. 9), 24.

[55] Wilts (Anm. 4), 17, führt unter den Charakteristika beginischer Lebensweise die genossenschaftliche, nicht-hierarchische Organisation an. Das gilt vermutlich nur für die frühe Phase der Beginenbewegung, nicht aber für das 14. und 15. Jahrhundert.

[56] Rechnungsbücher der Meisterin, Hamburg, Staatsarchiv, 611–5 Konvent III.1.a. Nr. 1–14.

[57] In einer Ablaßurkunde zugunsten der Mission in Livland sind alle Beginen als Spenderinnen genannt (Hamburg, Staatsarchiv, 710–1 I Threse I Ddd 14). Die Liste wird aber nicht von der Meisterin Wibke Wigen angeführt; ebenso sind die Ältesten unter die regulären Beginen eingereiht.

[58] Das ganze Ausmaß der Wirtschaftsaktivitäten der Hamburger Beginen zeigen Boese / Tiemann (Anm. 6).

[59] Gaedechens (Anm. 6), 11 u. 28 f. bezeichnet diese Rechnungsprüfer als „Vorsteher" und erweckt damit den Eindruck, diese hätten den Konvent nach außen vertreten. Das trifft aber für die Zeit vor 1529 nicht zu.

[60] Boese / Tiemann (Anm. 6) stellten bei der Prüfung der Bilanzen in den Rechnungsbüchern mehrfach falsche Abrechnungen fest. Die Unsicherheit in der Buchführung bzw. im Rechenwesen scheint auch noch im 15. Jahrhundert weit verbreitet gewesen zu sein. Silke Urbanski beobachtete das Phänomen auch bei den Abrechnungen der Zisterzienserinnen von Harvestehude (mündliche Mitteilung).

[61] Hamburg, Staatsarchiv, 611–5 Konvent III.1.a. Rechnungsbuch Nr. 5, S. 19 (1526).

[62] Ab 1613 werden die Rechnungsbücher nicht mehr von der Meisterin, sondern von den Vorstehern des Konvents geführt.

[63] Zwar handeln mehrere Urkunden aus dem Konventsarchiv über die Investitur von Geistlichen, es ist aber unklar, in welcher Beziehung sie zum Beginenkonvent standen (vgl. Hamburg, Staatsarchiv, 710–1 I Threse I Ddd 15 (1414), 17 (1519) und 18 (1519)).

[64] Statuten 1443, Staphorst (Anm. 29), 149.

[65] Statuten 1490, ebd., 160.

[66] Hamburg, Staatsarchiv, 710–1 I Threse I Ddd 16.

[67] Wilts (Anm. 4), bes. Karte S. 34, kann in der Bodenseeregion franziskanische, dominikanische, zisterziensische und benediktinische Einflußbereiche unterscheiden.

[68] Gerhard Rehm, Die Schwestern vom gemeinsamen Leben im nordwestlichen Deutschland. Untersuchungen zur Geschichte der Devotio moderna und des weiblichen Religiosentums. Berlin (1985) (Berliner historische Studien 11. Ordensstudien 5); Rehm (Anm. 10), 73–76.

[69] Die Bremer Dominikaner wurden bereits 1232 durch Kaiser Friedrich II. zur Ketzerbekämpfung autorisiert und erfüllten ihren Auftrag im Stedingerkreuzzug als engagierte Propagandisten zugunsten der Bremer Kirche und gegen die aufständischen Bauern, vgl. dazu Ingo Ulpts, Zur Rolle der Mendikanten in städtischen Konflikten des Mittelalters. Ausgewählte Beispiele aus Bremen, Hamburg und Lübeck. In: Dieter Berg (Hrsg.), Bettelorden und Stadt. Bettelorden und städtisches Leben im Mittelalter und in der Neuzeit. Werl (1992) (Saxonia Franciscana. Beiträge zur Geschichte der Sächsischen Franziskanerprovinz 1) 131–151, bes. 146. Ob sie auch an der Inquisition gegen häretische Beginen im Erzbistum Hamburg-Bremen beteiligt waren, bliebe noch zu untersuchen.

[70] Angela Koch, Die Minderbrüder in Hamburg. In: Dieter Berg (Hrsg.), Franziskanisches Leben im Mittelalter. Studien zur Geschichte der rheinischen und sächsischen Ordensprovinzen. Werl (1994) (Saxonia Franciscana. Beiträge zur Geschichte der Sächsischen Franziskanerprovinz 3) 71–92, mit Hinweisen auf die ältere Literatur. Graf Adolf IV. (um 1205–1261) hatte während der Schlacht bei Bornhöved (22. Juli 1227), in der die Allianz der norddeutschen Fürsten König Waldemar II. von Dänemark besiegte, ein Votum abgegeben, das er in den folgenden Jahren mit der Gründung mehrerer Klöster in Hamburg, Schleswig-Holstein und Niedersachsen einlöste, vgl. Waltram Schürmann, Adolf von Schaumburg. Graf von Holstein – Franziskaner. 1261–1961. Vita Seraphica 42 (1961) 85–90. Die Gründung des franziskanischen Männerklosters zu Maria Magdalena nahm er vermutlich um

1230 selbst vor, die Ausstattung des Beginenkonvents vollzogen die Söhne Gerhard und Johannes nach seiner Abdankung, aber in seinem Auftrag. Die Untersuchung der Beziehungen der beiden religiösen Gemeinschaften ist noch ein Forschungsdesiderat. Auf die spirituelle Einordnung der Hamburger Beginen wird an dieser Stelle verzichtet. Diese Frage bleibt einer gesonderten Untersuchung vorbehalten.

[71] So auch in Hildesheim, Stralsund, Salzwedel;, vgl. Peters (Anm. 6), 81 f., Hotz (Anm. 7), 47 f.

[72] Liber Begutarum, ed. Nicolaus Staphorst, Historia ecclesiae Hamburgensis diplomatica. Hamburgische Kirchengeschichte. Teil 1, Bd. 1. Hamburg (1723) 241.

[73] Hamburg, Staatsarchiv, 710–1 I Threse I Ddd 13.

[74] Weder aus Hildesheim noch aus Wismar sind freiwillige Austritte bekannt, vgl. Hotz (Anm. 7) 47 f., Heimann (Anm. 8) 276. 1434 verließ die Lübecker Begine Grete Berges den Konvent und begab sich in den Dienst der Herzogin von Schleswig (vgl. Peters [Anm. 6] 82). In Lüneburg traten im 15. Jahrhundert mehrere Beginen aus dem Konvent aus, um zu heiraten (vgl. Peters [Anm. 6] 82).

[75] Statuten 1360, cap. 20, Staphorst (Anm. 19) 643. Auch in Braunschweig und Wismar sowie den niederrheinischen Konventen wurde Unkeuschheit mit Ausschluß bestraft, vgl. Hotz (Anm. 7) 44 Anm. 69; Heimann (Anm. 8) 274; Rehm (Anm. 10) 67.

[76] Statuten 1490, Staphorst (Anm. 29) 160.

[77] Die literaten Beginen sollten täglich die Marienhoren lesen (einen entsprechenden Zyklus von Marienhoren in niederdeutschen Reimen enthält Staats- und Universitätsbibliothek Hamburg, Cod. Conv. 9,281r-220v), die illiteraten wurden angewiesen, morgens und abends 20 Vaterunser und Ave Maria zu beten (Statuten 1360, cap. 12, Staphorst [Anm. 19] 643).

[78] Zu den Vorschriften der rheinischen Beginenkonvente in der Frage der Keuschheit vgl. Rehm (Anm. 10) 67.

[79] Statuten 1360, cap. 4, Staphorst (Anm. 19) 642. Die Ausgangsvorschriften entsprechen etwa denen der niederrheinischen Konvente, vgl. Rehm (Anm. 10) 68 ff.

[80] Statuten 1443, Staphorst (Anm. 29) 149.

[81] Ebd. Der paarweise Ausgang einer alten mit einer jungen Begine oder zweier verwandter Beginen war auch in den Wismarer Statuten vorgeschrieben (Heimann [Anm. 8] 273 f.). Den Ausgang zu zweit und die Aufsicht älterer Mönche über die Jüngeren schreibt bereits die Benediktregel vor.

82 Statuten 1360, cap. 13, Staphorst (Anm. 19) 643. Ähnlich in den Statuten 1490, Staphorst (Anm. 29) 160.

83 Statuten 1360, cap. 15, Staphorst (Anm. 19) 643.

84 Ebd., cap. 13, S. 643. 1443 (Staphorst [Anm. 29] 148); 1490 (Staphorst, ebd., 160) wird das Nachtausgangsverbot wiederholt.

85 Auch nach der Wismarer Ordnung von 1480 wurde für Krankenbesuche und den Totendienst eine Ausnahme erteilt, vgl. Heimann (Anm. 8) 274.

86 Zu Hildesheim vgl. Hotz (Anm. 7) 49 ff.

87 Statuten 1360, cap. 8, Staphorst (Anm. 19) 643. Außer dem Eintrittsgeld von sechs Mark wurde für jede Schwester ein Schilling und ein Eintrittsmahl für alle gefordert (Statuten 1360, cap. 8, ebd., S. 643; Statuten 1440, Staphorst [Anm. 29] 124). 1440 wurde das Eintrittsgeld auf 14 Mark erhöht. Mit dem Umfang des Gastmahls war anscheinend Mißbrauch betrieben worden; der Standard hatte sich immer höher geschraubt, so daß die Eintrittsvoraussetzungen 1440 neu geregelt werden mußten, um ärmeren Schichten den Zugang zum Konvent weiterhin zu ermöglichen.

88 Statuten 1440, Staphorst (Anm. 29) 124. Eine Leibrente wurde auch von den Beginen in Hannover gefordert, vgl. Mußmann (Anm. 9) 28.

89 Statuten 1440, Staphorst (Anm. 29) 124. Vergabung an eine andere Begine: Hamburg, Staatsarchiv, 710–1 I Threse I Ddd 8 (1477). Ähnlich auch 1510 in Hannover, vgl. Mußmann (Anm. 9) 28.

90 Liber Begutarum, fol. 188a^r-222^r (Hamburg, Staatsarchiv, 231–1 Hyp Amt I 5 Band 3). 1448 übergibt Bernhard Peters dem Konvent ein Kapital von 30 Mark, aus dem seine Tochter Alleke lebenslänglich eine jährliche Rente von 2 Mark empfängt, die nach ihrem Tod an den Konvent fällt (ebd., fol. 193^r).

91 Teilweise waren die Leibrenten höher als gefordert. Die Begine Gretke Wicksten beispielsweise erhielt aus einem Kapital von 90 Mark eine jährliche Rente von sechs Mark (Hamburg, Staatsarchiv, 710–1 I Threse I Ddd 8).

92 Statuten 1360, cap. 22, Staphorst (Anm. 19) 644.

93 Das Rechnungsbuch von 1485 verzeichnet Einnahmen aus dem Verkauf der Hinterlassenschaften der Begine Greteke Beren (Hamburg, Staatsarchiv, 611–5 Konvent III.1.a. Rechnungsbuch Nr. 1).

94 Beginen in Rostock, Berlin, Prenzlau, Hannover und Lübeck stellten Textilien her, mit der Herstellung von Kerzen befaßten sie sich in Pritzwalk und Wismar, mit der Seifensiederei in Lübeck (Belege bei Peters [Anm. 6] 83 f.).

[95] In den Rechnungsbüchern belegt durch Ausgaben für einen Bierbrauer, für Hopfenbinden und Hopfenstangen; auf den Bauzeichnungen sind ein Darrofen zum Getreidetrocknen, eine Mühle und ein Brauhaus auf dem Konventsgelände zu erkennen.

[96] Die Belege bei Boese / Tiemann (Anm. 6).

[97] Zum Umfang des Rentenengagements vgl. Boese / Tiemann (Anm. 6) und Klaus-Joachim Lorenzen-Schmidt, Umfang und Dynamik des Hamburger Rentenmarktes zwischen 1471 und 1570. In: Zeitschrift des Vereins für Hamburgische Geschichte 65 (1979) 21–52, bes. 42. Auch die Hannoveraner Beginen betätigten sich in städtischen Rentengeschäften, vgl. Mußmann (Anm. 9), 28.

[98] Vgl. die Kostgeldlisten der Schülerinnen in den Rechnungsbüchern. Als Lehrerinnen engagierten sich auch die Hannoveraner Beginen, vgl. Mußmann (Anm. 9) 28.

[99] Die Rechnungsbücher enthalten zum Jahr 1485 Ausgaben für Baumaterial und Handwerkerlöhne, „vth gegeuen to deme buwe" (Hamburg, Staatsarchiv, 611–5 Konvent III.1.a Rechnungsbuch Nr. 1).

[100] 1527/28 wuchsen die Bauausgaben derart an, daß die Meisterin separate Baurechnungsbücher führte (Hamburg, Staatsarchiv, 611–5 Konvent III.1.a Rechnungsbuch Nr. 16).

[101] Ablaßurkunde von 1365 (Hamburg, Staatsarchiv, 710–1 I Threse I Ddd 2); Instrumentum vom 30. April 1487 (Hamburg, Staatsarchiv, 710–1 I Threse I Ddd 10).

[102] Diese Spenden für den Bau des Konvents werden im Rechnungsbuch von 1485 separat geführt. In Hildesheim versuchte 1442 Bischof Magnus die Bürger für die Unterstützung der Bautätigkeit am Neuen Konvent zu gewinnen, vgl. Hotz (Anm. 7) 54.

[103] Testament der Margarete, Witwe des Ratsherrn Bertram Schele, 1343 Mai 23–28 (Hamburgisches Urkundenbuch. Bd. IV, S. 148 Nr. 176).

[104] Testament des Ludeke Wantscherer, 1386 Okt. 18 (Hamburger Testamente 1351 bis 1400. Bearb. v. Hans-Dieter Loose. Hamburg 1970, [Veröffentlichungen aus dem Staatsarchiv der Freien und Hansestadt Hamburg 11] S. 77, Z. 12, Nr. 71).

[105] Auch das Hamburger Franziskanerkloster besaß – außer seinen eigenen Gebäuden und dem Grundstück, auf dem das Kloster stand – keinen Grundbesitz inner- oder außerhalb der Stadt und finanzierte sich überwiegend aus Spenden, Stiftungen und Nachlässen Hamburger Bürger, die durch Sonderzulagen des Rates ergänzt wurden, vgl. Koch (Anm. 70) 77, und Werner Dutz/Kai

Robert Möller, 750 Jahre Hospital zum Heiligen Geist mit Oberalten Stift und Marien-Magdalenen-Kloster. Hamburg (1977) 47.
[106] Für einen Vergleich eignet sich die Rententätigkeit des Hl. Geist-Hospitals oder des St. Georgs-Hospitals, vgl. Dutz/Möller (Anm. 105); Wolfgang Berger, Das St. Georgs-Hospital zu Hamburg. Die Wirtschaftsführung eines mittelalterlichen Großhaushalts. Hamburg (1972) (Beiträge zur Geschichte Hamburgs 8). Zur Rentenentwicklung in Hamburg allgemein vgl. Lorenzen-Schmidt (Anm. 97).
[107] Außerdem ist „Armut" im Mittelalter ein relativer Begriff, vgl. Otto Gerhard Oexle, Armut, Armutsbegriff und Armenfürsorge im Mittelalters. In: Christoph Sachße/Florian Tennstedt (Hrsg.), Soziale Sicherheit und soziale Disziplinierung. Beiträge zu einer historischen Theorie der Sozialpolitik. Frankfurt (1986) 73–100.
[108] Martina Wehrli-Johns, Haushälterin Gottes. Zur Mariennachfolge der Beginen. In: Hedwig Röckelein/Claudia Opitz/ Dieter R. Bauer (Hrsg.), Maria – Abbild oder Vorbild? Zur Sozialgeschichte mittelalterlicher Marienverehrung. Tübingen (1990) 147–167.
[109] Claudia Opitz, Evatöchter und Bräute Christi. Weiblicher Lebenszusammenhang und Frauenkultur im Mittelalter. Weinheim (1990).
[110] Soziale Dienste übernahmen auch die Beginen in Hannover, vgl. Mußmann (Anm. 9) 28. In Wismar waren sie neben der handwerklichen Produktion mit der Vorbereitung von Hochzeitsfesten und Leichenbegängnissen und mit der Krankenpflege befaßt (Heimann [Anm. 8] 280).
[111] Statuten 1360, cap. 12 (Staphorst [Anm. 19] 643).
[112] Vgl. dazu Boese / Tiemann (Anm. 6).
[113] Die Namen der Sterbenden und Toten, die mit diesen Gebeten bedacht werden sollen, sind in Staats- und Universitätsbibliothek Hamburg, Cod. Conv. 3, fol. 24^v-26^v mit einem Platzhalter ›°N°‹ versehen.
[114] Gehäuft in Staats- und Universitätsbibliothek Hamburg, Cod. Conv. 3 und 6.
[115] Staats- und Universitätsbibliothek Hamburg, Cod. Conv. 12, fol. 134^v–136^v, 177^r–178^r.
[116] Die Hamburger Verhältnisse bestätigen die These von Wehrli-Johns (Anm. 108) 156, daß die Beginen spätestens seit der kirchlichen Fixierung der Lehre vom Purgatorium (1274) in der mittelalterlichen Gesellschaft als „Spezialistinnen des Todes" galten.

[117] Statuten 1360, cap. 12 u. 16, Staphorst (Anm. 19) 643.
[118] Seit wann die Beginen Einzelzellen bewohnten, die im 19. Jahrhundert noch erhalten waren (vgl. Hamburg, Staatsarchiv, 111–1 Senat Cl. VII Lit. Q^b No. 1, Vol. 6), ist nicht bekannt.
[119] Gemeinsame Wirtschaftsführung wird aus den Rechnungsbüchern ersichtlich.
[120] Statuten von 1360, cap. 12, Staphorst (Anm. 19) 643.
[121] Gaedechens (Anm. 6) 8. Die Statuten von 1360 überließen es den Hamburger Beginen, ob sie lieber blaue oder braune Kleider tragen wollten, obligatorisch war hingegen der weiße Kopfschleier (cap. 9, Staphorst [Anm. 19], 643). Die Statuten von 1443 und 1490 schreiben für die Prozession einheitliche Kleidung vor (Staphorst [Anm. 29] 148 u. 160). Die Handschrift der Staats- und Universitätsbibliothek Hamburg, Cod. Conv. 8,190^v zeigt die Begine Tibekke (Meyer oder Klesen) in blauem Kleid mit weißem Schleier (Bei Möller [Anm. 6] 12 falsch als „Betende Frauengestalt in Schwesterntracht" tituliert). Da die Begine einen Beutel und einen Schlüssel am Gürtel trägt (Symbol der Haus- und Finanzgewalt), war Tibekke vielleicht Meisterin. Die blaue Farbe wählten Beginen auch in anderen Städten für die Kleidung, z. B. die des Plotenkonvents zu Wismar, vgl. Heimann (Anm. 8) 268 u. 270.
[122] Gaedechens (Anm. 6) 12. Nicolaus Staphorst, Historia ecclesiae Hamburgensis diplomatica. Hamburgische Kirchengeschichte. Teil 1 Bd. 2. Hamburg (1725) 896. Zum Bestattungsort einzelner Beginen in s. Jacobi vgl. „Der Memorien zu S. Jacob Rente, XI.: Calendarium Memoriarum in Jacobi, anno 1497sqq.", ed. Staphorst, a. a. O. 878.
[123] Statuten von 1360, cap. 23, Staphorst [Anm. 19], S. 644.
[124] Vgl. oben Anm. 92.
[125] Das betont auch Wilts (Anm. 4) 79. Hinzu kommt, daß etwa Ursula Peters, Vita religiosa und spirituelles Erleben. Frauenmystik und frauenmystische Literatur im 13. und 14. Jahrhundert. In: Gisela Brinker-Gabler (Hrsg.), Deutsche Literatur von Frauen. Bd. 1: Vom Mittelalter bis zum Ende des 18. Jahrhunderts. München (1988) 88–109, bestreitet, daß Kronzeuginnen wie Mechthild von Magdeburg überhaupt für die beginische Spiritualität in Anspruch genommen werden dürfen.
[126] Die Unterschiede zwischen den in England verbreiteten Reklusen und den flandrischen Beginen arbeitet Brenda M. Bolton, Some Thirteenth Century Women in the Low Countries. A Special Case? Nederlands Archief voor Kerkgeschiedenis, N. S. 61 (1981) 7–29 heraus. Zu Konflikten in Köln wegen unterschiedli-

cher Konzepte vgl. Christine Ruhrberg, Der literarische Körper der Heiligen. Leben und Viten der Christina von Stommeln (1242–1312). Tübingen/Basel (1996) (Bibliotheca Germanica 35). Eine solche Konfliktsituation schildert auch das „Beginchen von Paris", ein Traktat, der in den Hamburger Beginenhandschriften überliefert ist, vgl. Schwickert (Anm. 37).

[127] Sie gingen in den 1431 päpstlich approbierten Celliten und seit 1518 in den Alexianern auf, vgl. dazu Martina Wehrli-Johns, „Tuo das guote und lâ daz übele". Das Fegefeuer als Sozialidee. In: Peter Jezler (Hrsg.), Himmel – Hölle – Fegefeuer. Das Jenseits im Mittelalter. Zürich (1994) 47–58, hier bes. 55 ff.

„Stiftungen für Beginengemeinschaften in Frankfurt am Main – ein Austausch zwischen Beginen und Bürgerschaft"

[1] Karl Bücher, Die Frauenfrage im Mittelalter. Tübingen (^{2}1910) 5 f., 8 ff., 26, 31 f. und 34.

[2] Georg Ludwig Kriegk, Deutsches Bürgerthum im Mittelalter. Frankfurt am Main (1868) 100–124.

[3] Ingrid Bátori, Frauen in Handel und Handwerk in der Reichsstadt Nördlingen im 15. und 16. Jahrhundert. In: Barbara Vogel/Ulrike Weckel, Frauen in der Ständegesellschaft. Leben und Arbeiten in der Stadt vom späten Mittelalter bis zur Neuzeit. Hamburg (1991) 27–47, hier 30. Kurt Wesoly bestreitet nur die Größenordnung des Frauenüberschusses. Vgl. ders., Der weibliche Bevölkerungsanteil in spätmittelalterlichen und frühneuzeitlichen Städten und die Betätigung von Frauen im zünftigen Handwerk. In: ZGO 128 (1980) 69–117, hier 76 ff.

[4] Herbert Grundmann, Religiöse Bewegungen im Mittelalter. Darmstadt (1961).

[5] Die These von Aufbruch und Verweigerung vertritt Peter Dinzelbacher, Rollenverweigerung, religiöser Aufbruch und mystisches Erleben mittelalterlicher Frauen. In: Peter Dinzelbacher/Dieter R. Bauer (Hrsg.), Religiöse Frauenbewegung und mystische Frömmigkeit im Mittelalter, Köln/Wien (1988) 1–58. Als ausdrückliche Verfechterin eines feministischen Standpunktes ist Ute Weinmann anzuführen. Vgl. dies., Mittelalterliche Frauenbewegungen. Ihre Beziehungen zur Orthodoxie und Häresie. Pfaffenweiler (1990) 160, 164, 204 und 223.

[6] Vgl. hierzu Wolfgang Klötzer, Über das Stiften – Frankfurt am Main als Beispiel. In: Jürgen Jeske (Hrsg.), Freiheit und Verantwortung. Festschrift zum 60. Geburtstag von Hans-Wolfgang

Pfeifer. München (1991) 357–381. Kriegk beschwört in seiner Würdigung der bedeutendsten Frankfurter Stiftungen den Gemeinsinn innerhalb der mittelalterlichen städtischen Gesellschaft. Die 57 Stiftungen von Beginenhäusern hält er an dieser Stelle nicht für erwähnenswert. Vgl. Georg Ludwig Kriegk, Gemeinsinn der Bürger in früheren Zeiten. in: Ders., Geschichte von Frankfurt am Main in ausgewählten Darstellungen. Frankfurt am Main (1871) 161–181.

[7] Kriegk (Anm. 2) konnte für seine Forschungen noch die Frankfurter Bedebücher heranziehen, die im 2. Weltkrieg verbrannt sind.

[8] Die Belege für diese und noch folgende quantitative Aussagen können im Zusammenhang dieses Aufsatzes nicht abgedruckt werden. Vgl. hierzu meine Dissertation über: Beginengemeinschaften in Frankfurt am Main. Zur Frage der genossenschaftlichen Selbstorganisation von Frauen im Mittelalter. Dortmund 1998. Im Anhang erscheinen dort Listen aller dokumentierten Beginen, Stifter und Stifterinnen, Beginenhäuser und Pfleger der Beginengemeinschaften.

[9] Vgl. hierzu Bücher (Anm. 1) 34.

[10] Prinzipiell ist zwischen Stiftung und Schenkung zu unterscheiden. Unter den 65 nachgewiesenen Zustiftungen für Frankfurter Beginen oder Beginenhäuser sind jedoch auch Schenkungen. Die Subsumtion unter „Stiftungen" ist dadurch zu rechtfertigen, daß sich auch bei den Schenkungen eine dauerhafte Wirkung entfalten konnte: in einigen Fällen ist das Totengedenken für den „Stifter" auch bei einmaligen Schenkungen urkundlich festgehalten.

[11] Zur Geschichte der Stiftungen und des Stiftungsrechts vgl. Michael Borgolte, Die Stiftungen des Mittelalters in rechts- und sozialhistorischer Sicht. In: ZRG KA 74 (1988) 71–94; Hans Liermann, Handbuch des Stiftungsrechts 1: Geschichte des Stiftungsrechts.Tübingen (1963) 120 und 124; Dieter Pleimes, Die Rechtsproblematik des Stiftungswesens. Weimar (1938) 3, 12 f. und 65 f.

[12] Michael Borgolte, Die Rolle des Stifters bei der Gründung mittelalterlicher Universitäten, erörtert am Beispiel Freiburgs und Basels. In: BZGA 85 (1985) 85–119.

[13] Zur Stiftung als interaktivem Prozeß und zum Gabenaustausch vgl. Michael Borgolte, „Totale Geschichte" des Mittelalters? Das Beispiel der Stiftungen, Antrittsvorlesung 2. Juni 1992, sep. Berlin (1993), 3, 7 f. und 12; Marcel Mauss, Die Gabe. Form und Funktion des Austauschs in archaischen Gesellschaften. Frankfurt am Main ([2]1994) hier bes. 17.

[14] Die Urkunde ist abgedruckt in: Codex diplomaticus Moenofrancofurtanus. Urkundenbuch der Reichsstadt Frankfurt, 794–1400, hrsg. von Johann Friedrich Boehmer. Frankfurt (1836) 593 ff.

[15] IfS (Institut für Stadtgeschichte = Stadtarchiv Frankfurt am Main), Holzhausen-Archiv, Urk. Nr. 477.

[16] Die erste Frankfurter Beginengemeinschaft läßt sich für 1304 belegen: Codex diplomaticus Moenofrancofurtanus. Urkundenbuch der Reichsstadt Frankfurt, hrsg. von Johann Friedrich Boehmer, neu bearb. von Friedrich Lau, Frankfurt (1901/05) Bd. I, Nr. 850.

[17] Boehmer-Lau (Anm. 16) Bd. II, Nr. 31 und 81; IfS, Heiliggeistspital, Urk. Nr. 77; IfS, Bartholomäusstift, Bücher, Serie I, Nr. 23, fol. 81ʳ; IfS, Fichard, Geschlechtergeschichte, 124, fol. 1ᵛ und 49, fol. 2ᵛ; IfS, Liebfrauenstift, Urk. Nr. 440; IfS, Bartholomäusstift, Bücher, Serie I, Nr. 25, fol. 125ʳ-127ʳ.

[18] Boehmer-Lau (wie Anm. 16) Bd. II, Nr. 412 (4).

[19] Siegfried Rimp war wahrscheinlich der Neffe, vielleicht aber auch der Bruder der Beginen und leiblichen Schwestern Byncela und Edelind. Die Unsicherheit besteht darin, daß zwei Personen mit dem Namen Siegfried Rimp zur Landskronen in direkter Generationenfolge vorkommen. IfS, Bartholomäusstift, Bücher, Serie II, Nr. 2, fol. 38ᵛ; IfS, Fichard, Geschlechtergeschichte, 175, fol. 3ʳ.

[20] Die Mutter von Agatha war die Kusine Gudas.

[21] IfS, Heiliggeistspital, Urk. Nr. 152.

[22] IfS, Heiliggeistspital, Urk. Nr. 164.

[23] IfS, Heiliggeistspital, Urk. Nr. 988; IfS, Stockarsche Altarstiftung, Urk. v. 29. Juni 1362.

[24] Vgl. hierzu Ahasver von Brandt, Mittelalterliche Bürgertestamente. Neuerschlossene Quellen zur Geschichte der materiellen und geistigen Kultur. Heidelberg (1973) 9–15; Paul Baur, Testament und Bürgerschaft. Alltagsleben und Sachkultur im spätmittelalterlichen Konstanz. Sigmaringen (1989) 11 ff. und 61; Heide Wunder, Vermögen und Vermächtnis – Gedenken und Gedächtnis. Frauen in Testamenten und Leichenpredigten am Beispiel Hamburgs. In: Barbara Vogel/Ulrike Weckel (Hrsg.), Frauen in der Ständegesellschaft. Hamburg (1991) 227–240, bes. 227 ff.

[25] Boehmer-Lau (Anm. 16) Bd. I, Nr. 850 und Bd. II, Nr. 572; IfS, Rosenberger Einung, Urk. Nr. 24.

[26] IfS, Rosenberger Einung, Urk. Nr. 32 (1462).

[27] IfS, Bürgermeisterbücher (Bgmb.) 1452, fol. 7ʳ.

[28] IfS, Rosenberger Einung, Urk. Nr. 29.

[29] IfS, Rosenberger Einung, Urk. Nr. 82.

[30] IfS, Majorwährschaftsbücher, 31. Dez. 1415.

[31] Vgl. hierzu Wolfram Heitzenröder, Reichsstädte und Kirche in der Wetterau. Der Einfluß des städtischen Rats auf die geistlichen Institute vor der Reformation. Frankfurt am Main (1982) 191–241.

[32] Vgl. hierzu Hans-Jörg Gilomen, Renten und Grundbesitz in der Toten Hand. Realwirtschaftliche Probleme der Jenseitsökonomie, in: Himmel – Hölle – Fegefeuer. Das Jenseits im Mittelalter, hrsg. von Peter Jezler. Zürich ([2]1994) 135–148, hier 139; Wilhelm Lühe, Die Ablösung der ewigen Zinsen in Frankfurt am Main in den Jahren 1522–1562. In: Westdeutsche Zeitschrift für Geschichte und Kunst 23 (1904) 36–72, hier 37.

[33] IfS, Privilegien, Nr. 211.

[34] IfS, Privilegien, Nr. 260.

[35] Georg Ludwig Kriegk, Frankfurter Bürgerzwiste und Zustände im Mittelalter. Frankfurt am Main (1862) 133 f.

[36] Kriegk (Anm. 2) 534 f., Anm. 83b und 88.

[37] Armin Wolf, Die Gesetze der Stadt Frankfurt am Main im Mittelalter. Frankfurt (1969) Nr. 90, 189; Friedrich Bothe, Die Entwicklung der direkten Besteuerung in der Reichsstadt Frankfurt bis zur Revolution 1612–1614. Leipzig (1906) 130 f. und Anhang, 23.

[38] Sabine Heimann, „Gode to synem Denste". Urkundliche Nachrichten über die Beginenkonvente im spätmittelalterlichen Wismar. In: Ingrid Bennewitz (Hrsg.), Der „frauwen buoch". Versuche einer feministischen Mediävistik. Göppingen (1989) 265–289, hier 281 f.

[39] IfS, Rosenberger Einung, Urk. Nr. 8 und Nr. 50.

[40] Eva Gertrud Neumann, Rheinisches Beginen- und Begardenwesen. Ein Mainzer Beitrag zur religiösen Bewegung am Rhein. Meisenheim am Glan (1960) 126.

[41] IfS, Kopialbuch, Nr. 3, fol. 264[rv].

[42] IfS, Bgmb. 1494, fol. 16[r].

[43] IfS, Bgmb. 1488, fol. 22[v] und 97[r]; 1496, fol. 38[v];

[44] Kriegk (Anm. 2) 109 und 111.

[45] Vgl. z. B. Kriegk (Anm. 2) 125–131; Neumann (Anm. 40).

[46] Wolfram Heitzenröder, Geschichte der Begarden (Alexianer) in Frankfurt am Main. In: Archiv für mittelrheinische Kirchengeschichte 31 (1979) 55–74, hier 66; Kriegk (Anm. 2) 128.

[47] Heitzenröder (Anm. 46) 59.

[48] Frankfurter Amts- und Zunfturkunden, hrsg. von Karl Bücher/Benno Schmidt, Teil II: Amtsurkunden, Frankfurt am Main (1915) Nr. 65 (1489).

[49] Heitzenröder (Anm. 46) 60 f.

50 IfS, Kopialbuch, Nr. 3, fol. 135ʳ-137ʳ; Holzhausen-Archiv, Urk. Nr. 477.

51 IfS, Beginen und Beckarden, Urk. Nr. 2.

52 IfS, Beginen und Beckarden, Urk. Nr. 38 und 43.

53 Heitzenröder (Anm. 46) 63.

54 Ebd., 64–69.

55 Boehmer-Lau (Anm. 16) Bd. II, Nr. 425 (39).

56 IfS, Rosenberger Einung, Urk. Nr. 33.

57 IfS, Holzhausen-Archiv, Kasten 8, 1425.

58 IfS, Bartholomäusstift, Urk. Nr. 3760 (1357).

59 Vgl. hierzu Neumann (Anm. 40) 98; Kriegk (Anm. 2) Neue Folge, 1871, 182; Heimann (Anm. 38) 280; Günter Peters, Die Bremer Beginen im Mittelalter. Entstehung und Struktur einer städtischen Frauengemeinschaft. In: Niedersächsisches Jahrbuch für Landesgeschichte 64 (1992) 131–181, hier 150.

60 Baur (Anm. 24) 151 f.

61 So bezeichnet Martina Wehrli-Johns die Beginen in Anlehnung an Philippe Ariès. Vgl. hierzu Martina Wehrli-Johns, Haushälterin Gottes. Zur Mariennachfolge der Beginen. In: Hedwig Röckelein/Claudia Opitz/Dieter R. Bauer (Hrsg.), Maria – Abbild oder Vorbild. Zur Sozialgeschichte mittelalterlicher Marienverehrung. Tübingen (1990) 147–167, hier 156.

62 Kriegk (Anm. 2) 85.

63 IfS, Bgmb. 1519, fol. 68ᵛ.

64 IfS, Iudicialia, O 21, 1524.

65 IfS, Holzhausen-Archiv, Nichtverz. Urk., Kasten 42, 6. Apr. 1492.

66 Jean-Claude Schmitt, Mort d'une hérésie. L'Église et les clercs face aux béguines et aux béghards du Rhin supérieur du XIVᵉ au XVᵉ siècle. Paris/Den Haag (1978) S. 149.

„Zwischen Ketzerei und Krankenpflege –
Die Beginen in der spätmittelalterlichen Stadt Bern"

1 Beim folgenden Text handelt es sich um einen Vortrag, der zum ersten Mal am 30. Oktober 1987 vor dem Historischen Verein des Kantons Bern gehalten wurde. Er beruht auf einem Artikel über die Beginen in der Stadt Bern, welcher im Winter 1984/1985 für das Handbuch der Helvetia Sacra verfaßt wurde und welcher inzwischen in deren Abt. IX: Die Beginen und Begarden in der Schweiz. Basel/Frankfurt am Main (1995), erschienen ist. Die Karte (Abb. 1) hat Herr Andreas Brodbeck vom Geographischen

Institut der Universität Bern gezeichnet, wofür ihm auch an dieser Stelle gedankt sei. – Häufige Abkürzungen: AHVB = Archiv des Historischen Vereins des Kantons Bern, FRB = Fontes Rerum Bernensium, SRQ = Sammlung Schweizerischer Rechtsquellen.

[2] Horst Fuhrmann, Einladung ins Mittelalter. München (1987).

[3] Emmanuel Le Roy Ladurie, Montaillou. Ein Dorf vor dem Inquisitor, 1294–1324. Aus dem Französischen übers. und bearb. v. Peter Hahlbrock. Frankfurt am Main/Berlin/Wien (1983).

[4] Umberto Eco, Der Name der Rose. Aus dem Italienischen von Burkhart Kroeber. München/Wien ([2]1982).

[5] S. auch Alexander Patschovsky, Was sind Ketzer? Über den geschichtlichen Ort der Häresien im Mittelalter. In: „... eine finstere und fast unglaubliche Geschichte"? Mediävistische Notizen zu Umberto Ecos Mönchsroman „Der Name der Rose", hrsg. von Max Kerner, Darmstadt (1987), 169–190.

[6] Malcolm D. Lambert, Ketzerei im Mittelalter. Häresien von Bogumil bis Hus. München (1981), 249, 251 f., 258, 296; Gordon Leff, Heresy in the Later Middle Ages. The Relation of Heterodoxy to Dissent c. 1250-c. 1450. 2 Bde. (durchgehend paginiert), Manchester/New York (1967) 167.

[7] Eco (wie Anm. 4) 250.

[8] Jean-Claude Schmitt, Mort d'une hérésie. L'Eglise et les clercs face aux béguines et aux béghards du Rhin supérieur du 14e au 15e siècle. Paris/La Haye/New York (1978) (Civilisations et Sociétés 56), insbes. 19, 64, 75.

[9] Das folgende nach Brigitte Degler-Spengler, Die Beginen in Basel. Basel (1970) (Sonderdruck aus Bd. 69 und 70 der Basler Zeitschrift für Geschichte und Altertumskunde 1969/1970), 5 ff.

[10] Zu Straßburg s. auch Dayton Phillips, Beguines in Medieval Strassburg. A Study of the Social Aspect of Beguine Life. Stanford University, California (1941).

[11] Edith Ennen, Frauen im Mittelalter. München (1984) insbes. 110–123.

[12] Brigitte Degler-Spengler, Die religiöse Frauenbewegung des Mittelalters. Konversen – Nonnen – Beginen. In: Rottenburger Jb. für Kirchengeschichte 3 (1984) 75–88, insbes. 86.

[13] Gottfried Koch, Frauenfrage und Ketzertum im Mittelalter. Die Frauenbewegung im Rahmen des Katharismus und des Waldensertums und ihre sozialen Wurzeln (12.–14. Jahrhundert). Berlin (1962) (Forschungen zur mittelalterlichen Geschichte 9).

[14] S. dazu Degler-Spengler (wie Anm. 9) 10 ff., und dies., Drei Fassungen der Terziarenregel aus der Oberdeutschen Franziskanerprovinz. In: Archivum Franciscanum historicum 62 (1969)

503–517. – Die Berner Beginenhäuser mit der franziskanischen Drittordensregel hat Paul Lachat untersucht, in: Alemania Franciscana antiqua 4 (1958) 59–74.

[15] Degler-Spengler (wie Anm. 9) 27.

[16] Herbert Grundmann, Ketzerverhöre des Spätmittelalters als quellenkritisches Problem, in: Ders., Ausgewählte Schriften, Teil 1. Stuttgart (1976) (Schriften der Monumenta Germaniae Historica 25, 1), 364–416, 368 ff.

[17] „Cum de quibusdam mulieribus" und „Ad nostrum", Corpus juris canonici, Clem. lib. III, tit. XI, cap. 1; lib. V, tit. III, cap. 3, ed. Emil Friedberg, 2, Leipzig (1881), Sp. 1169 und 1183–1184.

[18] „Ratio recta", Corpus juris canonici, Extr. com. lib. III, tit. IX, cap. 1, ed. Emil Friedberg, 2 (wie Anm. 17), Sp. 1279–1280. Zu diesem und den in Anm. 17 genannten Dekreten s. auch Jacqueline Tarrant, The Clementine Decrees on the Beguines: Conciliar and Papal Versions. In: Archivum historiae pontificiae 12 (1974), 300–308, und Grundmann (wie Anm. 16) 374 f.

[19] Schmitt (wie Anm. 8) 40.

[20] Alexander Patschovsky, Straßburger Beginenverfolgungen im 14. Jahrhundert. In: Deutsches Archiv für Erforschung des Mittelalters 30 (1974) 56–198, insbes. 99 f.

[21] Degler-Spengler (wie Anm. 9) 26 f.

[22] Patschovsky (wie Anm. 20) insbes. 105 f.

[23] Kurt Ruh, Meister Eckhart und die Spiritualität der Beginen. In: Perspektiven der Philosophie. Neues Jb. 8 (1982) 323–334. S. auch ders., Meister Eckhart: Theologe, Prediger, Mystiker. München (1985) 95–114.

[24] Ruh, Meister Eckhart: Theologe, Prediger, Mystiker (wie Anm. 23) 168–186.

[25] Le Roy Ladurie (wie Anm. 3) Einleitung.

[26] Leff (wie Anm. 6) 34–47.

[27] S. auch Bernhard Schimmelpfennig, Intoleranz und Repression, Die Inquisition, Bernard Gui und William von Baskerville. In: „… eine finstere und fast unglaubliche Geschichte?" (wie Anm. 5) 191–213, insbes. 191 f.

[28] Die Berner-Chronik des Conrad Justinger, hrsg. von Gottlieb Studer. Bern (1871) 32 Kap. 53.

[29] FRB 4, 64 f. Nr. 56 (22. 6. 1301) (erste Erwähnung).

[30] FRB 5, 281 f. Nr. 233 (7. 6. 1322).

[31] S. FRB 8, 236 Nr. 633 (27. 1. 1358).

[32] FRB 6, 67 f. Nr. 74 (Aug. 1333), 185 f. Nr. 194 (März 1335).

[33] FRB 6, 660 f. Nr. 677 (6. 5. 1342).

[34] S. Helvetia Sacra, IX/2, 274–280 (Kathrin Utz Tremp).

[35] FRB 5, 514f. Nr. 474 (Juni 1326).

[36] FRB 5, 800–805 Nr. 752 (28.6.1331), s. auch ebd. 811–817 Nr. 760 (9.8.1331) (dt. Revers des Niederen Spitals). Zur Bezeichnung von Ketzern als „räudigen Schafen" s. Patschovsky (wie Anm. 5) 173.

[37] Sammlung Bernischer Biographien, hrsg. vom Historischen Verein des Kantons Bern, 5 Bde., Bern (1884–1906), 1, 241–244.

[38] FRB 6, 115–117 Nr. 125.

[39] FRB 6, 548–551 Nr. 564.

[40] S. Helvetia Sacra, IX/2, 295–299 (Kathrin Utz Tremp).

[41] SRQ Bern, Stadtrechte 1 und 2, 250 Nr. 74.

[42] FRB 8, 78–81 Nr. 188.

[43] SRQ Bern, Stadtrechte 1 und 2, 113 Nr. 80, s. ebd. 313 Nr. 208.

[44] FRB 8, 128–130 Nr. 349 (16.5.1356).

[45] Die Tellbücher der Stadt Bern aus dem Jahre 1389, bearb. v. Friedrich Emil Welti. In: AHVB 14 (1896) 505–704, 529 Nr. 416.

[46] S. Staatsarchiv Bern, Fach Mushafen, 10.9.1400, 27.11.1410; Burgerbibliothek Bern, Archiv Burgerspital, Ob. Spital Nr. 103 (14.1.1414).

[47] FRB 6, 346 Nr. 356 (Apr. 1337).

[48] SRQ Bern, Stadtrechte 6/1, 93f. Nr. 9Ae (29.3.1501).

[49] SRQ Bern, Stadtrechte 1 und 2, 306 Nr. 195 (undatierte Satzung, von 1464?).

[50] Helvetia Sacra, IX/2, 316–343 (Kathrin Utz Tremp).

[51] Justinger (wie Anm. 28) 147f. Kap. 228, 186 Kap. 303.

[52] S. dazu auch Martina Wehrli-Johns, Maria und Martha in der religiösen Frauenbewegung. In: Abendländische Mystik im Mittelalter, Symposium Kloster Engelberg 1984, hrsg. von Kurt Ruh. Stuttgart (1986) (Germanistische Symposien, Berichtsbd. 7), 354–367, 466–468.

[53] Helvetia Sacra, IX/2, 248–311 (Kathrin Utz Tremp).

[54] Das folgende nach Bernhard Neidiger, Mendikanten zwischen Ordensideal und städtischer Realität. Untersuchungen zum wirtschaftlichen Verhalten der Bettelorden in Basel. Berlin (1981) (Berliner historische Studien 5; Ordensstudien III), insbes. 126–132, und Brigitte Degler-Spengler, Der Beginenstreit in Basel, 1400–1411. Neue Forschungsergebnisse und weitere Fragen. In: Il movimento francescano della penitenzia nella società medioevale, Atti del 3o convegno di studi francescani, Padova, 25–26–27 settembre 1979, a cura di Mariano D'Alatri, Roma (1980), 95–105.

[55] Zu ihm s. zuletzt Bernhard Neidiger und Kurt Ruh. In: Deutsche Literatur des Mittelalters. Verfasserlexikon 6, Berlin/New York (²1987), Sp. 725–734.

⁵⁶ Martina Wehrli-Johns, Geschichte des Zürcher Predigerkonvents (1230–1524). Mendikantentum zwischen Kirche, Adel und Stadt. Zürich (1980) insbes. 122.

⁵⁷ Wie Anm. 50.

⁵⁸ Justinger (wie Anm. 28) 193 f. Kap. 319: „Daz man die beginen vertreib. Do man zalte von gots geburt MCCCCIIII jar, waz gar ein seliger gelerter man ze Basel, hies bruder Johans von Mulberg, Prediger ordens; der hat gprediet wider die beghart und beginen und wider ir müssiggan und wider die starken betler so lang, daz er daselbs vertreib wol fünfzehen hundert beghart und beginen und stark betler. Die mere kamen gen Bern, da vil hüser sint mit beginen, die almusen nement. Die rete ze Bern wolten gedenken, waz inen harinne ze tun were, und besanten den official von Losen und alle ir gelerten pfafheit, und baten innen harunder raten, waz ze tunde were. Und nachdem do die pfafheit der Barfussen bullen und brief verhorten, die [si] ouch gern geschirmt hetten, do gab die pfafheit den reten ze antwurt uf ir priesterlich ampt, daz die beginen ze Bern mit irem stat, mit ir wise und mit dem almusennemen, die sich ân daz almusen wol began möchten, mit dem rechten nit bestan möchten. Darumb man den beginen gebot, daz si die kabesköpf abteten und die tüchlin haruss hangkten. Daz taten si nit lang und achtoten klein, ob es recht oder letz were." Ebd. 196 Kap. 324: „Waz die beginen sprachen. Do morndes wart am fritag, do waz die schöne stat Bern ein arm ellend angesicht. Der am abent waz rich, der waz am morgen ein betler. Und gap man vil lüten in die hospitale, und waz ein kleglich not umb vil erber lüten, so verbrunnen warent. Nu sprachend etlich beginen, man hette daz unglück an inen verschult, darumb daz si die kabesköpf nit me tragen sölten und die tüchli ushenken. Daz düchte si als ein gros sach sin, daz darumb land und lüt undergan sölte. Daz verantwurten etlich lüt also: warumb het denne Got verhenget, daz drü beginenhüser ouch verbrunnen sint?"

⁵⁹ Schmitt (wie Anm. 8) insbes. 152–160.

⁶⁰ Zu Basel s. Degler-Spengler (wie Anm. 9) insbes. 66 f.

⁶¹ S. Kathrin Tremp-Utz, Das Kollegiatstift St. Vinzenz in Bern, von der Gründung 1484/85 bis zur Aufhebung 1528. Bern (1985) (AHVB 69), insbes. 211 f.

⁶² Die Einzelbelege zum folgenden in Helvetia Sacra, IX/2, 258 ff. (Kathrin Utz Tremp).

⁶³ SRQ Bern, Stadtrechte 6/1, 69–71 Nr. 8 b (14.10.1426), 75–77 Nr. 8c/1 (1.5.1427).

⁶⁴ Staatsarchiv Bern, Fach Burgdorf, 23.1.1459; ebd., Testamentenbuch 1, f. 180r (1470/16.11.1472); 2, f. 1v (9.3.1488), 23r

(18.11.1493); 3, f. 75r (11.9.1519). Ein hübsches und vielleicht nicht einmal ganz falsches Bild vom spätmittelalterlichen Bröwenhaus hat Maria Waser in ihrer Novelle „Die letzte Liebe des Stadtschreibers" (In: Von der Liebe und vom Tod, Novellen aus drei Jahrhunderten. Stuttgart/Berlin 1919, 9–78) gezeichnet.

[65] Staatsarchiv Bern, Testamentenbuch 2, f. 54v–55r, 66v (undat.), s. ebd., Fach Insel Nr. 509 (7.12.1499). S. dazu Rudolf Fetscherin, Urs Werders Testament. Ein Beitrag zur Geschichte Berns aus dem 15. Jahrhundert. In: Berner Tb. 3 (1854) 51–72.

[66] Die Einzelbelege zum folgenden in Helvetia Sacra. IX/2, 260 ff. (Kathrin Utz Tremp).

[67] Wie Anm. 36.

[68] Staatsarchiv Bern, Fach Insel Nr. 184 (23.2.1415).

[69] Hans Morgenthaler, Geschichte des Burgerspitals der Stadt Bern, Bern (1945) 22 ff.

[70] Staatsarchiv Bern, Urbar Bern Insel Nr. 3 (1558), f. Vv-VIr.

[71] Staatsarchiv Bern, Fach Burgdorf, 23.1.1459; ebd., Testamentenbuch 1, f. 116r–116v; ebd., Fach Insel Nr. 410, 418, 419 (13.4.; 6., 22.10.1466).

[72] Staatsarchiv Bern, Testamentenbuch 2, f. 158v (3.2.1508).

[73] Der Berner Totentanz des Niklaus Manuel (etwa 1484 bis 1530), in den Nachbildungen von Albrecht Kauw (1649), hrsg. u. eingel. von Paul Zinsli, Bern (²1979) (Berner Heimatbücher 54/55), Text zu Tafel IX.

[74] SRQ Bern, Stadtrechte 1 und 2, 428 Nr. 395 (2.4.1523), s. Aktensammlung zur Geschichte der Berner-Reformation 1521–1532, hrsg. von Rudolf Steck und Gustav Tobler, Bern 1923, 87 Nr. 338 (6.1.1524), 89–92 Nr. 344 (16.1.1524).

[75] Aktensammlung (wie Anm. 74) 521 Nr. 1371 (17.11.1527), 702 Nr. 1647 (27.4.1528).

[76] Aktensammlung (wie Anm. 74) 770 Nr. 1788.

[77] Wie Anm. 70.

[78] Sammlung Bernischer Biographien (wie Anm. 37) 4, 1902, 399–419, insbes. 399–401.

„Beginen, Begarden und Terziaren im 14. und 15. Jahrhundert. Das Beispiel des Basler Beginenstreits (1400/04 –1411)

[1] Der Beitrag ist eine Reminiszenz an mein Habilitationsverfahren an der Münchener Ludwig-Maximilians-Universität, das dank der Mentorschaft von Eduard Hlawitschka ein gutes Ende

fand. Er war als eine von drei möglichen Probevorlesungen kon-
zipiert, fand aber vor der gestrengen Habilitationskommission
auch nicht als bloßer Vorschlag Gnade. Der Text ist nahezu iden-
tisch mit der vor nunmehr fünfzehn Jahren konzipierten Fassung;
das zeigt, wie wenig sich auf dem Sektor der Beginen-Forschung
seither getan hat. Der Beitrag war und ist ein Plädoyer für kon-
textuelle Betrachtungsweise historischer Einzelphänomene, und
darin hat er nichts an Aktualität verloren.

[2] Der Basler Beginenstreit hat keine monographische Bearbeitung erfahren; auch dieser Beitrag ist fern von einer umfassenden
Darstellung. Im Rahmen weiter angelegter Studien oder Darstellungen wurde er insbesondere behandelt von Christian Wurstisen, Baßler Chronick IV 9–15. Basel (1580) 201–220, dessen Bericht für alle folgenden Darstellungen grundlegend blieb, schon
weil Wurstisen Zugang zu Materialien gehabt zu haben scheint,
die heute verschollen sind (eine Vorstufe seines Chronik-Berich-
tes enthalten die Urstisii Analecta in der Hs. Basel, Univ.-Bibl. A
l II 14 fol. 336r–351v); R. Wackernagel, Geschichte der Stadt Basel 2, 2 (1916) 804–809 und 164*–166*; G. Boner, Das Predigerkloster in Basel von der Gründung bis zur Klosterreform,
1233–1429, Basler Zs. für Geschichte und Altertumskunde 33
(1934) 195–303 sowie 34 (1935) 107–259, hier Bd. 34, 137–143;
B. Degler-Spengler, Die Beginen in Basel. In: Basler Zs. für Geschichte und Altertumskunde 69 (1969) 5–83 und 70 (1970)
29–118; ersch. als Sonderdruck Basel 1970 (danach wird hier zitiert; die Paginierung ist bis S. 83 mit Bd. 69 der Basler Zs. iden-
tisch), bes. S. 32–38, 81 ff.; Dies., Der Beginenstreit in Basel,
1400–1411. Neue Forschungsergebnisse und weitere Fragen, in: Il
movimento francescano della Penitenza nella società medioevale, a cura di M. d'Alatri. In: Atti del 3º Convegno di Studi Francescani, Padova, 25–26–27 settembre 1979 (1980) 95–105; J.-C.
Schmitt, Mort d'une Hérésie: L'Eglise et les clercs face aux béguines et aux béghards du Rhin supérieur du XIVe au XVe siècle
(Civilisations et Sociétés 56, 1978), bes. 85 ff., 152 ff., 205 ff. Vgl.
dazu jedoch die Besprechung von B. Degler-Spengler, ZKG 90
(1979) 81–84; B. Neidiger, Mendikanten zwischen Ordensideal
und städtischer Realität. Untersuchungen zum wirtschaftlichen
Verhalten der Bettelorden in Basel. Berliner Historische Studien
5, Ordensstudien 3 (1981) bes. 126–132. Vgl. auch der Helvetia
Sacra IX/2: Die Beginen und Begarden in der Schweiz.
Basel/Frankfurt am Main (1995) 193–241. Das Basler Material ist
von Veronika Feller-Vest zusammengestellt worden. – An allge-
meiner Literatur zum Beginenphänomen verweise ich auf den

Artikel „Beg(h)inen" im Lexikon des Mittelalters 1 (1980) Sp. 1799–1803, dessen hier einschlägiger Abschnitt für das Gebiet nördlich der Alpen Kaspar Elm zum Verfasser hat. Gegenüber dem dort verarbeiteten Forschungsstand bietet einen substantiellen Fortschritt A. Wilts, Beginen im Bodenseeraum. Sigmaringen (1994) (Bodenseebibliothek 37), eine von Arno Borst angeregte Dissertation, die die Diskussion zum Beginenwesen weit über Erkenntnisse im regionalen Bereich hinaus vorangebracht hat. – Hier und im folgenden werden Begarden stets in einem Atemzug mit Beginen genannt. Das ist cum grano salis zu verstehen. In den im Umfeld des Basler Beginenstreites entstandenen, oft polemischen Texten wird in der Tat kein prinzipieller Unterschied gemacht. Es ist indessen sehr die Frage (ein Hinweis, den ich Sabine von Heusinger , s. Anm. 8, verdanke), ob es zum Zeitpunkt der endgültigen Aufhebung des Beginenstandes in Basel tatsächlich noch Begardenkonvente gab.

[3] Positio fratris Ruodolfi Buchsmann pro defensione Beginarum, utrum amplexus amorosus mendice paupertatis sit status vie generosus evangelice dignitatis. Vgl. J.-C. Schmitt 205 (korrigiert nach der Hs. Basel, Univ.-Bibl. A IX 21 fol. 91^f). Das Datum 1400, wie es die genannte Basler Handschrift als der einzige Textzeuge überliefert (Prescripta positio fuit disputata anno domini M CCCCo circa festum Omnium sanctorum ...) bereitet Schwierigkeiten, weil das chronologisch und sachlich nächstfolgende Zeugnis die Replik des Johannes Mulberg vom 25. Juni 1405 ist – auch nach dem Zeugnis der Basler Handschrift: Prescripte positioni frater Johannes Mulberg ordinis Predicatorum domus Basiliensis se opposuit in modum qui sequitur publice coram toto clero Basiliensi in choro Basilien(si) anno domini M^o CCCC^o V proxima die post festum nativitatis sancti Johannis baptiste. Daß Johannes Mulberg mit seiner Antwort rund viereinhalb Jahre gewartet haben soll, will wenig einleuchten. Ich halte daher eine Verschreibung der Jahreszahl in der Datierung der Disputatio Buchsmanns für nicht ausgeschlossen. – Laut Wurstisen 201 f. begann der Konflikt mit Predigt-Attacken Mulbergs auf den „status Beginarum", assistiert von Johannes Pastoris. Das läßt sich außerhalb von Wurstisens Chronik nicht belegen und scheint auf einer historischen Zuordnung des Predigtwerks beider Persönlichkeiten zu beruhen, die zumindest im Falle Mulbergs problematisch ist. Predigten des Johannes Pastoris blieben der Forschung bislang verborgen, sind m. E. aber – anscheinend sogar im Autograph – in der Hs. Basel, Univ.-Bibl. A. VIII 7 fol. 199^r–205^v erhalten, freilich ohne Datierungsangaben. Mulbergs umfangrei-

che Predigtsammlung – überliefert u. a. in der Basler Hs. A VI 28 – datiert zwar vom Jahre 1404, ist aber offenbar nur auf Straßburg zu beziehen und nicht auf Basel (vgl. Neidiger, wie Anm. 8, Sp. 729 mit freilich unzutreffenden Tagesdaten) und enthält auch nichts zum Beginenproblem. Die Franziskaner selbst bezogen sich in ihrer Verteidigung lediglich auf Predigten Mulbergs seit dem Juli 1405; vgl. die Klageschrift des Jacobus de Subinago von wohl 1406 (wie unten Anm. 42).

[4] Die im folgenden knapp skizzierte Stellungnahme Mulbergs ist unveröffentlicht, abgesehen von einem kurzen Auszug der vierten Conclusio bei Schmitt 207 f. Sie wird in zum Teil erheblich voneinander abweichenden Fassungen unter der Bezeichnung Materia Johannis Mulberg überliefert von den Handschriften Aarau, Kantonsbibl., Cod. Wett, F 26: 4 fol. 29^r-36^r; Basel, Univ.-Bibl., A IX 21 fol. 91^v-109^v (danach Schmitt); Leipzig, Univ.-Bibl. 1549 fol. 206^r-217^r (= Wurzen Nr. 160); München, Bayer, Staatsbibl., Clm 142265 fol. 242vb-249vb. Gewisse Berührungspunkte gibt es mit dem Eingangsstück der mit derselben Überschrift versehenen, aber ganz andere Textstücke vereinigenden Materialsammlung in der Hs. Colmar, Stadt-Bibl., Cod. 474 (alt 29) fol. 126^r-141^v (zweite Zählung), hier fol. 126^r (aus dem Besitz des Johannes Pastoris), beschrieben von H. Haupt, Beiträge zur Geschichte der Sekte vom freien Geiste und des Beghardentums. In: ZKG 7 (1885) 503–576, hier 514 ff.

[5] Das geht zum einen aus der Überschrift „Corolarium primum docto(rum) de Heydelberga" in der Hs. Basel A IX 21 fol. 106^v hervor sowie vor allem aus dem Postskript zum Text in der Hs. Aarau, Cod. Wett. F 26: 4 fol. 35^r—36^r, wo sogar die Namen der Professoren genannt werden: Nikolaus Groß von Jauer, Wasmod von Hohenberg, Johannes de Noet und Nikolaus von Bettenberg, zumeist keine Unbekannten in der Traktatliteratur oder in Prozessen bzw. Stellungnahmen ihrer Universität, in denen es um Dinge des Glaubens ging. Von ihnen verfaßte Wasmod von Hohenberg sogar einen Traktat mit ganz ähnlicher Tendenz wie Mulberg, ed. A. Schmidt, Tractatus contra hereticos Beckardos, Lulhardos et Swestriones des Wasmud von Homburg. In: Archiv für mittelrheinische Kirchengeschichte 14 (1962) 326–386.

[6] Ein markantes anderes Beispiel ist Straßburg; vgl. A. Patschovsky, Straßburger Beginenverfolgungen im 14. Jahrhundert. In: DA 30 (1974) 56–198.

[7] Die Quellen sind nur zu einem Teil in dem in der folgenden Anmerkung genannten Mulberg-Artikel erfaßt (Sp. 727). Sie wären um folgende Materialien zu ergänzen, auf die ich vor lan-

gen Jahren mit Hilfe von Martin Steinmann in der Basler Universitätsbibliothek gestoßen bin: A VIII 7 fol. 199ʳ—205ʳ; A VIII 41 fol. 257ʳ–262ʳ; E I 1i fol. 1ʳ–31ʳ, 141ʳ–142ᵛ, 458ʳ–469ʳ; E I 1k fol. 375ʳ–392ʳ, 480ʳ–484ᵛ, 486ʳ–499ʳ; F. L. VI 1 fol. 43ʳ–44ʳ.

[8] Zu Johannes Mulberg vgl. den Artikel von B. Neidiger und K. Ruh in: Die deutsche Literatur des Mittelalters. Verfasserlexikon 6 (²1987) Sp. 725–734. Über ihn hat Sabine von Heusinger (Konstanz) eine Biographie geschrieben, die vor allem seine Bemühungen um die Einführung der Observanz in Basel und anderswo zum Gegenstand hat (bislang nur als Mikrofiche zugänglich); in deren Zusammenhang ist auch seine Rolle im Basler Beginenstreit zu sehen. Sabine von Heusinger möchte ich auch an dieser Stelle für die kritische Durchsicht des Manuskripts und manchen förderlichen Hinweis danken.

[9] Allgemein dazu aus Basler Perspektive F. Egger, Beiträge zur Geschichte des Predigerordens. Die Reform des Basler Konvents 1429 und die Stellung des Ordens am Basler Konzil (1431–1448) (1991) (Europäische Hochschulschriften R. 3 Bd. 467).

[10] Zum Basler Dominikanerkonvent G. Boner (wie Anm. 2).

[11] Eine umfassende Arbeit über den bedeutenden Mann ist ein Desiderat der Forschung. Vgl. den Artikel von E. Hillenbrand in: Die deutsche Literatur des Mittelalters. Verfasserlexikon 6 (²1987) Sp. 971–977. Siehe auch J.-C. Schmitt 160 ff. Die breite handschriftliche Überlieferung von De saecularium religionibus und des damit eng verbundenen Traktats De paupertate perfecta saecularium bei T. Kaeppeli, Scriptores Ordinis Praedicatorum Medii Aevi 2 (1975) 511 f. Nr. 2545 und 2547.

[12] Johannes Nider, Formicarius II 1, Ausgabe Köln o.J. (Nachdruck 1971) 58 f.

[13] H. Grundmann, Zur Geschichte der Beginen im 13. Jahrhundert (1931). Nachdruck in: Ders., Ausgewählte Aufsätze 1: Religiöse Bewegungen (1976) (Schriften der MGH 25, 1) 201–221, hier 220 f. Siehe auch O. Nübel, Mittelalterliche Beginen- und Sozialsiedlungen in den Niederlanden (1970) 57 ff.

[14] Eine umfassende Untersuchung zu diesem Konflikt fehlt. Vgl. vorderhand den Artikel „Bettelorden" im Lexikon des Mittelalters 1 (1980) Sp. 2088–2093 (K. Elm).

[15] Extrav. comm. 3.6.2.

[16] Extrav. comm. 5.7.1, ed. Ae. Friedberg, Corpus Iuris Canonici 2 (1879) Sp. 1296–1300.

[17] Conciliorum Oecumenicorum Decreta (³1973) S. 365–369 c. 10 (= Clem. 3.7.2, ed. Friedberg 2, 1161–1164).

[18] Vgl. A. Patschovsky, Die Anfänge einer ständigen Inquisition

in Böhmen. Beiträge zur Geschichte und Quellenkunde des Mittelalters 3 (1975) 59.

[19] Sie finden sich vor allem in der Handschrift Prag, Univ.-Bibl., V D 10 fol. 27ra–50vb und 131vb–132va.

[20] Siehe B. Degler-Spengler (wie Anm. 2), Beginen 27 f.; Beginenstreit 102. Im Basler Beginenstreit selbst kam das Motiv in der namens Bischof Humberts und seiner Partei von deren Prokurator Johannes Inlasser verfaßten Appellation vom 20. Dez. 1405 zur Sprache (siehe unten Anm. 45): „Item tales (= die Franziskaner) induxerunt populum ad sepulturam apud eos eligendum contra iuris communis disposicionem. Igitur sunt excommunicati. Ymmo in tantum inducunt, quod curati vix possunt habere victum et vestitum nec habent, unde solvere iura episcopalia. Ymmo maior reverencia et honor exhibentur ipsis et Beguinabus suis quam domino Basiliensi ceterisque prelatis et magistris quibuscumque, et hoc est propter malam seduccionem populi quam faciunt." Vgl. auch Neidiger (wie Anm. 2) 214 ff.

[21] „Sed et (= ut?) omnia hec et consimilia tollerentur scandala, omnes ordines mendicantium in non mendicantium ordines resecare forsitan expediens, si tamen possibile esset, videretur, puta fratres Minores in Cistersiensium ordinem, Predicatores in Benedictinorum, Heremitas in Regularium canonicorum de regula sancti Augustini et Carmelitas in Premonstratensium ordines distribuendo." Ich zitiere nach der Hs. Trier, Seminarbibliothek 81 fol. 129r. Eine kritische Edition unter Heranziehung weiterer Handschriften wird von Katharina Colberg für die MGH vorbereitet.

[22] Das hat D. Phillips, Beguines in medieval Strasburg. A study of the social aspect of beguine life (1941) 220, 224 f., für Straßburg nachgewiesen, der darüber hinaus gemäß der sozialen Orientierung auch eine ordensspezifische Religiosität herauszuarbeiten suchte. Die jüngeren Studien zu den Bettelorden und den Beginen haben diese Spur leider nicht mit dem nötigen Nachdruck verfolgt; siehe etwa E. G. Neumann, Rheinisches Beginen- und Begardenwesen. In: Mainzer Abh. zur mittleren und neueren Geschichte 4 (1960) 112–124, bes. 116 ff.

[23] B. Degler-Spengler, Beginen (wie Anm. 2) 61–67.

[24] Zu diesem Konzept in einer vom Armuts- zum Arbeitsethos sich wandelnden Welt eingehend, wenn auch das Thema keineswegs erschöpfend, J.-C. Schmitt (wie Anm. 2).

[25] Dazu J.-C. Schmitt 163 ff.

[26] Neidiger (wie Anm. 2), bes. 99–126 ff.

[27] So überzeugend Neidiger 126 ff. Die Polemik ebd. 128 gegen meinen im Straßburger Beginenaufsatz (wie Anm. 6) entwickel-

ten Verständnisansatz, die Hauptursache für die dortige Beginen-verfolgung im Konflikt Mendikanten/Weltklerus zu suchen, ist überflüssig. Das Straßburger Beispiel ist von mir nie anders denn als eines von mehreren möglichen Modellen der Auseinandersetzungen um den Beginenstatus betrachtet worden (vgl. nur ebd. 116 Anm. 151), und in der sich darin zeigenden Möglichkeit wie Begrenztheit liegt sein heuristischer Wert. Umgekehrt scheint es mir unangebracht, die finanzwirtschaftliche Verquickung der Basler Terziarinnen mit den Franziskanern als Ursache für den Untergang der Basler Beginen zu stark zu betonen. Das ist sicherlich ein, sogar ein sehr wichtiger, ja vielleicht der ausschlaggebende Grund gewesen, aber keineswegs der einzige, wie der vorliegende Beitrag zu zeigen sich bemüht.

[28] Vgl. P. Hinschius, Das Kirchenrecht der Katholiken und Protestanten in Deutschland, Bd. 1: System des katholischen Kirchenrechts mit besonderer Rücksicht auf Deutschland 1 (1869) 179 f.; W. M. Plöchl, Geschichte des Kirchenrechts 2 ([2]1962) 351. Eine eingehende Studie über die Entwicklung des Amtes ist mir nicht bekannt geworden.

[29] Einzige Quelle: Wurstisen 205 f.

[30] Siehe oben 404 f. mit Anm. 3. Wurstisen 206 läßt Mulbergs Attacke auf die Inquisition folgen; vgl. jedoch die folgende Anmerkung.

[31] Publiziert von M. Straganz, Zum Begharden- und Beghinenstreite in Basel zu Beginn des 15. Jahrhunderts. In: Alemannia 27 (1900) 20–28. Die Fragmente fanden sich auf Resten der Buchhülle eines neuzeitlichen Aktenfaszikels im Franziskanerkloster Hall in Tirol. Eine Anfrage nach dem Verbleib erbrachte die Auskunft, daß das Fragment seit dem zweiten Weltkrieg verschollen sei. Die Protokolle tragen kein Datum. Ihre zeitliche Einordnung nach Mulbergs Predigt und vor Bischof Humberts „Processus" beruht einerseits auf der Überlegung, daß in Mulbergs ausführlicher Stellungnahme wohl auf die Straßburger Beginen-Prozesse des 14. Jahrhunderts Bezug genommen wird (Hs. Basel A IX 21 fol. 106[r-v]), er von einem brandneuen Inquisitionsverfahren in Basel aber nichts verlauten läßt, und daß andererseits der Basler Bischof schon in seinem ersten „Prozeß" Vorwürfe erhebt, die sich am ehesten aus einer bereits vorangegangenen Untersuchung erklären lassen; zudem weist der Bericht Odo Colonnas vom 16. Juni 1407 (vgl. Anm. 47) in dieselbe Richtung. Ist diese Überlegung zutreffend, dann müßte die Inquisition zwischen dem 25. Juni und dem 21. August 1405 vonstatten gegangen sein.

[32] Diese und andere vom Basler Bischof zur Verkündigung von

den Kanzeln befohlenen processus sind nicht im Wortlaut erhalten. Wurstisen 207 f. erwähnt sie, und ihrem Tenor nach erhalten wir davon Kenntnis in einem Notariatsinstrument, das Vorgänge von 1407 Okt. 18 und 26 protokollierte, in: Basel, StA, Kloster-Archiv N 5 Prediger (Nr. 21).

[33] Zumindest die Samnung Voglerin- (= Dechans-)Haus muß damals noch existiert haben; das fand aus einer Untersuchung des Namenmaterials Sabine Hubenschmid in den unten Anm. 47 und 48 genannten Schriftstücken heraus.

[34] Wurstisen 208. Vgl. B. Degler-Spengler, Beginen (wie Anm. 2) 34 mit Anm. 64, 37 f.

[35] Vgl. Wilts (wie Anm. 1) Bd. 1, S. 341 ff. Quellen: Basel, StA, Kloster-Archiv N 5 Prediger (Nr. 5) vom 20. Jan. 1405 (= Regesta episcoporum Constantiensium (künftig: REC) 3: 1384–1436, bearb. von K. Rieder (1913) Nr. 7872).

[36] Das Notariatsinstrument des Vorladungsschreibens vom 1. August 1405 ist überliefert in der Hs. Basel, Univ.-Bibl. E I 1k fol. 486ʳ–488ʳ (Anfang fehlt; REC -).Vgl. dazu die Relation des am 25. August 1405 ausgefertigten Notariatsinstruments, das der Konstanzer Bischof aufsetzen ließ, als er in Anbetracht der Appellation des Johannes Mulberg und seiner Partei an den apostolischen Stuhl das Verfahren aus der Hand gab; Hs. Basel, Univ.-Bibl., E I 1k fol. 380ᵛ-382ᵛ (am Schluß unvollständig; REC -).

[37] Quelle dafür sind neben der in der vorigen Anmerkung genannten Relation Marquards vom 25. August 1405 drei in der Hs. Basel, Univ.-Bibl., E I 1k fol. 488ᵛ–499ʳ überlieferte Schriftstücke: 1) Die Appellation des Johannes Mulberg, mit der er sich der Vorladung Bischof Marquards entzog, vom 8. Aug. 1405 (fol. 488ᵛ–492ᵛ; REC -); 2) ein Notariatsinstrument des Inhalts, daß der Konstanzer Kleriker und Basler bischöfliche Notar Konrad Spengler aus Pfullendorf Mulbergs Appellation am 23. Aug. 1405 dem Konstanzer Bischof zur Kenntnis gebracht habe, zusammen mit der Antwort Bischof Marquards vom 6. Sept. 1405 (fol. 492ᵛ–497ʳ; REC –); 3) Weisung Bischof Marquards an den Basler Klerus, vorläufig die von ihm verhängten Eventualinterdiktbestimmungen gegen Johannes Mulberg und dessen Anhang auszusetzen, vom 8. Sept. 1405 (fol. 497ᵛ–499ʳ; REC –). Ein weiterer Reflex der fieberhaften Tätigkeit, mit der man in Basel die gerichtlichen Auseinandersetzungen betrieb, ist das Empfehlungsschreiben des Basler Bischofs Humbert für Johannes Mulberg vom 29. Aug. 1405, mit dem er jenen nach Heidelberg schickte, sichtlich um sich von den rechtsgelehrten Mitgliedern der Universität beraten zu lassen; das Schreiben findet sich im ersten Rektorbuch der

Universität, das zugleich das erste Amtsbuch der Juristischen Fakultät darstellt: Die Amtsbücher der Universität Heidelberg, Reihe A: Die Rektorbücher der Universität Heidelberg, Bd. 1: 1386–1410, Heft 2, hg. von J. Miethke u. a. (1990) 387–389 Nr. 397.

[38] Basel, StA, Kloster-Archiv N 5 (Nr. 7 und 8); Univ.-Bibl. E I 1k fol. 383ʳ–389ʳ (Schluß), datiert 1405 November 27 und 28 (REC 7925).

[39] Ein entsprechendes Schriftstück im Staatsarchiv Luzern mit Datum 12. März 1406 ist aufgeführt bei K. Eubel, Bullarium Franciscanum 7 (1904) 189 f. Anm. (= REC 7937).

[40] Als Beginenfeind wie Wilts a. a. O. sehe ich ihn nicht.

[41] B. Degler-Spengler, Beginen (wie Anm. 2) 35 mit Anm. 69. Am 6. April 1408 ließ Albrecht Blarer, Bischofselekt von Konstanz, an den Klerus seiner Diözese Schreiben mit der Bitte ergehen, den Basler Kollegen finanziell Beistand zu leisten, die fürchteten, aus Geldmangel ihre Prozesse an der Kurie gegen die Franziskaner zu verlieren; Basel, StA, Kloster-Archiv N 5 Prediger (Nr. 15–19) (= REC 8067). Über das Ausbleiben finanziellen Nachschubs weiß auch Johannes Mulberg während seiner Prokuratoren-Tätigkeit an der Kurie in seinen unten Anm. 45 genannten Sendschreiben lebhaft zu klagen. Zu den finanziellen Dauerproblemen des Bistums im Blick auf den Einfluß der Stände vgl. R. Ballmer, Les assemblées d'états dans l'ancien Evêché de Bâle. Des origines à 1730. In: Schweizer Beiträge zur Allgemeinen Geschichte 20 (1962/63) 54–140, bes. 62.

[42] Die Klage der Franziskaner ist eines der Kernstücke der gesamten Prozeßmaterie. Die von Rudolf Buchsmann als Kustos der Basler Franziskanerkustodie wohl kurz nach Humberts erstem „Prozeß" abgefaßte Appellation an den apostolischen Stuhl in: Basel, StA, Kloster-Archiv N 5 Prediger (Nr. 4). Eine spätere, vom Prokurator der Basler Franziskaner an der Kurie, Jacobus de Subinago, um den 30. Okt. 1405 abgefaßte Klageschrift in: Basel, Univ.-Bibl., E I 1i fol. 28ʳ–30ᵛ. Eine weitere, wohl auf 1406 zu datierende, leider nicht ganz vollständige Fassung der franziskanischen Gravamina aus der Feder desselben Prokurators in: Basel, Univ.-Bibl. E I 1i fol. 458ʳ–469ʳ; dies ist das wichtigste Dokument der Serie, nach dem sich der Prozeßverlauf bis zum Abfassungszeitpunkt am besten rekonstruieren läßt.

[43] Quellen: 1) Aktennotiz Odo Colonnas, er habe den Papst veranlaßt, ihm Vollmacht zu geben, entsprechend dem Wunsch der Franziskaner, die Prozeßpartei des Basler Bischofs mit Johannes

Mulberg nach Rom vorzuladen; Hs. Basel, Univ.-Bibl., E I 1i fol. 30ᵛ–31ʳ. 2) Das Vorladungsschreiben selbst vom 10. Nov. 1405 ist mehrfach überliefert: Basel, Univ.-Bibl., A VIII 41 fol. 257ʳ–262ʳ; E I 1i fol. 105ʳ–108ᵛ; E I 1k fol. 480ʳ–484ᵛ. In Reaktion darauf benennen die Basler Dominikaner am 14. Dez. 1405 neben anderen auch Johannes Mulberg, dessen persönliches Erscheinen Odo Colonna ohnehin anbefohlen hatte, als ihren Prokurator in Rom; Basel, Univ.-Bibl. E I 1i fol. 141ʳ–142ᵛ.

⁴⁴ Die Texte der Papstentscheidung an beide Adressaten bei K. Eubel, Bullarium Franciscanum 7, 186–191 und 191–192 unter der gemeinsamen Nr. 516.

⁴⁵ Text der Appellation vom 20. Dez. 1405, erhoben namens Bischof Humberts und seiner Partei von deren Prokurator Johannes Inlasser, in: Basel, StA, Kloster-Archiv N 5 Prediger (Nr. 10) (= Hs. Basel, Univ.-Bibl., E I 1i fol. 1ʳ–11ʳ). Die Hs. E I 1i überliefert fol. 11ʳ–22ʳ noch mehrere mit der Appellation zusammenhängende Schriftstücke.

⁴⁶ Basel, StA, Kloster-Archiv N 5 Prediger (Nr. 2), Fragment der Kopie eines Sendschreibens (missiva) an Humbert von Neuenburg, sowie ebd. (Nr. 14) das Fragment eines ähnlichen Schreibens an Johannes Pastoris, beide undatiert, aber sicher kurz nach 1406 Nov. 30 einzuordnen, dem Tag des Amtsantritts Gregors XII.

⁴⁷ Basel, StA, Kloster-Archiv N 5 Prediger (Nr. 11). In diesem wie in dem in der folgenden Anmerkung genannten Schriftstück ist Mulbergs vor Odo Colonna vertretene Position vollständig referiert worden, wie sie fragmentarisch auch in Basel, StA, Kloster-Archiv N 5 Prediger (Nr. 1) erhalten ist.

⁴⁸ Basel, StA, Kloster-Archiv N 5 Prediger (Nr. 20) vom 15. Juni 1408.

⁴⁹ Basel, StA, Kloster-Archiv N 5 Prediger (Nr. 12) vom 10. Sept. 1407 sowie das in der vorigen Anmerkung genannte Schriftstück.

⁵⁰ Text in der Chronik des Franziskaners N. Glassberger, Analecta Franciscana 2 (1887) 233 f. Danach Eubel, Bullarium Franciscanum 7, 190 f. Anm.

⁵¹ Die Kapitulationsurkunde des Basler Bischofs in der Chronik des N. Glassberger, ebd. 234 f.; danach Eubel, Bullarium Franciscanum 7, 191. Vgl. B. Degler-Spengler, Beginen (wie Anm. 2) 35.

⁵² Quelle: Wurstisen S. 220, der das Vorgehen von Bischof und Rat als die Folge einer Predigt des Domschulrektors Johannes Pastoris vom 2. Februar (Mariä Lichtmeß) 1411 darstellt. Vgl. auch Eubel, Bullarium Franciscanum 7, 191 Anm.

⁵³ Ich zitiere nach der Anm. 45 genannten Überlieferung: „Item

induxerunt (sc. die Franziskaner) balivos illustris principis ducis Austrie in tantum contra clerum domini mei Basiliensis, quod clericis imponunt minas et quod eis iniungunt, quod, nisi procurent absolucionem ipsis fratribus et suis Beginabus ac Beghardis, quod (!) eos volunt submergere eosque spoliare omnibus suis bonis eadem arrestando secundum quod est factum Tannis (= Thann, Oberelsaß). Et sic faciunt discurrere clericos nunc ad illum dominum, nunc ad illum et ad dominum meum Basiliensem pro pace impetranda et tranquillitate ipsorum, quando deberent stare in servicio divino. Quod est valde diminuere cultum divinum."

[54] Wurstisen 211, 219 f.

[55] Zum damaligen Verhältnis der Stadt Basel zum habsburgisch gesinnten Adel der Umgebung vgl. R. Wackernagel, Geschichte der Stadt Basel 1 (1907) Buch 4: „Der Kampf mit Österreich", bes. 333 ff. und 356–392 (= c. 2: „Der Irsteiner Krieg").

[56] Vgl. das Positionspapier des Jacobus de Subinago von vermutlich 1406 (wie oben Anm. 42): „Item quod idem frater Iohannes (sc. Mulberg), qui sensit aliquos probos viros assistere ipsis fratribus Minoribus, quominus expellerentur de civitate, de dicto mense (= November 1405) in publico sermone in supradictis locis dirigens sermonem ad mulieres dicebat: Vos honorabiles mulieres dicite viris vestris, quod faciant finem, quia omnino oportet, quod fratres Minores expellantur de hac civitate, sicut et sorores tercie (erg.: regule) sunt expulse!"

[57] Vgl. Wurstisen 208, 209, 219; es werden namentlich die Bürgermeister Ludmann Ratperg und Günther Marschalk genannt. Vgl. auch Neidiger (wie Anm. 2) 169 ff.

[58] Dazu Wackernagel (wie Anm. 55) S. 343–355; E. Gilomen-Schenkel, Henman Offenburg (1379–1459), ein Basler Diplomat im Dienste der Stadt, des Konzils und des Reichs (Quellen und Forschungen zur Basler Geschichte 6, 1975) 35–40.

[59] Dies ist das Resultat der Untersuchungen von B. Degler-Spengler, siehe oben Anm. 23. Zum Verhältnis der Stadt Basel zu den Mendikantenorden allgemein Neidiger (wie Anm. 2) 211–228.

[60] Dieser Zentralbegriff beginaler Lebensweise findet sich im sog. Libellus de dictis quatuor ancillarum s. Elisabeth confectus, hg. von A. Huyskens (1911) Z. 1875. Dazu W. Maurer, Die heilige Elisabeth im Lichte der Frömmigkeit ihrer Zeit (1954). Nachdruck in: Ders., Kirche und Geschichte. Gesammelte Aufsätze 2 (1970) 325 ff., sowie M. Werner, Die Heilige Elisabeth und die Anfänge des Deutschen Ordens in Marburg. In: Marburger Geschichte (1979) 121–164, hier 129.

Quellenverzeichnis

Martina Wehrli-Johns: Das mittelalterliche Beginentum – Religiöse Frauenbewegung oder Sozialidee der Scholastik? Überarbeitete Fassung eines Beitrags mit dem gleichen Titel in: „Zahlreich wie die Sterne des Himmels": Beginen am Niederrhein zwischen Mythos und Wirklichkeit. Dokumentation einer Studienkonferenz, hrsg. von Peter Modeler und S. Lennartz. Bergisch Gladbach 1992 (Bensberger Protokolle 70), S. 9–40.

Anna Benvenuti: Religiöse Frauen im Florenz des 13. und 14. Jahrhunderts. Dieser Beitrag ist eine Übersetzung des Kapitels „Donne religiose nella Firenze del Due-Trecento". In: Dies., In castro poenitentiae. Santitá et societá femminile nell'Italia medievale. Rom 1990 (Italia Sacra 45), S. 593–634. Zuerst erschienen in: Le mouvement confraternel au Moyen Age. France, Suisse, Italie. Actes de la table ronde, Lausanne 9–11 mai 1985. Rom 1987, S. 41–82.

Florence W. J. Koorn: Von der Peripherie ins Zentrum. Beginen und Schwestern vom Gemeinsamen Leben in den nördlichen Niederlanden. Originalbeitrag.

Hedwig Röckelein: Hamburger Beginen im Spätmittelalter – „autonome" oder „fremdbestimmte" Frauengemeinschaft? Der Beitrag ist erschienen in: Das Mittelalter. Perspektiven mediävistischer Forschung, Jg. 1, Heft 2, 1996, S. 73–88.

Martina Spies: Stiftungen für Beginengemeinschaften in Frankfurt am Main – ein Austausch zwischen Beginen und Bürgerschaft. Originalbeitrag.

Kathrin Utz Tremp: Zwischen Ketzerei und Krankenpflege – Die Beginen in der spätmittelalterlichen Stadt Bern. Der Beitrag ist erschienen in: Zwischen Macht und Dienst. Beiträge zur Geschichte und Gegenwart von Frauen im kirchlichen Leben der Schweiz, hrsg. von S. Bietenhard u. a. Bern (Stämpfli) 1991, S. 27–52.

Alexander Patschovsky: Beginen, Begarden und Terziaren im 14. und 15. Jahrhundert. Das Beispiel des Basler Beginenstreits (1400/04–1411). Der Beitrag ist erschienen in: Festschrift für Eduard Hlawitschka zum 65. Geburtstag, hrsg. von K.-R. Schnith und R. Pauler. Kallmünz Opf. 1993 (Münchner Historische Studien. Abt. Mittelalterliche Geschichte Bd. 5), S. 403–418.

Die Autoren

Anna Benvenuti, Dr. phil., ist Professorin für mittelalterliche Geschichte an der Universität in Florenz. Sie arbeitet vor allem über Legenden und hagiographische Texte als Quellen für die mittelalterliche Kultur- und Sozialgeschichte.

Florence W. J. Koorn, Dr. phil., ist Adjunkt-Direktor des Archivs für Kennemerland in Haarlem. Ihre Hauptarbeitsgebiete sind Beginen und religiöse Frauen des Mittelalters und der frühen Neuzeit in den Niederlanden.

Claudia Opitz, Dr. phil., ist Professorin für Neuere Geschichte an der Universität Basel. Forschungen und Publikationen u. a. zur Frauen- und Geschlechtergeschichte des Mittelalters und der frühen Neuzeit, zur Aufklärung und Frz. Revolution, zur Theorie und Methode der (feministischen) Geschichtswissenschaft.

Alexander Patschovsky, Dr. phil., ist Professor in Konstanz, wo er den Lehrstuhl für Mittelalterliche Geschichte innehat. Forschungs- und Arbeitsgebiete: Mittelalterliche Ketzergeschichte, Hussitismus, Geschichte des europäischen Judentums, Eschatologie (Joachim von Fiore).

Hedwig Röckelein, Dr. phil., ist Privatdozentin am Historischen Seminar der Universität Hamburg, Abt. Mittelalter. Forschungen und Publikationen zur Frauen- und Geschlechtergeschichte und zur religiösen Kultur des Mittelalters, zu Bio- und Autobiographien, zur Psychohistorie und zur Wissenschaftsgeschichte der Kulturwissenschaften.

Martina Spies, Dr. phil., ist Museumspädagogin im Freilicht-museum Hessenpark. Arbeitsschwerpunkte: Frauen- und Ge-schlechtergeschichte, Geschichte und Museum.

Kathrin Utz Tremp, Dr. phil., arbeitet zur Zeit an der Edition der Akten der Freiburger Waldenserprozesse von 1399 und 1340 (im Auftrag der Monumenta Germaniae Historica). Ihr Spezialgebiet ist die spätmittelalterliche Häresie- und Frömmigkeitsge-schichte.

Martina Wehrli-Johns, Dr. phil., studierte Geschichte und Ro-manistik in Tübingen, Freiburg i. Br., Paris und Zürich. Promo-tion im Fach Geschichte an der Universität Zürich. Lehrtätigkeit am Gymnasium und in der Universität. Zahlreiche Publikatio-nen zur mittelalterlichen Ordensgeschichte und zu den Beginen. Lebt zur Zeit als freie Historikerin in Zürich.

Kultur und Geschichte

Der Hexenstreit
Frauen in der frühneuzeitlichen Hexenverfolgung
Ein Reader herausgegeben von Claudia Opitz
Frauen – Kultur – Geschichte
ISBN 3-451-23673-7
Ausgewählte Beiträge zur Klärung der historischen Frage nach den
Hexenprozessen. Ein Buch, das zum Umdenken anregt.

Yvonne Knibiehler
Geschichte der Väter
Eine kultur- und sozialhistorische Spurensuche
Herausgegeben von Claudia Opitz und Karin Walter
Frauen – Kultur – Geschichte
ISBN 3-451-23954-0
Eine facettenreiche Auseinandersetzung zur Orientierung und
Vergewisserung um die Rolle des Vaters in der Gegenwart.

Norman Cohn
Die Sehnsucht nach dem Millennium
Apokalyptiker, Chiliasten und Propheten im Mittelalter
Band 4638
Eine Fundgrube für alle am Mittelalter Interessierten.

Dieter A. Binder
Die Freimaurer
Ursprung, Rituale und Ziele einer diskreten Gesellschaft
Band 4631
Das reich illustrierte Standardwerk. Mit ausführlichem Begriffslexikon.

Régine Pernoud
Frauen zur Zeit der Kreuzzüge
Band 4375
Spuren zu den Frauen aus dem Mittelalter.

HERDER

Ingrid Ahrendt-Schulte
Weise Frauen – böse Weiber
Die Geschichte der Hexen in der frühen Neuzeit
Band 4336
Wie wurden Hexen „gemacht"? Die Historikerin hinterfragt alte und
neue Mythen.

Amedeo Molnár
Die Waldenser
Geschichte und Ausmaß einer europäischen Ketzerbewegung
Band 4233
Spannende Lektüre und umfassende Information für alle Freunde mit-
telalterlicher Geschichte.

Urte Bejick
Die Katharerinnen
Häresieverdächtige Frauen im mittelalterlichen Südfrankreich
Band 4211
Es waren Frauen, die die letzten Prediger der Katharer nach der Verfol-
gung durch die Inquisition versteckten oder anzeigten.

Erika Uitz
Die Frau in der mittelalterlichen Stadt
Band 4081
Stadtluft macht frei – Frauen als die treibenden Kräfte bei der
Emanzipation des Bürgertums von der feudalen Herrschaft.

Arno Borst
Die Katharer
Mit einem Nachwort von Alexander Patschovsky
Band 4025
„Wen das Mittelalter interessiert, aber auch jeder, der wissen will, wie
Europa geworden ist, wird das Buch mit Vergnügen lesen" (FAZ).

HERDER / SPEKTRUM